STEFFEN UFER
Göran Schattauer

NICHT SCHULDIG

Gerechtigkeit ist
keine Verhandlungssache

Ein Plädoyer
des legendären Strafverteidigers

HEYNE ‹

Verlagsgruppe Random House FSC® N001967

Originalausgabe 10/2016

2. Auflage
Copyright © 2016 by Wilhelm Heyne Verlag, München,
in der Verlagsgruppe Random House GmbH,
Neumarkter Straße 28, 81673 München
Redaktion: Andrea Kunstmann, München
Umschlaggestaltung: Hauptmann & Kompanie Werbeagentur, Zürich,
unter Verwendung eines Fotos von © Wolf Heider-Sawall
Satz: Satzwerk Huber, Germering
Druck und Bindung: GGP Media GmbH, Pößneck
Printed in Germany
ISBN: 978-3-453-20138-5

www.heyne.de

INHALT

Vorwort. 7

HInweis. 19

Kokain 21

Hinrichtung 45

Kunstfehler. 65

Tyrann 81

Beweisnot. 93

Hurenmord 99

Faustrecht. 121

Betrüger-Genie 125

Kinderfänger 131

Affekt. 159

Aufschneider 165

Ausgeliefert. 171

Mafiaboss 175

Genugtuung. 181

Konfrontation 185

Natural Born Killer 191

Kopfschuss. 207

Auf der Flucht 215

Jagdfieber 227

Der perfekte Mord. 239
*Ein Gespräch über falsche Geständnisse, gottergebene
Richter und berühmte Mandanten – von Dieter Zlof
über Peter Graf bis Otti Fischer*

Vorwort

Mit der Bezeichnung »Star-Anwalt« kann ich nichts anfangen. Es gibt ja auch keinen »Star-Chirurgen« oder »Star-Piloten«. Dennoch taucht der Begriff in den Medien immer wieder auf. Das mag daran liegen, dass erfahrene und erfolgreiche Strafverteidiger häufig auch Prominente vertreten: Menschen, die in der Öffentlichkeit stehen und irgendwann – zu Recht oder nicht – Ärger mit der Justiz haben.

In meinen 50 Berufsjahren habe ich viele Größen aus dem Showgeschäft, der Wirtschaft, der Politik und dem Spitzensport verteidigt. Konstantin Wecker, Ottfried Fischer, Günther Kaufmann, Rainer Werner Fassbinder, Barbara Valentin, Martin Semmelrogge, Abi Ofarim, Hardy Krüger, Peter Graf, sie alle zählten zu meinen Mandanten. Ebenso Romy Schneider und der Großunternehmer Friedrich Flick, deren Scheidungsprozesse unsere Kanzlei geführt hat. Im Auftrag des Industriellenerben und Gentleman-Playboys Gunter Sachs stand ich seiner Cousine Christina von Opel, genannt »Putzi«, in einer Rauschgiftaffäre juristisch bei. Zuletzt betreute ich den wegen Steuerbetrugs verurteilten Uli Hoeneß.

Die Liste berühmter Mandanten ließe sich fortsetzen. Mag sein, dass die Bekanntheit eines Strafverteidigers zunimmt, wenn sein Name zusammen mit denen von Stars genannt wird. Aber darum ist es mir nie gegangen. Das Spannende an meinem Beruf sind die Menschen, mit denen ich zu tun habe, ob reich oder arm, prominent oder nicht. Es gibt auch keine kleinen und großen Fälle. Für jeden, der einer Straftat beschuldigt wird, ist *sein* Fall der wichtigste im Leben. Deshalb geht es immer um alles – auch für mich als Anwalt.

Meine Karriere begann am 1. April 1966. Damals bewarb ich mich als Referendar in der Kanzlei des Münchner Rechtsanwalts Rolf Bossi. Ich war 25 Jahre alt und hatte einen Stellenaushang im Justizpalast gesehen. Rolf Bossi, der später zum bekanntesten Strafverteidiger Deutschlands aufstieg, war mir seinerzeit völlig unbekannt. Auch wusste ich nicht, dass er bereits einen anderen Referendar eingestellt hatte, der ihm jedoch schnell zu hektisch wurde. Der junge Kollege hetzte wie ein Irrwisch durch die Kanzlei und versuchte so, besonderen Arbeitseifer vorzutäuschen. Ich selbst konnte Bossi vor allem mit meinen Sprachkenntnissen überzeugen. Neben ein bisschen Italienisch, Spanisch und Französisch sprach ich perfekt Englisch, weil ich als Austauschschüler ein Jahr in den USA gelebt hatte.

Ich kam zur rechten Zeit. Bossi hatte gerade einen spektakulären Fall in Bayreuth übernommen und brauchte dringend jemanden, der ihm dolmetschen und ihn zur Not bei Gericht vertreten konnte. Es ging um den Mord an einer 18-jährigen Deutschen. Angeklagt war ein Oberleutnant der US-Armee, er hieß Thomas Smith. Die Boulevardzeitungen nannten ihn »Bestie von Bayreuth«. Der Mann war Mitte 20, als er am 13. März 1964 seine Geliebte erwürgte. Er zerstückelte sie mit Rasierklingen und warf die Leichenteile an Autobahn-Parkplätzen weg.

Ich fuhr mehrere Male mit Bossi nach Bayreuth, um mit dem Angeklagten das Verfahren vorzubereiten. Oberleutnant Smith, der aus einer gutbürgerlichen Familie stammte und hochintelligent war, machte auf uns einen psychisch deutlich auffälligen Eindruck. Der von der Staatsanwaltschaft beauftragte Sachverständige hingegen hielt ihn für voll zurechnungsfähig und strafrechtlich voll verantwortlich. Ein Motiv für die grausame Tat war nicht ersichtlich.

Bossi gelang es, den damals bekanntesten deutschen Gerichtspsychiater, Professor Dr. Hans Bürger-Prinz, Direktor der Hamburger Universitäts-Nervenklinik, für den Fall zu gewinnen. Bürger-Prinz war ein besonders imposanter Hanseat, der es verstand, dem Gericht klarzumachen, dass die »Bestie von Bayreuth« kein sadistischer Krimineller war, sondern ein Mensch, der unter einer schweren schizophrenen Erkrankung litt. Der Staatsanwalt zog den Befund in Zweifel und beharrte auf einer lebenslangen Gefängnisstrafe. Doch Ärzte der Nervenklinik Ansbach, die Oberleutnant Smith nach seiner gerichtlich angeordneten Einweisung in die Psychiatrie untersucht hatten, bestätigten die Diagnose Schizophrenie. Nach einigen Jahren Behandlung hatte sich Smiths Zustand so weit gebessert, dass er in die USA zurückkehren konnte.

Nach erfolgreichem Abschluss der Strafsache durfte ich weitere Fälle übernehmen. Die Kanzlei erhielt damals Mandate Dutzender amerikanischer Soldaten. Meistens ging es um Delikte wie Mord, Totschlag, Raub oder Vergewaltigung. In solch schwerwiegenden Fällen konnten die Beschuldigten laut NATO-Truppenstatut vor deutsche Gerichte gestellt werden. Heute vertraut die hiesige Justiz den US-Militärgerichten. Von meinen damaligen Mandanten wurde nur ein einziger wegen Mordes angeklagter US-Armist zu lebenslang verurteilt. Bei allen anderen gelang es mir, die Anwendung des Jugendstrafrechts durchzusetzen, auch wenn die Täter im Einzelfall schon 20 Jahre und 11 Monate alt waren. Die Betroffenen mussten also höchstens zehn Jahre ins Gefängnis, einige wurden sogar freigesprochen. Dass die Soldaten eine zweite Chance erhielten, haben sie nicht nur meiner Verteidigung, sondern auch unserem vernünftigen Strafrecht zu verdanken. Noch heute schreiben mir Exmandanten Weihnachtskarten aus den USA.

In meinen ersten Strafprozessen hatte ich oft das berühmte Anfängerglück. Und natürlich eine gewisse Chuzpe, die man nur als ganz junger Strafverteidiger mitbringen kann. Über die damals von mir frech in den Raum gestellten Thesen zu möglichen Tatabläufen und deren rechtlicher Bewertung kann ich heute nur schmunzeln. Nachdem mir Bossi klargemacht hatte, dass Verteidigung in erster Linie »Kampf« bedeutet, bin ich kaum einer Auseinandersetzung aus dem Weg gegangen. Relativ bald habe ich gelernt, nicht unnötig zu kämpfen, sondern durch Gespräche mit den Verfahrensbeteiligten das bestmögliche Ergebnis für die Mandanten herauszuholen.

Um jemanden zu verteidigen, muss ich nicht wissen, ob er *wirklich* unschuldig ist. Es genügt, wenn ich davon überzeugt bin, dass mein Mandant *möglicherweise* unschuldig ist. Dann kann ich mich ruhigen Gewissens für ihn einsetzen. Für mich galt und gilt der Grundsatz: Lieber 100 Schuldige laufen lassen, als einen Unschuldigen zu Unrecht einsperren. Der Journalist Göran Schattauer, der mit mir zusammen dieses Buch geschrieben hat, fragte mich 2015 während eines Interviews für den *FOCUS*, ob ich schon einmal für einen Freispruch gekämpft habe, obwohl ich wusste, dass mein Mandant schuldig war. Ich antwortete, dass dies bei Mord- und Totschlagsvorwürfen nie der Fall gewesen sei. Bei kleineren Delikten habe ich Mandanten, die aus Mangel an Beweisen freigesprochen wurden, gesagt: »Lieber Freund, du hast Glück gehabt. Aber beim nächsten Mal bekommst du dafür die doppelte Strafe, also riskiere es nicht noch mal!« Ich kenne ganz wenige, die rückfällig wurden.

Ich habe viele Tausend Tage in Gerichtssälen und fast zwei Jahre hinter Gittern verbracht – weil ich meine Mandanten im Gefängnis besucht habe. Im Lauf meiner Karriere ist mir eines klar geworden: Jeder Mensch ist zu allem fähig, selbst zu unvorstellbar schrecklichen Verbrechen. Es ist ein weitverbreiteter Irrglaube, dass dies vor allem auf Menschen zutrifft, die aus schwierigen sozialen Verhältnissen stammen. In diesem Buch finden sich einige Beispiele dafür, dass auch wohlerzogene, hochintelligente und eigentlich gesetzestreue Menschen in der Lage sind, brutalste Taten zu begehen.

Was ich ebenfalls aus Erfahrung bestätigen kann: Nirgendwo wird so viel gelogen wie im Gericht. Angeklagte lügen, weil sie um eine Strafe herumkommen wollen. Zeugen lügen, weil sie sich wichtig machen oder selbst nicht belasten wollen. Auch vermeintliche Opfer lügen, beispielsweise Frauen, die sich an ihren Männern rächen wollen und deshalb im Scheidungs- oder Sorgerechtsstreit behaupten, ihr Mann habe sie vergewaltigt oder die Kinder missbraucht. Das Schlimme ist, dass manche Spezialreferate bei Polizei und Staatsanwaltschaft wenig Energie darauf verwenden, die Anschuldigungen kritisch zu prüfen. Dabei ist nicht nur in Anwaltskreisen längst bekannt, dass im Internet regelrechte »Handlungsanweisungen« kursieren, wie eine (nicht stattgefundene) Vergewaltigung am besten vorgetäuscht und angezeigt werden kann.

Wenn es um das Verbreiten von Unwahrheiten geht, darf man eine Gruppe nicht vergessen: wild spekulierende Sachverständige. Wie oft habe ich erlebt, dass sich Thesen von gerichtlich bestellten Gutachtern als falsch erweisen. Werden diese Irrtümer oder Mutmaßungen nicht rechtzeitig widerlegt, kann es zu krassen Fehlurteilen kommen.

Als Münchner Strafverteidiger habe ich an vielen Gerichtsprozessen in ganz Deutschland und im Ausland mitgewirkt. Die meisten und heftigsten Schlachten lieferte ich mir jedoch mit der bayerischen Justiz, denn in Bayern werden Law & Order noch hochgehalten. Richter und Staatsanwälte wissen, dass sie eher Karriere machen, wenn sie kräftig zulangen und die Leute ein bisschen länger einsperren. Wir Anwälte verteidigen deshalb lieber in nördlichen Regionen, wo es liberaler zugeht. Trotz zum Teil zäher Auseinandersetzungen habe ich mich mit vielen Richtern und Richterinnen persönlich sehr gut verstanden, und mit einigen saß ich öfter auf ein Bier oder ein Glas Wein zusammen.

Ich will nicht verschweigen, dass es immer wieder Urteile gab, die mir unverständlich waren und die ich als persönliche Niederlagen empfunden habe. In solchen Fällen hatte ich immer nur einen Gedanken: Wie kann ich diese Ungerechtigkeit korrigieren oder – wenn die Rechtsmittel ausgeschöpft waren – wie kann ich dem Mandanten weiterhelfen? Ich bemühte mich dann um bessere Haftbedingungen oder eine vorzeitige Entlassung. Generell ist es mir wichtig, den Mandanten im Gefängnis oder Krankenhaus weiter zu betreuen, damit er nicht das Gefühl hat, sein Anwalt lasse ihn im Stich.

Als bitterste Niederlage empfand ich den Fall der deutschen Brüder Karl und Walter LaGrand, die 1999 in den USA auf grausamste Weise hingerichtet wurden. Der eine starb durch die Giftspritze, der andere in der Gaskammer. Die dramatische Geschichte, die ich in diesem Buch schildere, wühlt mich bis heute auf. Dasselbe gilt für den Fall des Münchner Arztes Theo Mauser, dessen Schicksal ich ebenfalls beschreibe. Als junger Mann war er bei einer Operation falsch behandelt worden und blieb querschnittgelähmt. Der für den Eingriff zuständige Chirurg, ein arroganter, selbstgefälliger Chefarzt, der sich für unfehlbar hielt, stritt jegliche Verantwortung ab, sodass es zu einer juristischen Auseinandersetzung kam, die an Dramatik nicht zu überbieten war.

Auch Juristen sind nicht davor gefeit, mit dem Gesetz in Konflikt zu geraten. Ich erinnere mich an Zeiten, da stand ich früh um drei als einziger Autofahrer an einer roten Ampel – die habe ich dann nicht mehr als gültiges Signal betrachtet. Im Laufe meines Lebens habe ich trotzdem nur wenige Punkte in Flensburg kassiert. Anderen Verlockungen, die vielleicht zum Ende meines Anwaltsdaseins geführt hätten, konnte ich widerstehen. Ich habe den legendären Rainer Werner Fassbinder verteidigt und seine ganze Clique aus dem Filmgeschäft gekannt, Barbara Valentin, Harry Baer, alles sehr lustige Leute. Deren Einladungen zu ihren Kokspartys habe ich stets abgelehnt. Ende der Sechziger-, Anfang der Siebzigerjahre habe ich mit Freunden ein paar Joints geraucht, aber Kokain war nie mein Ding. Mandanten, die mir den Stoff anboten, sagte ich: »Hau bloß ab mit dem Zeug!«

Als Strafverteidiger schaut man in tiefste menschliche Abgründe, beschäftigt sich mit tragischen Beziehungstaten und muss sich mit Grausamkeiten auseinandersetzen, die einem das Blut in den Adern stocken lassen. Auf der anderen Seite erlebte ich zutiefst komische Fälle, über die ich mich noch heute totlachen kann. Zum Beispiel die Sache mit der Kunstfälscher-Bande. Die Jungs haben in großem Stil Bilder von Rembrandt und ähnlichen Großkalibern der Kunstgeschichte nachgemalt, dann ein altes Schloss gemietet, die Bilder aufgehängt und kräftig eingestaubt. Anschließend bestachen sie Gutachter, die das ganze Zeug als echt deklarierten. Die Machwerke verkauften die Fälscher dann für horrende Summen an Neureiche, darunter einen Berliner Klopapierfabrikanten.

Bizarr auch der Fall eines Betrügers, der etliche Mercedes-Händler auf so dreiste und zugleich amüsante Weise über den Tisch zog, dass sogar der Richter nicht mehr aus dem Lachen herauskam. Die Krönung folgte aber erst nach der Verurteilung – dazu später mehr …

Kaum ein Justizfall der jüngeren Vergangenheit hat die Menschen in Deutschland so bewegt wie die Steueraffäre von Uli Hoeneß. Ich kenne Uli Hoeneß gut und schätze ihn sehr als Menschen, vor allen Dingen als Herz und Seele meines geliebten FC Bayern. Nach seiner Verurteilung habe ich erfolgreich dafür gekämpft, dass er anständige Haftbedingungen erhielt, relativ schnell Freigänger wurde und das Gefängnis schließlich zum frühestmöglichen Zeitpunkt verlassen konnte, nämlich nach der Hälfte seiner dreieinhalbjährigen Haftzeit. Eine solche Regelung sieht das Gesetz ausdrücklich vor, und sie wird keineswegs so selten angewandt wie in diesem Zusammenhang oft behauptet. Zwischen 2010 und 2015 kamen allein in Bayern 1250 Gefangene nach der Halbstrafenregelung vorzeitig frei.

Uli Hoeneß war also kein Einzelfall – aber bei ihm regten sich viele Leute wahnsinnig auf. Am liebsten wäre ihnen wohl gewesen, wenn er noch viele Jahre länger hätte büßen müssen. Aus Rücksicht auf Uli Hoeneß will ich den konkreten Fall nicht näher schildern. Eines kann ich aber mit Gewissheit sagen: Uli Hoeneß hat sich seine vorzeitige Entlassung redlich verdient – durch seine Selbstanzeige, mit der er die Ermittlungen überhaupt erst ins Rollen brachte. Durch seine vorbehaltlose Mithilfe bei der Aufklärung des Falles, ohne die es wahrscheinlich nie zu einer Verurteilung gekommen wäre. Durch die Begleichung sämtlicher Steuerschulden inklusive Zinsen in Höhe von 43 Millionen Euro. Durch seine vorbildliche Führung in der Haft. Durch seine aufrichtige Reue. Durch seine beispiellose Lebensleistung, zu der auch sein Einsatz für sozial Schwächere gehört.

Die bayerische Justiz hat Uli Hoeneß keine Vorzugsbehandlung gewährt. Von einem Prominentenbonus kann keine Rede sein, obwohl es immer wieder Leute gibt, die das behaupten. Diesen meist aus dem linken Lager stammenden Kritikern mangelt es nicht nur an einem gesunden Rechtsverständnis – etwa an der Akzeptanz des Resozialisierungsgedankens –, ganz sicher spielt auch Sozialneid eine wichtige Rolle. Aus meiner langjährigen Berufserfahrung kann ich sagen: Prominente haben in Deutschland bei der Justiz keinen Bonus, sondern einen Malus, weil jeder Richter oder Staatsanwalt sich mit dem Skalp eines Promis schmücken möchte. Und vor allem will er unbedingt den Eindruck vermeiden, dass er ihn zu milde behandelt.

Journalisten haben Rolf Bossi und mich einmal als »Spezialisten für Geschnetzeltes vom Menschen« bezeichnet, weil wir auch Mörder verteidigten, die ihre Opfer auf entsetzliche Weise getötet hatten. Von einem solchen Mörder handelt ein Kapitel in diesem Buch: Jürgen Bartsch brachte zwischen 1962 und 1966 vier Kinder um. Wir haben ihn im Revisionsprozess vertreten und konnten das erstinstanzliche Urteil – lebenslange Haft – kippen. Bartsch, der vielen als einer der furchtbarsten Serienmörder des 20. Jahrhunderts gilt, war für uns ein Muster-Mandant, denn spektakuläre Tötungsfälle haben Bossi und ich nur dann übernommen, wenn wir davon ausgehen konnten, dass der Täter psychisch gestört war, aber dennoch von der Justiz als voll verantwortlich für seine Taten eingestuft wurde. Wir haben solche Beschuldigten stets mit dem Ziel vertreten, dass ihre Störung als krankheitswertig anerkannt wird. Wir wollten erreichen, dass man sie – wenn möglich – therapiert. Sie sollten die Chance bekommen, irgendwann entlassen zu werden – vorausgesetzt natürlich, dass von ihnen keine Gefahr mehr ausgeht.

Generell hielten wir es für entscheidend, dass psychisch kranke Menschen, die Straftaten begangen haben, nicht als Monster oder Bestien angesehen werden. Dabei war uns bewusst, dass Teile der Öffentlichkeit immer der Auffassung sein werden, dass eine schreckliche Tat auch eine schreckliche Strafe verlangt. Ich bin überzeugt, dass wir dieses – auch bei manchen Richtern herrschende – Vorurteil sehr oft aufgebrochen haben, und zwar immer dann, wenn wir mit Hilfe von Gutachtern die tragische Vorgeschichte eines Verbrechens und die unglückselige, nicht schuldhafte Verstrickung des Täters deutlich machen konnten.

Ich könnte nie einen Menschen verteidigen, der nach meiner Einschätzung psychisch gesund ist und sich dennoch an einem Kind vergangen, es vielleicht sogar umgebracht hat. Das ist völlig ausgeschlossen. Ich bin auch nur ein einziges Mal, in der Justizvollzugsanstalt (JVA) München-Stadelheim, von einem solchen Täter angesprochen worden, der mehrere Kinder schwer missbraucht hatte. Natürlich hatte auch dieser Mann, wie jeder andere Straftäter, einen Verteidiger verdient – doch ganz bestimmt nicht mich. Ich habe ihm gesagt, er müsse sich einen anderen suchen, und gab ihm die Namen von fünf Kollegen. Ich wollte mit dem Mann nichts zu tun haben. Ich habe Kinder und Enkel, die ich sehr liebe, und ich kann mich für einen solchen Täter nicht verbiegen. Dieses Recht steht jedem Verteidiger zu. Ich nehme es mir!

Doch wenn ich mich entscheide, ein Mandat zu übernehmen, dann gebe ich alles. Ich kann mir vorstellen, dass manche Leser nicht nachvollziehen können, warum ich bestimmte Menschen verteidigt habe. Vielleicht unterstellen sie mir sogar, mit deren Taten zu sympathisieren. Sicher nicht! Aber ich lege in meiner Rolle als Anwalt das gleiche Engagement an den Tag, das wir alle mit großer Selbstverständlichkeit von Polizei und Staatsanwaltschaft erwarten, wenn sie Straftaten aufklären. Ein Rechtsstaat kann nur funktionieren, wenn *alle* ihren Job so gut wie möglich machen.

Dieses Buch widme ich in erster Linie meiner Familie, die mich in all den Jahren nach Kräften unterstützt hat: meiner Frau, die stets Verständnis dafür aufbringen musste, dass der Einsatz für meine Mandanten immer an erster Stelle stand. Meiner Tochter, die als Fachärztin für Psychiatrie und Psychotherapie arbeitet und die ich glücklicherweise von einer Karriere im Bereich der Forensik abhalten konnte, denn mit ihrem starken Gerechtigkeitssinn wäre sie niemals mit den ständigen Anfeindungen durch Staatsanwälte und Verteidiger klargekommen. Durch ihre vier Kinder bin ich zum begeisterten, ja leidenschaftlichen Großvater geworden. Zwar war ich auch ein engagierter Vater. Aber durch meine intensive und zeitaufwendige Arbeit – mindestens sechs Tage in der Woche, häufig bis 22 Uhr und länger, dazu viele Auswärtstermine –, habe ich leider viel versäumt.

Mein Sohn Florian ist längst selbst ein renommierter Strafverteidiger. Er war schon Juniorpartner in der Kanzlei »Bossi–Ufer–Ziegert« und hat unsere jetzige Kanzlei »Ufer Knauer« in der Münchner Maximilianstraße als Partner mit gegründet. Seine Spezialität ist die Beratung und Verteidigung von sogenannten White-Collar-Beschuldigten aus dem Bereich der Wirtschaft. Für seine Mandanten reibt er sich mit einer ähnlichen Hingabe auf wie ich.

Ich bin jetzt 75, ein Alter, in dem sich viele längst zur Ruhe gesetzt haben. Ich bin immer noch an Bord, weil mir die Arbeit Spaß macht, weil ich die Kollegen in der Kanzlei schätze und weil ich meine Mandanten nicht im Stich lassen möchte. Irgendwann, wenn sie mich nicht mehr wollen oder nicht mehr brauchen, werde ich mein schönes Büro im Herzen von München räumen. Doch wenn ich gehe, dann nicht allein. Ich vertrete seit mehr als 40 Jahren einen Trickdieb mit dem Spitznamen »Goldi«. Dutzende Verfahren haben wir zusammen durchgestanden. Bei seinem letzten Freispruch rief er mir zu: »Steffen, du musst mir unbedingt sagen, wenn du als Anwalt aufhörst – dann höre ich auch auf.«

Steffen Ufer   *München, September 2016*

Hinweis

Rechtsanwälte dürfen über Interna aus Ermittlungsverfahren normalerweise nicht öffentlich sprechen. Für dieses Buch haben mich meine früheren oder aktuellen Mandanten von der Schweigepflicht entbunden. Einige steuerten sogar ihre Erinnerungen bei. Alle Fälle, bis auf den tödlichen Polizeieinsatz gegen einen Marihuana-Dealer in Bayern, sind rechtskräftig abgeschlossen. Über diese und andere Strafrechtssachen kann ich auch deshalb schreiben, weil sie in der Öffentlichkeit zum Teil sehr intensiv debattiert worden sind. Ich selbst habe mich nicht nur in den für jedermann zugänglichen Gerichtsverhandlungen zur Sache geäußert, sondern auch gegenüber Medien. Manche Verfahren waren rechtspolitisch oder aus kriminalistischer Sicht so bedeutsam, dass die Protagonisten als Personen der Zeitgeschichte gelten. Einige haben ihre Erlebnisse sogar in Büchern publiziert. In Fällen, die weniger öffentlichkeitswirksam waren, habe ich Details wie Namen, Orte und Berufe verändert, um die Persönlichkeitsrechte der Akteure zu wahren. Alle im Buch dargestellten Geschichten sind wahr.

Kokain

Fast jeder, der in mein Büro hoch über den Dächern der Münchner Altstadt kommt, spricht mich auf ein Bild an, das hinter meinem Schreibtisch hängt und als einziger Farbtupfer die weiße Wand ziert. Eigentlich ist es gar kein Bild, sondern ein Text in einem hellen Birkenholzrahmen, handgeschrieben mit schwarzer Tinte auf ein Blatt gelbstichiges, marmoriertes Papier. Am linken Rand steht: *»Für meinen freundlichen Anwalt und anwaltlichen Freund voll Dankbarkeit, Dein Konstantin Wecker.«* Daneben die Noten sowie drei Strophen des Liedes »Der Herr Richter«:

Was macht der Herr Richter, wenn er Feierabend hat?
Hat er dann das Gerechtsein erstmal satt?
Wird er dann eventuell mal banal
und sucht den richtigen Fernsehkanal?

Berichtet er seiner Frau, dass er statt
zu richten nur seinen Kragen gerichtet hat?
Oder hat er was, was er niemandem nennt,
und freut sich so richtig aufs Wochenend?

Denn am Sonntag, am Spielplatz, um dreiviertel zehn,
da lässt der Richter sein Schwänzlein sehn.
Ach, hätt er das alles nur früher getrieben,
dann wär uns ein Richter erspart geblieben.

Mit diesen bitterbösen Zeilen brandmarkte der Liedermacher Konstantin Wecker Ende der Achtzigerjahre die Doppelmoral vieler Justizverantwortlicher, insbesondere mancher bayerischer Staatsanwälte und Richter, die bis heute stolz darauf sind, als die ungnädigsten im ganzen Land zu gelten. Wecker kann ein Lied davon singen. Denn obwohl er nur sich selbst geschadet hatte, wurde er wie ein Verbrecher verfolgt und, zumindest in zwei Instanzen, entsprechend hart bestraft.

Über den handgeschriebenen Liedtext habe ich mich natürlich sehr gefreut. Wecker schenkte ihn mir, nachdem ich ihn als sein Verteidiger vor einer langen Gefängnisstrafe bewahrt hatte. Vorausgegangen war ein von der Öffentlichkeit viel beachteter Rechtsstreit, der sich über mehrere Jahre hinzog. Dabei ging es nicht nur um Weckers Schuld oder Unschuld, sondern um die generelle Frage nach dem Sinn oder Unsinn der deutschen Drogenpolitik. Am Ende musste sogar die unerbittlich kämpfende Staatsanwaltschaft einsehen, dass Wecker kein Drogentäter war, sondern Opfer seiner selbst – und der Gesetze.

Mit Konstantin Wecker verbindet mich eine lange Geschichte und eine ebenso lange Freundschaft. Wir kennen uns seit Kindertagen, denn wir wuchsen beide im Münchner Stadtteil Lehel auf. Im Schatten der Lukaskirche haben wir gespielt, auch die Isarauen gehörten zu unserem Revier. Konstantin, den alle »Konnie« nannten (seine besten Freunde sagten »Stanzi« zu ihm), war ein paar Jahre jünger als ich. Dass ich dem Kleinen – wie alle anderen unserer Spielclique – Respekt zollte, lag nicht zuletzt an seinem eindrucksvollen Hund Cäsar, der recht zutraulich war und uns notfalls gegen rivalisierende Eindringlinge verteidigte. Stanzi war Einzelkind und, soweit ich mich erinnere, ein sehr umgänglicher Bursche. Er stammte aus einer Künstlerfamilie (sein Vater war Maler und Hobby-Opernsänger), begann früh mit dem Klavierspielen und nahm später Geigen- und Gitarrenunterricht. Auch als sich unsere

Wege in der Schulzeit trennten – Wecker ging aufs Theresien-Gymnasium, ich aufs Luitpold-Gymnasium –, riss der Kontakt nie ab.

Als sein ehemaliger Spielkamerad und angehender Jurist blieben mir Weckers Jugendverfehlungen natürlich nicht verborgen, etwa der Überfall auf das Wettbüro der Pferderennbahn in München-Riem. Zusammen mit einem Freund räumte der damals 18-jährige Wecker den Tresor aus. Beute: rund 30000 Mark. Die beiden Kumpel türmten nach Norddeutschland. Drei Wochen später, nachdem fast das gesamte Geld verprasst war, wurden sie in Hamburg auf St. Pauli gefasst. Im Fahndungsschreiben der Polizei hieß es: »Sofort festnehmen. Äußerst gefährlich!« Wecker kam wegen Diebstahls in die JVA Stadelheim, wo er vier Monate in Untersuchungshaft saß. Anschließend verdonnerte ihn der Richter zu einer saftigen Jugendstrafe von einem Jahr Gefängnis, ausgesetzt zur Bewährung.

Wecker hatte damit erstmals Bekanntschaft mit den Strafverfolgungsbehörden gemacht, was später noch des Öfteren der Fall sein sollte. Der Freundschaft zwischen mir und Stanzi tat dieses Abenteuer keinen Abbruch. Ich wusste, dass er nicht nur ein begnadeter Künstler war, sondern auch ein unangepasster, oft unberechenbarer Zeitgenosse, ein Rebell, ein Provokateur. Beides gehörte für mich untrennbar zusammen, und ich habe es respektiert.

Nachdem wir uns eine Zeit lang aus den Augen verloren hatten – ich war mit meiner Anwaltskarriere beschäftigt, Stanzi feierte erste große Erfolge als Musiker –, führte uns das Schicksal 1992 wieder zusammen. Grund war ein Buch, das Konstantin Wecker geschrieben hatte. Es trug den Titel *Uferlos* und beschrieb auf 220 Seiten das Lotterleben eines begeisterten Kokainkonsumenten – und zwar in allen Einzelheiten. Der in Ich-Form verfasste Roman, an dessen autobiografischem Charakter kein Zweifel bestehen konnte, war letztlich der

Erfahrungsbericht eines schwer Drogenabhängigen. Authentisch schilderte Wecker darin, wie er dem Kokain verfiel. Nach anfänglicher Abneigung (»Der Puderzucker roch nach Katzenpisse«) fand er schnell Gefallen an dem euphorisierenden Gift. Er zog balkendicke Linien, bis ihm »die Schädeldecke aufplatzte«, er erwog, das Koks direkt in seine »Blutbahn zu kippen«.

Im Bett verhalf ihm der Stoff nach eigenen Angaben zu sagenhafter Manneskraft, einmal hatte er »den Ständer des Jahrhunderts«. Irgendwann die erste Überdosis. Herzrasen. Die Adern schwollen an. Atemnot. Er wähnte sich im Weltall. Die Droge zehrte ihn auf, finanziell, psychisch und körperlich. Er erkannte sein eigenes Spiegelbild nicht mehr. Sah nur noch einen »alten, schwitzenden, hässlichen Mann«. Dann das Eingeständnis: »Du bist süchtig.« Er verbrauchte ungeheure Mengen, aber die Hochs wurden immer kürzer. Die Löcher, in die er danach fiel, mussten mit immer größeren Mengen Kokain »zugeschaufelt werden«. Als das weiße Pulver einmal zur Neige ging, hackte er die Wände seiner Wohnung auf, um von ihm früher versteckte Restbestände aufzustöbern. Wecker war krank. Er hasste sich und sein Umfeld.

Fast zwei Jahre lang, schrieb Wecker, habe er an nichts anderes denken können als an seine »Wunschdroge«. Irgendwann wollte er das Zeug im großen Stil aus Bolivien einschmuggeln, er trachtete danach, über einen »wirklich unerschöpflichen Vorrat« zu verfügen. Weil sich dieser Traum zerschlug – während der finalen Planung des Coups gerieten der Held des Buches und seine Drogenkumpel in eine Polizeirazzia –, musste der Sänger mit kleineren Mengen Vorlieb nehmen, die er sich bei diversen Dealern besorgte. Auch diese Treffen zeichnete Wecker so anschaulich und lebendig nach, dass man davon ausgehen konnte: Die Szenen hatten, so wie das meiste in *Uferlos* Geschilderte, tatsächlich stattgefunden.

Die drastischen Darstellungen sorgten in der Öffentlichkeit für viel Wirbel und riefen, was in Bayern niemanden ernsthaft verwundern konnte, den Staatsanwalt auf den Plan. Er sah in dem Buch eine Art Drogengeständnis Weckers, witterte ein ganzes Konglomerat möglicher Straftaten – und leitete ein Ermittlungsverfahren ein.

Stanzi brauchte erstmals meine Hilfe als Strafverteidiger. Ich hatte bereits mehrere Drogenkonsumenten vertreten, auch einige Dealer. Im Fall von Stanzi, der seine Sucht bei Erscheinen des Buches überwunden hatte, erwartete ich keine allzu großen Schwierigkeiten. Ich riet ihm, von seinem Recht auf Aussageverweigerung Gebrauch zu machen, und auch seine im Buch namentlich genannten oder leicht zu identifizierenden Freunde und Freundinnen sollten am besten schweigen, denn hätten sie den Erwerb von Kokain oder auch die Abgabe im Freundeskreis eingeräumt, wären sie fällig gewesen.

Meine Strategie ging auf. Zwar verwendete der Staatsanwalt jede Menge Energie darauf, Konstantin Wecker einer Straftat zu überführen. Dafür reichte aber die in Buchform niedergelegte »Drogenbeichte« nicht aus. Er hätte handfeste, konkrete Beweise für die dort niedergeschriebenen Begebenheiten vorbringen müssen, doch da ihm das nicht ansatzweise gelang, wurde das Verfahren eingestellt.

Zum Dank schenkte mir Stanzi ein handsigniertes *Uferlos*-Exemplar. Seine Widmung – *»Lieber Steffen, wir lassen uns nicht kleinkriegen!«* – sollte sich wohl auf den positiven Abschluss des Verfahrens beziehen. Damals ahnte noch niemand, dass wir den Münchner Strafverfolgern schon bald wieder gegenüberstehen würden. Diesmal war die Ausgangslage für Stanzi jedoch weit weniger komfortabel. Um es offen zu sagen: Sie war ziemlich bescheiden.

Am 29. November 1995, gegen 22.30 Uhr, stürmten zehn Kriminalpolizisten Weckers Villa im Münchner Vorort

Grünwald. Er saß gerade mit Freunden vor dem Fernseher. Es lief ein Film, in dem der Musiker und Schauspieler Wecker einen Drogendealer darstellte, der vor der Polizei flüchtete. Nun standen Beamte ganz real in seinem Wohnzimmer. Sie fanden rund 30 Gramm Kokain im Bücherregal und nahmen Wecker fest. Laut Protokoll soll er die Ermittler mit dem Satz begrüßt haben: »Gott sei Dank, seid ihr da!« Im Nachhinein betonte er immer wieder, dass er seine Verhaftung als »Glück« empfunden habe, als »Befreiung«. Wecker war ein von jahrelangem Drogenkonsum gezeichneter Mann auf der Schwelle zum Tod.

Wenige Stunden nach seiner Festsetzung rief mich Stanzi aus dem Münchner Polizeipräsidium an. Er klang verzweifelt. Ich machte mich sofort auf den Weg in die Ettstraße und fand ein physisches und psychisches Wrack vor, verwahrlost, die langen Haare fettig, das Gesicht aufgedunsen, glasige Augen. Er wog 15 bis 20 Kilo zu viel. Er tat mir leid.

Dass mit Stanzi etwas nicht stimmte, hatte ich schon einige Wochen vor der Verhaftung feststellen müssen. Er hatte mich – vielleicht in der dunklen Vorahnung, dass er bald anwaltliche Hilfe brauchen würde – zu einem Konzert nach Wien eingeladen. Der Auftritt war genial, das Publikum begeistert. Als sein Freund durfte ich auch hinter die Bühne, wo weder Stanzi noch seine Musiker zu verbergen versuchten, dass sie Drogen nahmen: Kokain. Crack. Dazu riesige Mengen Wodka. Alle wirkten aufgeputscht. Dennoch machte ich mir in diesem Moment die Ausmaße der Wecker'schen Drogeneskapaden und die möglichen Folgen nicht wirklich bewusst.

Die Polizei war Wecker nach einer Razzia bei einem Münchner Drogendealer auf die Spur gekommen. Die Fahnder hatten einen Tipp aus der Szene bekommen und die Wohnung des aus Jugoslawien stammenden »Baci« durchsucht, ein Mann, der sich als Handelsattaché ausgab und, wie sich später herausstellte, über acht Alias-Namen verfügte. Im Herbst 1995 fanden Kripobeamte im Tresor von Bacis Ehefrau jede Menge belastende Unterlagen – darunter zwei Schecks, ausgestellt von Konstantin Wecker. Der damals 48 Jahre alte Liedermacher geriet unweigerlich in Verdacht, ein Kunde des äußerst geschäftstüchtigen Drogendealers zu sein. Nach Erkenntnissen der Ermittler vertickte der Mann allein 1995 rund 8,5 Kilo Kokain sowie 450 Ecstasy-Tabletten. Den Stoff holte Baci, der später in einem gesonderten Verfahren zu elfeinhalb Jahren Gefängnis verurteilt wurde, zum großen Teil persönlich aus Holland. Seine Ehefrau unterstützte ihn bei seinen Geschäften. Wegen ihrer Redseligkeit – sie gab an, auch mit Wecker ab und an ein Koks-Pfeifchen genossen zu haben – billigten die Strafverfolger ihr einen Kronzeugenstatus zu.

Konstantin Wecker war Bacis prominentester Abnehmer. Die beiden hatten sich in einer Kneipe kennengelernt. Wecker bestätigte gegenüber den Ermittlungsbehörden, dass er von dem Dealer insgesamt 1,77 Kilo Kokain bezogen hatte, Preis pro Gramm: 100 Mark. Die Qualität sei »sehr gut gewesen«. Dass er den Mann, zu dem er ein freundschaftliches Verhältnis pflegte (»Ich liebte meinen Dealer, der mich sehr fair belieferte«), in seiner berauschten Gleichgültigkeit mit Schecks bezahlte, bezeichnete Wecker im Nachhinein als Fehler: »Das macht nur ein Hornochse.« Wenn er mal wieder knapp bei Kasse war, versuchte Wecker sogar, Baci ungedeckte Schecks anzudrehen. Seine Finanzlage war nämlich desaströs: Wecker steckte bis über beide Ohren in Schulden, auf fast drei Millionen Mark summierten sich die Forderungen der Gläubiger, darunter das Finanzamt und Immobilienbesitzer. Ein Hotelier aus Traunstein hetzte Stanzi den Gerichtsvollzieher auf den Hals, weil er angeblich unter Drogeneinfluss eine seiner Suiten verwüstet hatte, insbesondere die Seidentapete soll stark in Mitleidenschaft gezogen worden sein.

Zwar hatte Wecker mit seinen Schallplatten, CDs und Konzerten lange Zeit gutes Geld verdient, doch irgendwann blieben die künstlerischen Erfolge aus, mehrere Projekte floppten, und die Finanzierung der Drogen für sich und wohl auch die ganze Mannschaft, erwies sich auf Dauer als viel zu kostspielig. Hinzu kam, dass ihn sein Haus im noblen Grünwald monatlich 10000 Mark Miete kostete, maßlos überteuert, wenn man bedenkt, dass sich die Villa in einem ziemlich heruntergekommenen Zustand befand. Für seine Firma Team-Musikon mietete er, kurz bevor sie in Konkurs ging, zusätzlich ein Haus für 17000 Mark im Monat an – ein weiterer Beleg dafür, dass Wecker während seines exzessiven Kokainkonsums jeglichen Bezug zur Realität verloren hatte. Stanzi, der von seinen Fans bewunderte Sunnyboy und Starpoet, hatte nichts als Probleme.

Den einzigen Lichtblick in seinem Leben stellte eine junge Frau aus der Nähe von Bremen dar, in die er unsterblich verliebt war. Die beiden hatten sich im November 1995 kennengelernt. »Sie saß in einem meiner Konzerte in der ersten Reihe«, erklärte Wecker später in einem Interview. »Und ich wusste sofort, das ist die Frau fürs Leben.« Trotz des Altersunterschieds – sie war 27 Jahre jünger als er – schmiedete das Paar große Pläne, wollte heiraten und Kinder bekommen. Weckers künftiger Schwiegervater gab seinen Segen. Er nahm sich auch Weckers Finanzen an und brachte Ordnung in das zum Verzweifeln Anlass gebende Chaos. Dennoch war nicht absehbar, ob sich die Dinge zum Positiven wenden würden.

Die Beweislage gegen Wecker war, bedingt durch die Dummheit mit den Schecks, erdrückend. Abstreiten zwecklos. Zwar konnte jeder erkennen, dass Wecker sich selbst am meisten geschadet hatte, doch weil er auch Freunde und flüchtige Bekanntschaften an seinen Drogentrips hatte teilhaben lassen, zeigten sich die Ermittler unnachgiebig. Erschwerend kam hinzu, dass Stanzi bei der Münchner Justiz sowieso nicht gut gelitten war. Die meisten konservativen Richter und Staatsanwälte konnten mit dem politisch Linken nur wenig anfangen. Zudem hatte er die für ihre Spießermoral bekannten Strafverfolger schon mit seinem Buch *Uferlos* bis aufs Blut gereizt, und so war der für Wecker zuständige Staatsanwalt äußert erpicht darauf, den Promi zu verknacken. Insofern ist der Fall Wecker ein gutes Beispiel für den im Zusammenhang mit Hoeneß schon erwähnten Prominentenmalus. Die Justiz legte gegenüber dem Musiker eine Voreingenommenheit an den Tag, mit der ein gänzlich unbekannter Drogenkonsument bei ähnlichen Vergehen niemals konfrontiert gewesen wäre.

In Anbetracht der Lage musste ich Stanzi auf einen etwas längeren Aufenthalt in Stadelheim vorbereiten. Zugleich machte ich ihm klar, dass dies momentan wohl das Beste für ihn sei. In Freiheit würde er nur schwer von den Drogen loskommen, im Gefängnis hingegen hätte er die reelle Chance, seine Sucht in den Griff zu kriegen. Seine Mutter und viele Freunde sahen das genauso.

Natürlich war die erste Zeit hinter Gittern für Stanzi eine Qual. Man mutete ihm den kalten Entzug zu, ohne Medikamente gegen die typischen Symptome wie Magenschmerzen oder Schwitzattacken, und auch auf psychologische Hilfe wartete er vergebens. Doch zu meinem Erstaunen steckte er das Ganze relativ gut weg. Schon nach wenigen Tagen hatte sich sein Zustand erheblich gebessert, er sah wieder einigermaßen erträglich aus, wirkte körperlich fitter und geistig frisch. Tatsächlich überraschte mich Stanzi bald mit der Bitte, einen Haftprüfungsantrag zu stellen. Der vor zwei Wochen noch so angeschlagene Musiker sprühte vor Optimismus und Energie und war fest entschlossen, ein neues Leben zu beginnen. Er versprach mir, clean zu bleiben, zu heiraten und hart zu arbeiten, um seine Schulden abzutragen. Er wollte raus. Unbedingt.

Ich hielt den Antrag für relativ aussichtslos, andererseits: Was hatten wir schon zu verlieren?

Auf seinen Auftritt vor dem Haftrichter musste ich Stanzi nicht großartig vorbereiten. Ihm war klar, dass er selbstkritisch sein und den Drogen glaubhaft abschwören musste. Keine Verherrlichung des rauschhaften Lebens wie in *Uferlos*, keine Schilderungen sexueller Ausschweifungen, keine Beschreibungen magischer Augenblicke. Nur ehrlich gemeinte Reue und das Versprechen, sich zu bessern. Zum entscheidenden Termin erschien Wecker sehr gepflegt, die Haare gewaschen und geschnitten, sauberes Hemd, ansehnliches Jackett. Innerhalb weniger Tage war es ihm gelungen, acht Kilo abzuspecken. Der für die Haftprüfung zuständige Richter hatte etwas sehr Tolerantes, fast schon Weltoffenes, was mich sehr erstaunte, denn er stammte aus dem nach meiner Erfahrung extrem konservativen bayerischen Schwaben. Neben dem Richter war eine hübsch zurechtgemachte Protokollführerin anwesend, ganz offensichtlich ein Fan von Wecker. Ungewöhnlich war, dass auch der Staatsanwalt den Termin wahrnahm, denn normalerweise belassen es Anklagevertreter zu Haftprüfungsterminen bei schriftlichen Stellungnahmen. Der Grund seiner Anwesenheit wurde gleich zu Beginn deutlich: Er machte keinen Hehl daraus, dass er Wecker für dessen angeblich ungeheuerliche Straftaten für viele Jahre ins Gefängnis bringen wollte. Eine Entlassung aus der U-Haft käme nicht in Betracht – Fluchtrisiko, Verdunkelungsgefahr. Das Übliche.

Da blieb mir nichts anderes übrig, als sofort zum Gegenangriff überzugehen und darauf hinzuweisen, dass ich die Versuche des Staatsanwalts nicht dulden würde, einen Prominenten zur Strecke zu bringen, ohne auch nur ansatzweise auf die grundsätzlichen Fragen des Falls einzugehen: Wie zurechnungsfähig ist ein Drogenabhängiger, der sich teilweise im Zehn-Minuten-Rhythmus eine Crack-Pfeife anstecken muss?

Wie strafwürdig ist ein Beschuldigter, der sich mit einer extrem gefährlichen und hochgradig süchtig machenden Kokain-Variante das Hirn vernebelt und damit nahezu ausschließlich selbst geschadet hat? Mit jeder Frage brachte ich den Staatsanwalt mehr in Wallung. Irgendwann unterbrach der Richter unseren Disput und schlug vor, der Beschuldigte möge sich doch selbst äußern.

Stanzi und ich sahen uns an. Jetzt war der Moment gekommen, in dem sich seine Zukunft entscheiden würde. Und dafür hatten wir uns etwas Geniales ausgedacht: Konstantin sollte nicht einfach so über seine Drogenvergangenheit, die Haftzeit und seine Zukunftspläne sprechen – er sollte dies in Form eines Gedichtes tun. Er zog also zwei DIN-A4-Blätter aus dem Sakko und begann seinen Vortrag. Weit kam er nicht. Der Staatsanwalt ahnte, dass der wortgewaltige Liedermacher mit seiner emotionalen Darbietung den Richter womöglich erweichen könnte und verbat sich deshalb eine Rechtfertigung in Versform. Natürlich hatte ich mit Protest gerechnet und vorab die Strafprozessordnung sowie alle einschlägigen Rechtskommentare studiert. An keiner Stelle war festgelegt, auf welche Art sich ein Beschuldigter bei der Haftprüfung zu äußern habe. Im Umkehrschluss bedeutete das: Gegen ein Gedicht war nichts einzuwenden. Der Richter gab grünes Licht. Wecker erhob seine Stimme:

Nun, Freunde, ihr habt es euch ja gedacht,
es waren schreckliche Stunden.
Getrennt von den Tönen, von Feinden verlacht
und dennoch von eurer Liebe bewacht,
hab' ich mich im Kerker geschunden.
Und jetzt habt ihr natürlich das Recht zu erfahren:
Ich geb' immer nur selbst mir die Schuld …

Mehrere Strophen lang beschrieb der Häftling seinen selbstzerstörerischen Lebenswandel in den vergangenen Jahren, der ihn in den wirtschaftlichen Ruin und in eine lebensbedrohende Krise getrieben hatte. Er schilderte die Härte, aber auch den Segen des kalten Entzugs im Knast, seine Ängste, seine Hoffnungen auf ein solides, arbeitsreiches Leben, auf Familie, Glück, Zukunft. Damit bewies Wecker, dass er wieder völlig klar im Kopf und präzise zu denken in der Lage war. Von seiner Fähigkeit, meisterhaft und anrührend zu formulieren, hatte er nichts eingebüßt. Bester Beweis war die Reaktion der Protokollführerin, die schon nach kurzer Zeit in Tränen ausbrach. Auch der Richter schluckte vor Ergriffenheit. Mir ging es ähnlich. Und der knallharte Staatsanwalt bekam zumindest ein Gespür dafür, dass er es sehr schwer haben würde bei dem Versuch, Wecker für mehrere Jahre ins Gefängnis zu bringen. Seine Wut über den Verlauf der Haftprüfung konnte man ihm förmlich ansehen.

Mit dem Plädoyer in eigener Sache schaffte Stanzi, was kurz zuvor noch unmöglich schien: Nach 17 Tagen Untersuchungshaft kam er frei – unter strengen Auflagen. Dazu gehörten: eine Drogentherapie sowie die Zahlung einer Kaution in Höhe von 300000 Mark, 100000 Mark mehr, als wir dem Gericht angeboten hatten. Das Geld brachten Freunde und Bekannte in Form von Bürgschaften auf. Der Staatsanwalt, dem das Ganze wie ein Albtraum vorgekommen sein muss, legte gegen die Haftaussetzung Beschwerde ein. Er argumentierte, das Geld stamme nicht von Wecker selbst und sei deshalb keine richtige Kaution. Wieder malte er das Gespenst »Fluchtgefahr« an die Wand. Dass Wecker nicht einmal im Traum daran dachte zu flüchten – auch wegen des Zusammenhalts und des Vertrauensbeweises seiner Freunde –, schien dem Strafverfolger einfach nicht in den Kopf zu gehen, stattdessen stellte er die wildesten Vermutungen an, was die Auseinandersetzung mit ihm sehr strapaziös machte. Aber unser Einsatz sollte sich lohnen. Am 15. Dezember 1995 durfte Stanzi die JVA Stadelheim verlassen. Im Wikipedia-Eintrag über die Anstalt wird er bis heute in der Rubrik »Prominente Inhaftierte« geführt. Die Entlassung brachte Stanzi wieder auf die richtige Bahn. Aber uns war bewusst, dass der Staatsanwalt im anstehenden Prozess nichts unversucht lassen würde, sich für seine krachende Niederlage beim Haftprüfungstermin zu revanchieren. In der umfangreichen Anklage listete er Gramm für Gramm penibel auf. Am Ende warf er Wecker den Erwerb von insgesamt knapp 1,8 Kilogramm Kokain vor.

Am 26. September 1996, knapp zehn Monate nach Stanzis Entlassung aus der Untersuchungshaft, begann das Verfahren vor dem Amtsgericht München, Saal A 214. Ein Richter, zwei Schöffinnen, großer Medienauftrieb. Die Verhandlung dauerte nur einen Tag. In allen Einzelheiten schilderte der inzwischen abstinente Stanzi seine Erlebnisse aus der Drogenhölle, offen und schonungslos, nicht selten im Ton der Selbstverachtung.

Wecker schnupfte das Kokain nicht einfach. Er mischte es mit Natron und Wasser zur Teufelsdroge Crack und rauchte die wie Salzklümpchen aussehenden Kristalle in einer Pfeife. »Der Kick des ersten voll durchgezogenen Zuges ist so gigantisch, dass man ihn nie mehr vergisst und sich der sofortige Wunsch, nein, die unbedingte Notwendigkeit, ihn auf der Stelle zu wiederholen, für immer ins Hirn programmiert«, bekannte er später in dem Buch *Die Kunst des Scheiterns*. Über die Lunge nimmt der Körper Crack wesentlich schneller auf als geschnupftes Kokain über die Nasenschleimhäute, schon nach wenigen Sekunden erreicht es die Nervenzellen des Gehirns. Der Rauschzustand – der Stoff wirkt euphorisierend und stimmungsaufhellend, man fühlt sich wacher, sexuell leistungsfähiger und neigt zur Selbstüberschätzung – hält nur ein paar Minuten an. Die Suchtgefahr ist enorm, Crack gilt als die

Droge mit dem höchsten psychischen Abhängigkeitspotenzial. Viele Dauerkonsumenten mutieren zu menschlichen Wracks. In seinem Drogenwahn habe er nicht mehr geduscht und geschlafen, weil er dabei nicht rauchen konnte, erklärte Wecker vor Gericht. Sein ganzes Dasein war nur noch darauf konditioniert, Kokain zu beschaffen und es zu Crack zu »verbacken«. In größter Not, wenn er sich körperlich außerstande sah, das Haus zu verlassen, spannte er seine Managerin sowie seine Buchhalterin ein, um ihm Nachschub zu besorgen. Als die Managerin eines Nachts in seiner Wohnung aufkreuzte, war Wecker beim Zubereiten von Crack eingeschlafen. Beachtliche Kokainmengen waren zu Boden gerieselt, der Bunsenbrenner hatte Weckers Keyboard angekokelt. Eine gespenstische Szene, die zum Alltag des Musikers gehörte. »Das war mehr als Sucht, das war eine beständige, brennende Gier«, so Wecker. Die Folgen: Totalabsturz, Verwahrlosung, er selbst sprach von »Verwesung«. Wecker litt unter Übergewicht, Hautkrätze, Angstzuständen, Nierenschmerzen, Herzattacken, Wasser in den Beinen. Seine Zehennägel waren so lang, dass er kaum noch in einen Schuh kam. Vor Selbstekel hängte er alle Spiegel zu.

Zeugen berichteten, wie die Drogen Wecker systematisch ruinierten. Er habe wirres Zeug geredet und von kleinen Zwergen gefaselt, die angeblich mit winzigen Schaufeln und Säckchen in sein Haus eindrangen und ihm durch die Türritze sein ganzes Kokain wegschleppten. Wecker fiel durch permanente Unzuverlässigkeit und Unpünktlichkeit auf. Auf die Frage seines Mitarbeiters, wann er denn zu bestimmten Terminen erscheinen werde, bürgerte sich die Antwort »zwischen neun und halb fünf« ein. Bei Fotoaufnahmen und Filmdrehs hatten die Maskenbildner größte Mühe, Wecker so zu schminken, dass er nicht wie ein Stadtstreicher aussah. Ein Schauspielerkollege wusste zu berichten, dass sich der völlig indisponierte Wecker in einer Drehpause unmotiviert den Bart abrasierte, der anschließend durch einen künstlichen ersetzt werden musste. Bei einer Plattenaufnahme nickte Wecker ein und spielte ein Solo sprichwörtlich im Schlaf. Das Kuriose: Die Aufnahme war perfekt, sie wurde unverändert auf eine CD genommen. Auch bei Konzerten sei er mehrfach weggedämmert, berichteten Mitglieder der ihn ständig umschwirrenden Entourage. Trotz der Kapriolen seien Weckers Shows grandios gewesen, erzählten Tourneebegleiter, und nach dem schon erwähnten Auftritt in Wien kurz vor seiner Verhaftung, bei dem ich dabei war, konnte ich das bestätigen.

Vor Gericht saß ein vorbildlicher Angeklagter. Er gestand alles, nahm die komplette Schuld auf sich, schob nichts auf andere. Er konnte nachvollziehbar darlegen, dass er kein Dealer war und das Rauschgift nur zum Eigenbedarf erworben hatte, wenngleich sein Umfeld immer wieder etwas von dem Kokain abstaubte, was man Wecker dann auch zum Vorwurf machte. Der Beschuldigte hatte sich nach seiner Haftentlassung in Therapie begeben und mehreren Drogentests unterzogen. Alle bewiesen: Er war clean. Gutachter bescheinigten ihm eine günstige Sozialprognose. Wecker hatte inzwischen seine Freundin geheiratet und freute sich auf das erste gemeinsame Kind. Er arbeitete wie besessen, um seine Schulden abzutragen. Alles in allem: Das Gericht hatte über die Zukunft eines Mannes zu befinden, der festen Willens war, aus seinen Fehlern zu lernen und alles dafür zu tun, ein drogenfreies Leben zu führen.

In meinem Plädoyer erklärte ich, Wecker sei zur Tatzeit schwer süchtig gewesen, also krank. Deshalb gehöre er nicht ins Gefängnis, sondern in medizinische Behandlung. Laut Betäubungsmittelgesetz war (und ist) der Konsum von Drogen nicht strafbar, aber der Besitz und Handel. Weil Wecker nicht mit Drogen dealte und in erster Linie sich selbst schadete, dürfe man ihn nicht aus staatlicher Rachelust in Haft stecken, argumentierte ich. Sein Fall stehe beispielhaft für das Schicksal vieler Abhängiger. Ich sprach mich deshalb für eine Bewährungsstrafe aus, die an strenge Therapieauflagen gekoppelt sein sollte.

Der Staatsanwalt wollte von alldem nichts wissen und zog die bayerische Linie knallhart durch. Er fragte, wie glaubwürdig eine Justiz noch sei, die jeden kleinen Süchtigen wegen des Besitzes von ein paar Gramm Drogen hinter Gitter bringe, aber einen Prominenten wie Wecker, der fast 1,8 Kilogramm gekauft und konsumiert hatte, ungeschoren davonkommen lasse. Die enorme Menge müsse strafverschärfend gewertet werden, erklärte der Anklagevertreter und forderte dreieinhalb Jahre Gefängnis.

In seinem Schlusswort wandte sich Stanzi noch einmal an den Richter, ebenfalls mit einer Frage: Wie er denn über diesen Fall denken würde, wenn die Gesetze eines Tages zugunsten der Süchtigen geändert würden, wenn der Staat sie also nicht länger kriminalisieren, sondern ihnen helfen würde?

Nach einer halben Stunde Beratung verkündete der Richter das Urteil für 23 Fälle des illegalen Drogenbesitzes, zu werten als Verbrechen im Sinne des Betäubungsmittelgesetzes: zweieinhalb Jahre Haft ohne Bewährung. Stanzi sollte tatsächlich ins Gefängnis. Ein Schock nicht nur für ihn, sondern auch für mich. Mir war klar, dass wir dieses vernichtende Urteil nicht akzeptieren konnten. Glaubte der Richter wirklich, die Haft würde aus Wecker einen besseren Menschen machen? War er ihm noch nicht geläutert genug? Sah er die Notwendigkeit, den längst in die Gesellschaft Zurückgekehrten durch überharte Sanktionen zusätzlich zu »resozialisieren«? Wohl kaum. Ich war vielmehr der Überzeugung, dass die Justiz nur ihren bewährten Weg eingeschlagen und sich strikt »an das Gesetz« gehalten hatte, das nach unbedingter Strafe schrie. Wecker erfuhr die gleiche unsinnige Behandlung, wie sie in Bayern täglich Hunderten Angeklagten zuteil wurde. Wir legten Berufung ein.

Im Frühjahr 1998 ging die Strafsache Wecker in die zweite Instanz. Doch unsere Hoffnung, das Landgericht München I würde das Hafturteil aufheben und eine mildere Form der Bestrafung finden, wurde bitter enttäuscht. Die 21. Strafkammer verurteilte Wecker am 8. Juli 1998 erneut zu zweieinhalb Jahren Haft. Eigentlich, so das Landgericht, wären sogar drei Jahre angemessen gewesen. Nur wegen der langen Verfahrensdauer habe man sich zu einem Abschlag von sechs Monaten durchgerungen.

Wieder hatte sich die Münchner Justiz von ihrer härtesten Seite gezeigt. Dabei hatten wir alles in die Waagschale geworfen, um dem Gericht klarzumachen, dass Wecker während seiner Sucht unter chronischen Wahnvorstellungen gelitten und seine Steuerungsfähigkeit gegen null tendiert hatte. In welch desolatem Geisteszustand Wecker zur fraglichen Zeit gewesen war, bezeugten unter anderem die Schauspielerin Senta Berger und der Kabarettist Dieter Hildebrandt. Auf meinen Antrag waren sie vom Gericht geladen worden.

An die Auftritte der beiden Stars kann ich mich noch gut erinnern. Senta Berger erschien im Saal 166 des Strafjustizgebäudes ganz in Schwarz. Als der Richter sie nach ihrem Alter fragte, zögerte die Diva kurz und meinte, sie müsse »erst nachrechnen«, was für allgemeine Heiterkeit sorgte, um dann die Zahl 57 in den Raum zu werfen. Über Konstantin Wecker sprach Senta Berger in sorgenvollen Worten. Bei gemeinsamen Dreharbeiten sei er geistig »sehr weit weg« gewesen und irgendwann erschöpft zusammengebrochen. Nach dem Kreislaufkollaps habe er wachsbleich dagelegen, »dem Tode nah«. Berger: »Wir haben ihn wie einen Patienten behandelt.« Dieter Hildebrandt erinnerte sich neben körperlichen Verfallserscheinungen an geistige Komplettausfälle seines Freundes. Wecker habe plötzlich »religiös gesponnen« und sei offenkundig nicht mehr Herr seiner Sinne gewesen. Andere Zeugen führten aus, Wecker habe zeitweise in einer nicht existenten Sprache »gebabbelt« und dauernd von Vogelmenschen und Geisterwesen schwadroniert, die auf ihn einreden würden. Jeder im Saal spürte, dass die Schilderungen der Wahrheit entsprachen. Nur der Staatsanwalt besaß die Frechheit, die Glaubwürdigkeit der Zeugen anzuzweifeln, und warf ihnen indirekt vor, sie hätten Wecker einen Gefallen getan und ihn »krankgeredet«. Ich verwahrte mich gegen diese Verdächtigungen: »Wir sind hier schließlich nicht in einem Zuhälterverfahren!« Doch in seiner Verbohrtheit zog der Staatsanwalt sogar die Seriosität eines von mir beantragten Gutachters in Zweifel. Nur notdürftig verklausuliert erhob er den Vorwurf, der Sachverständige, seit Jahrzehnten Professor für forensische Psychiatrie an der Universität Göttingen, habe sich von uns »kaufen« lassen – ein Vorgang, den ich in dieser Form nie zuvor erlebt hatte. Ich intervenierte beim Gericht, es könne nicht sein, dass ein nach den Vorschriften der Strafprozessordnung von der Verteidigung geladener Gutachter anders behandelt werde als einer, der von der Staatsanwaltschaft beauftragt wurde. Daraufhin bremste der Richter den Staatsanwalt ein, der sich jedoch auch in der Folge Sticheleien und diffamierende Äußerungen nicht verkneifen konnte.

Der Eindruck, dass die Vorgehensweise des Staatsanwalts inakzeptabel und von Rachegedanken getragen war, drängte sich nicht nur uns, sondern auch neutralen Prozessbeobachtern auf. Ein Münchner Gerichtsreporter schrieb über den Anklagevertreter: »Mit einer Inbrunst, als hänge seine Karriere, wenn nicht gar sein Seelenheil davon ab, kämpft er darum, den Angeklagten … in den Knast zu bringen.« Das rigorose Vorgehen des Justizmannes könne »nur befremden« und sei schlichtweg »eine Unverschämtheit«.

Konstantin Wecker selbst erlebte den Prozess nicht nur als persönlichen Feldzug des Staatsanwalts gegen ihn, er empfand das Verfahren mit zunehmender Dauer geradezu als Psycho-terror. Er erhielt während der Zeit auch anonyme Briefe, deren Inhalt er später öffentlich machte. »Du antideutsche Dreck-sau« oder »Für Dich müsste es die Höchststrafe geben« waren noch die mildesten Beschimpfungen.

Während des Berufungsprozesses fand einer meiner Kanz-leimitarbeiter im Lift einen Zettel: »Wenn Wecker nicht in den Knast kommt, entführen wir sein Kind.« Der Vorsitzende Richter tat die Drohung als »Fall für den Papierkorb« ab, doch mein Mandant war verständlicherweise besorgt. Zwar wusste er, dass die Republik nicht nur aus Wecker-Fans bestand, aber dass ihm so viel Hass entgegenschlagen würde, befremdete und irritierte ihn. Er musste einsehen: »Ich bin in den letzten zwei Jahrzehnten mit meinen Texten vielen Leuten auf den Schlips getreten. Jetzt sehen sie die Möglichkeit, mich zu stei-nigen.«

Im Lauf der Berufungsverhandlung kamen sämtliche Gut-achter überein, dass Wecker während seines Kokainkonsums unter schweren Psychosen gelitten hatte. Damit wären seine Steuerungs- und Schuldfähigkeit erheblich beeinträchtigt und mitunter sogar völlig aufgehoben gewesen. Es blieb die Frage: Traf das auf den gesamten Tatzeitraum zu oder hatte Wecker zwischendurch lichte Momente, in denen ihm die Strafbarkeit seiner Handlungen hätte bewusst werden müssen? In diesem Punkt waren die Experten uneins. Einige meinten, die Wahn-vorstellungen seien andauernd aufgetreten. Andere glaubten, dies sei nur in bestimmten Phasen der Fall gewesen.

Letzterer Auffassung schloss sich das Gericht an: Es billigte dem Angeklagten zu, dass seine Steuerungsfähigkeit infolge der Sucht erheblich beeinträchtigt war, seine Schuldfähigkeit sei jedoch nicht völlig aufgehoben gewesen. Zwar beeilte sich der Richter darauf hinzuweisen, die Entscheidung sei nicht von »bayerischer Drogenideologie« geprägt. Doch für Stanzi, der die Urteilsbegründung mit versteinerter Miene über sich ergehen ließ, stand fest: »Hier hat die Politik gesiegt und nicht die Vernunft.« Nach der Verhandlung diktierte er, aufgekratzt eine Zigarette rauchend, den Reportern in die Blöcke: »Offenbar sollte vor der bayerischen Landtagswahl im Herbst eine harte Hand gezeigt werden.« In jedem anderen Bundesland wäre er milder bestraft worden.

Natürlich hatte er damit recht, was sich auch daran zeigte, dass sogar Bayerns Justizminister Hermann Leeb (CSU) sich bemüßigt fühlte, dem Gericht beizuspringen. Ohne den geringsten Anflug von Selbstzweifel nannte er Weckers Äußerungen »Unsinn« und warf ihm »eine Beleidigung aller Richter« vor, schließlich würde er sie der Rechtsbeugung bezichtigen. »Bayerns Gerichte entscheiden völlig unabhängig und weisungsfrei«, plusterte sich Leeb auf. Die Angriffe sollten Stanzi und mich offenbar verunsichern oder einschüchtern. Aber wir gaben nicht klein bei und legten Revision gegen das Urteil ein. Ich war hundertprozentig überzeugt, dass die Justiz ein Exempel statuieren wollte, das dem Einzelfall Wecker nicht gerecht wurde. Das wollten wir, nein, das mussten wir geraderücken.

Im April 1999 traf das nunmehr zuständige Bayerische Oberste Landesgericht seine Entscheidung: Das Hafturteil gegen Stanzi wurde aufgehoben, der Prozess musste neu aufgerollt werden. Die Richter kritisierten, weder das Amts- noch das Landgericht hätten die Frage einer möglichen suchtbedingten Schuldunfähigkeit des Angeklagten hinreichend beleuchtet. Konkret monierte der IV. Strafsenat, es sei unstreitig, dass Wecker zumindest in bestimmten Phasen seiner Kokainsucht schuldunfähig war. Das sei im Landgerichtsurteil nicht berücksichtigt worden. Es hätte nach dem Grundsatz »Im Zweifel für den Angeklagten« entscheiden müssen.

Die jähe Wendung – man musste von einer schallenden Ohrfeige für die bis dahin für den Fall verantwortlichen

Staatsjuristen sprechen – nahmen wir mit Erleichterung und einer gewissen Genugtuung zur Kenntnis. »Mich freut besonders, dass die Revision nicht aufgrund eines Formfehlers, sondern wegen inhaltlicher Gründe Erfolg hatte«, erklärte Wecker. Er hoffe, dass die Richter bei der Neuauflage des Prozesses endlich Augenmaß beweisen und die Einschätzungen der Gutachter diesmal zu seinen Gunsten werten würden. Fakt war, dass der Strafsenat das Verfahren nun in die richtige Richtung gelenkt hatte. Selbst die bis dahin verbohrt agierende Staatsanwaltschaft musste einsehen, dass sie auf dem Holzweg gewesen war. In den Vorverhandlungen für die dritte und entscheidende Prozessrunde stimmte sie denn auch zähneknirschend einer Bewährungsstrafe zu.

Im April 2000, nach einem fast vierjährigen, für den Angeklagten und mich zermürbenden und oft auch deprimierenden Rechtsstreit, wurde das letzte Kapitel des Drogenfalls Konstantin Wecker geschlossen. Die Verhandlung vor der 18. Strafkammer am Landgericht München I dauerte nur drei Stunden. Ich plädierte auf eine unter zwei Jahren liegende Bewährungsstrafe und betonte, Wecker sei heute ein anderer Mensch als vor seiner Verhaftung 1996. Er habe sich »bewährt als Künstler, als Ehemann, als Vater und auch seinen Gläubigern gegenüber«. Stanzi hatte mittlerweile Hunderte Konzerte gegeben und Lesungen veranstaltet, CDs gemacht, ein Kindermusical geschrieben, Filmmusiken komponiert. Seine Auftragsbücher und Tourneepläne waren voll, die Schulden getilgt. Er verzichtete weitgehend auf Alkohol, aß vegetarisch. In Schulen hielt er Vorträge, in denen er vor Drogen warnte. Selbst bayerische Nervenärzte buchten ihn als Referenten. Seine Familie bedeutete Wecker alles, der jüngste seiner beiden Söhne war gerade sechs Monate alt.

Der Vorsitzende Richter honorierte die positive Entwicklung und bescheinigte Wecker, er habe einen »erheblichen

Persönlichkeitswandel« vollzogen. Der Absprung von der Droge sei ihm geglückt, überdies habe er sich »in selbstloser Weise gegen Drogenmissbrauch eingesetzt«, an einer günstigen Sozialprognose bestehe kein Zweifel. Auch die Staatsanwältin sah sich gezwungen, Wecker eine gewisse Anerkennung zu zollen. Seit seinem kalten Entzug in der U-Haft habe er immer wieder Haar-, Urin- und Blutproben abgegeben und so unter Beweis gestellt, dass er clean sei. Auch sie sprach sich nunmehr für eine Bewährungsstrafe aus. Welch ein Sinneswandel bei der Anklagebehörde: Knapp zwei Jahre zuvor hatte ihr Kollege noch dreieinhalb Jahre Haft ohne Bewährung gefordert – mit der Begründung, es könne nicht sein, »dass sich jemand nur genug volldröhnen muss, damit er Bewährung bekommt«.

Ich muss an dieser Stelle nicht betonen, wie unsachlich und unangemessen diese Einstellung war. Dass der Staatsanwalt komplett falschlag, zeigte das nunmehr gesprochene und damit endgültige Urteil: Konstantin Wecker erhielt eine Bewährungsstrafe von 20 Monaten, zudem musste er 100000 Mark an soziale Einrichtungen zahlen. »Ich fühle mich im wahrsten Sinne des Wortes befreit«, sagte Stanzi nach der Verhandlung. Er war sichtlich froh, dass ihm der Knast erspart blieb. Das Urteil bedeutete einen großen Triumph. Endlich hatten wir erreicht, wofür wir jahrelang gestritten hatten, gegen enorme Widerstände der Justiz und von Teilen der Öffentlichkeit. »Der Kampf«, befand Wecker, »hat sich gelohnt.«

Auch wenn Stanzi am Ende doch noch Gerechtigkeit widerfuhr – insgesamt hat die bayerische Justiz in dem Prozess eine miserable Figur abgegeben. Staatsanwälte und Richter hätten die Chance gehabt, ein wichtiges Zeichen zu setzen, das Zeichen, dass sie Süchtige nicht nur als Verbrecher ansehen, sondern in erster Linie als Kranke, die Hilfe und Therapie brauchen. Diese Möglichkeit wurde leichtfertig vertan. Konstantin

Wecker hat nach seiner Verurteilung bei vielen Gelegenheiten die Doppelmoral des Staates in der Drogenpolitik angeprangert. Während man Alkohol weitgehend akzeptiere, würden andere Drogen verteufelt. Als Beispiel nannte er den Fall eines früheren bayerischen CSU-Spitzenpolitikers, der betrunken einen Unfall verursacht hatte, bei dem ein Mensch gestorben und ein weiterer schwer verletzt worden war. Der Todesfahrer kam mit Bewährung davon. Wecker, der ja mehrere Jahre in Haft sollte, obwohl er niemandem auch nur ein Haar gekrümmt hatte, sprach von »Willkür« und »Perversion«. Dass diesen beiden so unterschiedlichen Urteilen eine stringente Logik zugrunde lag, war jedenfalls nicht zu erkennen.

Im April 1999, kurz nachdem das Bayerische Oberste Landesgericht unserer Revision stattgegeben hatte, äußerte Wecker einen sehr klugen Gedanken. Er sagte:»Wir leben in einer extrem suchtgefährdeten Gesellschaft, und darüber muss man endlich mehr nachdenken.« Er betonte, es ergebe keinen Sinn, »ein paar rauszugreifen und zu sagen: Das sind die Süchtigen.« Jeder mag selbst beurteilen, ob sich seither etwas verändert hat. Besonders in Bayern.

Konstantin Wecker ist dank seines überragenden Talents und seiner unglaublichen Kreativität künstlerisch wieder sehr erfolgreich. Er lädt mich oft zu seinen Konzerten ein, und ich verfolge seine Karriere mit großem Interesse. Wenn wir uns auf Geburtstagsfeiern oder zufällig in Münchens wunderschönen Biergärten sehen, haben wir uns viel zu erzählen. Dass wir politisch durchaus unterschiedliche Ansichten vertreten und Dinge anders bewerten, lässt den Diskussionsstoff nie ausgehen – und kann unserer Freundschaft nichts anhaben. Stanzi war, ist und bleibt für mich ein wunderbarer Mensch.

Hinrichtung

Am 24. Februar 1999 wurde Karl LaGrand im Staatsgefängnis von Florence, Arizona, getötet. Vollzugsbeamte schnallten den 35-jährigen Deutschen auf eine Liege und ließen die Zeugen der Hinrichtung Platz nehmen. Der Todgeweihte sprach seine letzten Worte. Er bat die Witwe des Mannes um Verzeihung, den er 17 Jahre zuvor bei einem Banküberfall erstochen hatte. LaGrand lag steif auf dem Rücken, als das Gift ihn durchströmte. Seine Augen richtete er bis zum Schluss auf seine Verteidigerin. Vier Minuten nach der Injektion war Karl LaGrand tot.

Eine Woche später, am 3. März 1999, starb auch Walter LaGrand, der die Bank zusammen mit seinem Bruder überfallen hatte. Er erlitt einen grauenvollen Tod in der Gaskammer. Gefesselt saß er in der stählernen, luftdicht verschlossenen Kabine, die etwas kleiner als eine Telefonzelle war. Aufgrund eines technischen Defekts wirkte das ausströmende Gemisch aus Zyanid und Schwefelsäure nicht sofort. Minutenlang japste der 37-Jährige nach Luft, immer wieder bäumte er sich auf und versuchte zu strampeln. Sein Gesicht blähte sich auf. Er hustete und röchelte, bis er das Bewusstsein verlor und sein Herz stillstand.

Mein Mitverteidiger, Bruce Burke, der Walter LaGrands qualvolles Sterben im Nebenraum durch eine Glaswand verfolgt hatte, berichtete mir später, noch nie habe er ein solches Horrorszenario erlebt. Wörtlich sagte er: »Ich wäre selber beinahe gestorben.« Noch während der Hinrichtung schwor er sich, nie wieder einen Fall zu übernehmen, bei dem einem Angeklagten die Todesstrafe drohte.

Die aus Bayern stammenden Brüder LaGrand, die 1967 zusammen mit ihrer Familie in die USA gezogen waren, hätten niemals sterben dürfen. Trotz der schweren Straftat, die sie begangen hatten, wäre ihre Exekution zu verhindern gewesen, und ich als ihr deutscher Anwalt habe ebenso wie meine Kollegen in den USA alles dafür getan, sogar mit guten Aussichten auf Erfolg.

Doch die deutsche Politik schaltete sich viel zu spät und nur halbherzig in den Fall ein. Am Ende blieben die Verantwortlichen der US-Justiz bei ihrer unbarmherzigen Linie. Das amerikanische Justizsystem mit der Todesstrafe gehört meiner Meinung nach zu den rückständigsten und unmenschlichsten überhaupt, und am Fall von Karl und Walter LaGrand wird das überaus deutlich.

Die Mutter der Brüder hieß Emma Gebel. Nach dem Krieg war sie zusammen mit ihrer Familie aus dem Sudetenland nach Bayern geflüchtet, in den Landkreis Dillingen. 1960, im Alter von 19 Jahren, bekam sie ihre Tochter Petra, 1962 Walter, 1963 wurde Karl geboren. Die Kinder stammten von drei verschiedenen Männern. Als Vater von Walter gab Emma Gebel gegenüber dem Jugendamt den US-Soldaten Molina Lopez an. »Er bekannte sich dazu und wollte mich heiraten«, schrieb sie in den Fragebogen. Aber Mr. Lopez verschwand in die USA und ließ nie wieder etwas von sich hören. Emma Gebel arbeitete als Kellnerin in einer Gastwirtschaft. Weil sie kaum Zeit für ihre Familie hatte und überfordert war, kümmerte sich ab und an die Großmutter um die Kinder. Doch auch sie konnte die fehlende Mutterliebe und die mangelnde Wärme nicht ersetzen. Zwischenzeitlich wurden die Kleinen wegen Unterernährung behandelt und später in einem Heim untergebracht.

Dann aber lernte Emma Gebel den US-Sergeant Masie LaGrand kennen, der in einer Augsburger Kaserne stationiert war. Endlich schien sich etwas zum Besseren zu wenden in

ihrem Leben. Masie LaGrand (ein »Neger«, wie das Kreisju-
gendamt in den Akten vermerkte) war bereit, Emma zu heiraten und die drei Kinder zu adoptieren. Am 18. März 1966 fand
die Hochzeit statt, ein Jahr später zog Sergeant LaGrand zusammen mit seiner Frau und den Kindern in die USA. Der
Internationale Sozialdienst schrieb einen begeisterten Bericht
an das deutsche Jugendamt. Masie LaGrand sei, obwohl erst 23
Jahre alt, ein reizender Mann und fürsorglicher Vater. 1968
wurde er endlich Adoptivvater der drei Gebel-Kinder.
    Womöglich wäre die Familie in den USA glücklich gewor-
den. Doch die US-Army schickte Sergeant LaGrand in den
Krieg nach Vietnam. Als er schwer traumatisiert zurückkam,
war er nicht mehr so reizend und fürsorglich zu Frau und Kindern. Er war ein anderer Mensch geworden. Masie, der im
Dschungel von Vietnam blutige Gewalt erlebt hatte, fing an zu
trinken, wurde heroinabhängig, schlug seine Frau vor den Augen der Kinder. Karl und Walter waren neun und zehn Jahre
alt, als sie zum ersten Mal von zu Hause in Tucson, Arizona,
ausrissen. Bei ihrer Heimkehr zog der Adoptivvater den Gürtel
aus der Hose und prügelte die Jungen windelweich – mit der
Schnalle. Manchmal nahm er auch den Baseballschläger. Um
den Prügelattacken ihres Adoptivvaters zu entgehen, rannten
die Kinder immer wieder weg und versteckten sich nachts im
Park. Doch je öfter sie wegliefen, »desto wütender wurde Masie und desto schlimmer schlug er zu«, berichtete die Mutter
später. Aber auch Emma war den Jungen keine ideale Mutter.
»Sie kümmert sich nur um finanzielle Dinge und vernachlässigt die emotionalen Bedürfnisse ihrer Kinder. Sie hat nie verstanden, dass man ein Kind auch mal in den Arm nehmen und
ihm einen Kuss geben muss«, schrieb eine Sozialarbeiterin
1975 in die Akten zur Familie LaGrand. Da war die Ehe zwischen dem Amerikaner und der Deutschen gerade geschieden.
Karl und Walter, mittlerweile zwölf und dreizehn Jahre alt,

gerieten immer mehr auf die schiefe Bahn. Sie schwänzten die Schule, knackten Autos, klauten im Supermarkt, tranken Alkohol, legten Brände. Im Jugendgefängnis beschlossen sie, nach ihrer Entlassung den Grundstein für ein unbeschwertes und sorgenfreies Leben zu legen – durch einen Bankraub.

Als Vorbild diente den Teenagern irgendein Fernsehkrimi. Sie wählten eine Kleinstadtbank am Rand der Wüste aus. Da sie keinen Widerstand erwarteten, nahmen sie als Drohmittel lediglich eine Spielzeugpistole mit. Für den Fall, dass sie jemanden fesseln müssten, hatten sie ein Elektrokabel dabei.

Am Morgen des 7. Januar 1982 fuhren Karl und Walter LaGrand mit dem Auto einer Freundin nach Marana, Arizona. Als sie gegen acht Uhr dort ankamen, war die Valley National Bank noch geschlossen. Die 18 bzw. 19 Jahre alten Deutschen betraten einen gegenüberliegenden Schnellimbiss und fragten, wann die Bank öffne. Dann warteten sie. Einer Angestellten der Fast-Food-Kette kamen die beiden komisch vor. Sie rief den Sheriff an und sagte, bei ihr säßen zwei Typen, die offenbar etwas Dummes im Schilde führten. Der Sheriff winkte ab. Er meinte, kein Mensch könne so blöd sein, unmaskiert nach der Öffnungszeit einer Bank zu fragen, nur um sie anschließend zu überfallen.

Als kurz vor neun Filialleiter Ken Hartsock zusammen mit der Mitarbeiterin Dawn Lopez erschien, standen die LaGrand-Brüder auf, folgten den beiden und schlossen sie ins Chefbüro ein. Mit vorgehaltener Spielzeugpistole forderten sie den gefesselten Bankchef auf, den Tresor zu öffnen. Doch Hartsock behauptete, nur die Hälfte der Zahlenkombination zu kennen. Etwa eine Stunde lang hielt er die Räuber mit der Taktik hin, wobei die Brüder zusehends nervöser wurden, was auch dem Bankchef nicht verborgen blieb. Er kam zu dem Schluss, dass die Drohungen der Täter nicht ernst zu nehmen waren, zumal das Elektrokabel, mit dem sie ihn gefesselt hatten, sehr locker saß. Im Glauben, er könne das Theater aus eigener Kraft beenden, ließ sich Hartsock zu einer folgenschweren Aktion hinreißen: Er verpasste Karl LaGrand einen Tritt in den Unterleib, worauf dieser ausrastete. »Ich geriet in Panik«, sagte er später. Er nahm einen messerartigen Brieföffner, der zufällig auf dem Schreibtisch lag, und stach damit wild auf den Filialleiter ein, bis dessen gesamter Körper mit Wunden übersät war. Ken Hartsock erlag seinen Verletzungen. Weil Dawn Lopez laut schrie und weinte, stach Karl auch sie nieder. Die Frau überlebte.

Nach meinem Rechtsverständnis handelte es sich eindeutig um eine Affekttat. Weder Karl noch Walter LaGrand hatten die Absicht, jemanden zu verletzen oder gar zu töten. Als die Situation außer Kontrolle geriet, drehte Karl durch. Er sah, dass der Überfall scheitern würde, so wie sein ganzes bisheriges Leben gescheitert war. In jenem Moment kam all der Frust über seine verkorkste, traurige Kindheit hoch, seine Enttäuschung darüber, dass er und sein Bruder in einem fremden Land immer nur Außenseiter geblieben waren, ohne Wurzeln und echte Bindungen. In Deutschland wären die beiden nach Jugendstrafrecht verurteilt worden. Karl hätte wegen seines Gewaltexzesses sechs oder acht Jahre bekommen, und Walter, der an der Tötung nicht beteiligt gewesen war, wäre wegen des dummen Banküberfalls vielleicht mit einer dreijährigen Gefängnisstrafe davongekommen.

In Arizona aber hatten die Männer ihr Leben verwirkt. Noch am Tag der Tat wurden sie verhaftet und legten sofort ein Geständnis ab. Wenige Wochen später kamen Karl und Walter LaGrand vor Gericht. Dort hatten sie nicht die geringste Chance, da der Staat Arizona ihnen zwei desinteressierte und inkompetente Pflichtverteidiger zur Seite stellte. Beide erklärten ihnen von vornherein, dass sie kaum etwas für sie tun können, und unternahmen dann tatsächlich keinerlei Anstrengungen, eigene Beweismittel beizubringen, Entlastungszeugen aufzutreiben oder irgendwelche mildernden Umstände herauszuarbeiten. Ein Berufungsgericht bescheinigte den Anwälten später ein »außerordentlich niedriges Niveau«, stellte allerdings mit zwei zu einer Stimme fest, dass die Verteidigung gerade noch dem gesetzlichen Mindeststandard entsprochen habe. Andernfalls wäre es zur Wiederaufnahme des Verfahrens gekommen. Ich bin der Meinung, dass Karl und Walter LaGrand überhaupt nicht verteidigt wurden. Sie waren, auf Deutsch gesagt, arme Schweine. Wie schäbig man sie behandelte, zeigte sich schon daran, dass die Justizverwaltung von Arizona nicht einmal ihre Namen korrekt aufführte. In den Akten hießen sie »Karl Hinze LaGrand« und »Walter Burnhart Lagrand« (Walters zweiter Vorname war Bernhard). Wichtig war den Verantwortlichen nur, dass die Häftlingsnummern stimmten: 44849 und 42183.

Karls Anwalt besaß wenigstens noch so viel Anstand, auf seine eigene Unfähigkeit hinzuweisen. Drei Mal bettelte er darum, von dem Fall entbunden zu werden. Beim ersten Versuch erklärte er dem Richter, dass er in Scheidung lebe und sich deshalb psychisch nicht in der Lage fühle, der Verhandlung ordnungsgemäß zu folgen – abgelehnt! Dann offenbarte er, wegen seiner privaten Krise ein massives Alkoholproblem zu haben – wieder abgelehnt! In seinem dritten Antrag gab der Anwalt zu, neben Alkohol auch Kokain zu nehmen. Der Richter lehnte wieder ab. Ihm genügte die bloße Anwesenheit des Juristen. Vermutlich wäre er selbst mit einer Marionette auf dem Verteidigerplatz zufrieden gewesen. Am Ende des Verfahrens erkannte das Schwurgericht auf besonders schweren Mord – und verhängte die Todesstrafe.

Mein Einsatz für Karl und Walter LaGrand kam eher zufällig zustande, denn eigentlich wollte ich mich um Michael und Rudi Apelt aus Düsseldorf kümmern. Die Brüder waren 1990

(Michael) bzw. 1991 (Rudi) wegen Mordes zum Tode verurteilt worden und warteten im Gefängnis von Florence auf ihre Hinrichtung.

Michael Apelt hatte im Oktober 1988 im Zockerparadies Las Vegas die Amerikanerin Cindy Monkman geheiratet, Tochter eines Psychiatrieprofessors aus Illinois. Er war der hübschen Frau erst wenige Tage zuvor begegnet. Kurz nach der Hochzeit schloss der Deutsche eine Lebensversicherung über 400000 Dollar für sie ab. Die Police trat am 22. Dezember in Kraft. Am folgenden Tag fuhren Michael und Rudi Apelt mit der jungen Frau in die Wüste von Arizona und schnitten ihr die Kehle durch. Am Heiligabend meldeten sie Cindy als vermisst. Kurz darauf wurden die Brüder verhaftet. Reifenspuren und ein Fußabdruck am Tatort hatten sie als Mörder überführt. Die Mutter der Apelts schrieb mir einen Brief und fragte, ob ich mich für ihre Söhne verwenden könnte. Sie wusste, dass ich schon viele Amerikaner verteidigt hatte, wenn auch vor deutschen Gerichten. Ich schrieb ihr zurück, dass ich Michael und Rudi bei meinem nächsten USA-Aufenthalt besuchen würde.

Kurze Zeit später flog ich nach Arizona und nahm mir für die Brüder zwei Tage Zeit, natürlich pro bono, also ohne Bezahlung. Auch mit ihren US-Anwälten traf ich mich. Wir sprachen über die Haftbedingungen und den Stand des Verfahrens. Irgendwann wies mich einer der Apelts auf die LaGrands hin, die in der gleichen Haftanstalt einsaßen. Er bat mich darum, sie zu betreuen, weil es ihnen noch schlechter gehe als ihm und seinem Bruder.

Die Bedingungen, unter denen Karl und Walter LaGrand mehr als 17 Jahre im Todestrakt gefangen gehalten wurden, hatten für meine Begriffe nichts mehr mit Sicherheit, sondern nur noch mit Unmenschlichkeit zu tun. In der ersten Zeit durften sie wenigstens noch ab und an mit anderen Gefangenen sprechen. In den letzten Jahren verweigerte man ihnen jeglichen Kontakt zur Außenwelt. Lediglich ihre Schwester Petra und ihre Anwälte durften sie besuchen.

Während der Treffen saßen die Brüder gefesselt hinter Trennscheiben aus dickem Glas. Wir begrüßten und verabschiedeten uns, indem wir die Handflächen gegen die Scheibe drückten. Miteinander sprechen konnten wir nur über Telefon. Ich habe die ganze Situation als zutiefst bedrückend empfunden. Wenn ich einem Mandanten nicht einmal die Hand geben darf und ihm ins Gesicht sagen kann: Ich helfe dir, ich baue dich auf, ich setze mich für dich ein – was hat das noch mit einem Rechtsstaat zu tun?

Meine Besuche im Todesgefängnis von Arizona waren dermaßen deprimierend, dass mir im Anschluss oft nur noch nach einem Glas Alkohol zumute war. Jeder, der so eine Anstalt einmal gesehen hat, wird dies nachempfinden können. Von außen wirkte der Betontrakt, in dem etwa 120 zum Tode verurteilte Straftäter einsaßen, wie ein supermodernes Krankenhaus. Auch innen war alles sauber und steril. Karl saß in Zelle 45, sein Bruder in Nachbarzelle 46. Die Hafträume verfügten über ein Waschbecken aus Edelstahl, ein festgeschraubtes Bett mit Schaumstoffmatratze und einen im Boden verankerten Betonhocker. Alles war so konstruiert, dass keiner die Chance hatte, sich mit dem vorhandenen Material durch Selbstmord seiner Strafe zu entziehen. Die Rache sollte die Rache des Staates sein – durch den Vollzug der Todesstrafe.

Die Todeskandidaten wurden isoliert, sie waren quasi bei lebendigem Leib eingemauert. Die Zellen hatten keine Fenster, stattdessen brannte 24 Stunden am Tag das künstliche Licht, damit die Gefangenen jederzeit per Kamera überwacht werden konnten. Die einzige Möglichkeit, mit jemandem Kontakt aufzunehmen, bot ein etwa fünf mal fünf Zentimeter kleines Fliegengitter mit stecknadelkopfgroßen Löchern. Die Öffnungen waren so winzig, dass man selbst bei größter Anstrengung nur schemenhaft erkennen konnte, wenn sich jemand vor der Zelle bewegte. Das Essen wurde, nachdem sich der Gefangene an die Zellenrückwand begeben hatte, unter der Tür durchgeschoben. Der »Hofgang« fand nicht draußen an der frischen Luft statt, sondern innerhalb des Betonblocks, in einem etwa acht mal drei Meter großen Käfig. Dort durfte jeweils ein Häftling unter den Augen der gestrengen Bewacher eine halbe Stunde am Tag ein paar Sportübungen machen oder im Kreis herumlaufen.

Bei meinem ersten Gespräch mit den Brüdern LaGrand erzählten sie mir, dass sie seit Jahren die Sonne nicht mehr gesehen hätten. Einmal gelang es meiner amerikanischen Mitverteidigerin Carla Ryan unter Vermittlung des Gefängnispriesters, mit Karl LaGrand zu telefonieren. Sie saß gerade in ihrem Garten, und im Baum pfiff ein Vogel. Da unterbrach Karl die Unterhaltung und fragte zaghaft, was das im Hintergrund für ein Geräusch sei. »Ein Vogel«, sagte sie. Karl antwortete: »Seit sieben Jahren habe ich keinen Vogel mehr zwitschern hören.« Als mir die Kollegin in ihrem Büro in Tuscon die Szene schilderte, brach sie in Tränen aus. Nicht zuletzt diese erschütternde Situation motivierte mich, den beiden Jungs mit vollem Einsatz zu helfen.

Karl und Walter LaGrand empfanden die Isolationshaft, die jeden Kontakt zu anderen Menschen oder auch nur zu einer Maus oder einer Fliege unmöglich machte, als Folter. Sie litten, waren oft verzweifelt, aber ließen sich nicht brechen. Sie bemühten sich, nicht negativ aufzufallen, und bildeten sich weiter. Karl machte sogar einen Abschluss als Rechtsgehilfe.

Bei unseren Gesprächen ging es – neben den Haftbedingungen – natürlich auch immer um die Frage, ob sie sich Hoffnungen machen können, vielleicht doch nicht hingerichtet zu werden. Diese Hoffnung gab es tatsächlich, und sie war gut begründet. Denn die Amerikaner hatten im Fall der LaGrand-Brüder einen schwerwiegenden Fehler gemacht: Sie hatten gegen das Wiener Übereinkommen über konsularische Beziehungen verstoßen. Die USA hatten den völkerrechtlichen Vertrag, der 1967 in Kraft getreten war, gemeinsam mit vielen anderen Ländern unterzeichnet. Laut dem Übereinkommen wären die Amerikaner verpflichtet gewesen, nach der Verhaftung von Karl und Walter LaGrand das deutsche Konsulat zu verständigen, denn die Brüder waren Deutsche. Das Konsulat hätte den Beschuldigten dann Rechtsanwälte bezahlt, die sie im Gegensatz zu den beiden US-Pflichtverteidigern angemessen und engagiert verteidigt hätten. Außerdem hätten die Diplomaten sich um psychologische Gutachten gekümmert und biografische Daten zusammengetragen, die das Gericht bei der Würdigung der Gesamtumstände hätte berücksichtigen müssen. All das blieb den beiden jungen Männern verwehrt. Die Provinzermittler in Arizona hatten die Deutschen nicht über ihren Anspruch auf Rechtsschutz aufgeklärt. Sie hatten sich nicht einmal die Mühe gemacht, ihren Ausländerstatus zu untersuchen.

Aus meiner Sicht und auch aus der meiner US-Kollegin Carla Ryan waren unsere Mandanten in ihren Rechten eklatant verletzt worden. Wir hielten es für wahrscheinlich, dass ein gut vorbereiteter und leidenschaftlich kämpfender Verteidiger die Todesstrafe hätte abwenden können. Der Fall O.J. Simpson hatte gezeigt, wozu exzellente Anwälte in den USA fähig sind: Trotz erdrückender Beweislage im Prozess um seine ermordete Ehefrau wurde der ehemalige Footballstar und Schauspieler 1995 im Strafprozess freigesprochen. Und Simpson war beileibe kein Einzelfall.

Wir wandten uns also an die entsprechenden Justizbehörden in den USA und rügten die Verletzung der Wiener Konvention. Aber das Thema juckte dort niemanden. Um den Druck auf die Amerikaner zu erhöhen, bat ich hohe deutsche Politiker um Hilfe, als erste die damalige Justizministerin Herta

Däubler-Gmelin von der SPD. Ich habe sie gefragt: Warum verklagt Deutschland die USA nicht vor dem Internationalen Gerichtshof in Den Haag? Frau Däubler-Gmelin gab mir in der Sache zwar recht, konnte sich aber zu einem solchen Schritt nicht durchringen. Offenbar fürchtete sich die Tochter eines Diplomaten vor den politischen Folgen einer solchen Klage und wollte einem Streit mit den Amerikanern unbedingt aus dem Weg gehen. (Einen solchen Streit löste sie knapp drei Jahre später selbst aus, indem sie die Methoden von US-Präsident George Bush mit denen von Adolf Hitler verglich.)

Dass sich die Bundesregierung trotz der klaren Faktenlage weigerte, den Weltgerichtshof einzuschalten, war für mich völlig unverständlich. Die Zeit lief uns davon. Das Hinrichtungsdatum für Karl, den jüngeren der Brüder, stand fest: 24. Februar 1999. Im Bundesaußenministerium schien meine Aufforderung, endlich etwas gegen den Völkerrechtsbruch der USA zu unternehmen, ungehört zu verhallen. Erst zwei Tage vor dem geplanten Tötungstermin bequemte sich der grüne Außenminister Joschka Fischer, die Sache gegenüber seiner US-Kollegin Madeleine Albright in einem Brief anzusprechen. Zu spät. Und in der Sache völlig wirkungslos. Auch andere Versuche gingen ins Leere. Bundeskanzler Gerhard Schröder (SPD) hatte an US-Präsident Bill Clinton geschrieben und um Gnade ersucht. Der deutsche Botschafter in Washington, Jürgen Chrobog, reiste nach Phoenix, um die Gouverneurin des Bundesstaats Arizona, die bei Begnadigungen das letzte Wort hatte, milde zu stimmen. Der Versuch hatte aber allenfalls symbolischen Charakter, denn die Republikanerin Jane Dee Hull war als eine glühende Anhängerin der Todesstrafe bekannt. Im Fall von Karl LaGrand ruhten unsere ganzen – und letzten – Hoffnungen auf dem Gnadenausschuss des Staates Arizona.

Karl verfolgte die Anhörung, die einen Tag vor der geplanten Exekution stattfand, in einem etwa zwei Quadratmeter großen

Käfig. Er war an Händen und Füßen gefesselt und zusätzlich mit schweren Ketten auf seinem Stuhl fixiert. Nur wenn man ganz nah an den Käfig herantrat, konnte man Karl überhaupt erkennen. Hinter dem engen Maschengeflecht hätte auch ein gefährliches Tier sitzen können.

Im schwierigsten Plädoyer meines Lebens, das ich natürlich auf Englisch hielt, wollte ich bei den vier Mitgliedern des Gnadenausschusses das normalerweise in Amerika stark ausgeprägte Grundgefühl für Fairness wecken. Ich verwies auf eine Vielzahl junger amerikanischer Soldaten, die während ihrer Stationierung in Deutschland schrecklichste Verbrechen begangen hatten. Dennoch waren sie von der Justiz menschlich und letztlich gnädig behandelt worden. Konkret schilderte ich den Fall von drei jungen GIs, die in Bayern drei Frauen brutal vergewaltigt und ermordet hatten. Das Gericht hatte sie wegen ihrer Reiferückstände und des schwierigen Lebens als Soldaten im Ausland nach Jugendstrafrecht verurteilt. Alle bekamen das zulässige Höchstmaß von zehn Jahren Gefängnis. Verurteilt wurden die Täter übrigens in Augsburg – der Geburtsstadt von Karl LaGrand.

Ich versuchte dem Gnadenausschuss zu erklären, dass wir Deutschen den amerikanischen Soldaten nach einigen Jahren Strafhaft die Chance gaben, ein neues Leben zu beginnen. Zugleich betonte ich, dass wir kein Verständnis dafür hätten, dass dies im umgekehrten Fall – wenn sich Deutsche in den USA strafbar machten – nicht gelten solle. Karl und Walter LaGrand saßen bereits mehr als 17 Jahre in Haft, hatten die Tat aufrichtig bereut, die Familien der Opfer um Vergebung gebeten und sich in der Haft vorbildlich verhalten. Dennoch drohte ihnen die Vollstreckung der Todesstrafe. Ich bezeichnete das – auch wegen der groben Verfahrensfehler – als zutiefst unmenschlich und bat darum, Karl zu verschonen.

Meine US-Kollegin Carla Ryan hielt ebenfalls ein aufrüttelndes Plädoyer. Es folgte das Gnadengesuch des deutschen

Botschafters Jürgen Chrobog und eine emotionale Ansprache der Grünenpolitikerin Claudia Roth. Zwei deutsche Unternehmer, die spontan angereist waren, appellierten an den Ausschuss. Als dann auch noch mehrere US-Bürger, darunter ein alter Offizier, buchstäblich um Karls Leben bettelten, keimte in dem sterilen, graublau gestrichenen Saal ein kurzes Gefühl von Hoffnung auf.

Diesen Keim jedoch trampelte der Staatsanwalt, der ganz in Schwarz gekleidet war und Cowboystiefel trug, mit wenigen Sätzen nieder. Nicht ohne Grund lautete sein Spitzname »Dr. Death«. In seiner Gegenrede sagte er: »Ich möchte nicht in einem Land leben, in dem man für Mord nur zehn Jahre bekommt.« Die Todesstrafe müsse im Interesse der Opferangehörigen und der bei der Tat verletzten Dawn Lopez vollstreckt werden, forderte er, alles andere wäre eine himmelschreiende Ungerechtigkeit. Die LaGrands seien »Tiere«, meinte der Staatsanwalt. »Die kannten keine Gnade, jetzt kriegen sie keine.« Er garnierte sein Plädoyer mit einem Dia, das er an die Wand projizierte. Es zeigte den Hund des Bankmanagers: Dieser Hund habe tagelang auf seinen Herrn gewartet.

Auch auf die von mir geschilderte problematische Biografie der Brüder ging »Dr. Death« ein, insbesondere auf den Umstand, dass sie sich aus Angst vor ihrem gewalttätigen Adoptivvater nächtelang im Park versteckten. Das, so meinte der Staatsanwalt, sei der Beginn ihrer kriminellen Karriere gewesen. Er tat so, als wären die damals minderjährigen Jungen aus Jux von zu Hause ausgerissen und hätten quasi im Sandkasten beschlossen, Verbrecher zu werden. Auf mich wirkten die Ansichten des Staatsanwalts extrem zynisch, zumal er auch noch stolz darauf war, dass er schon 30 Todesurteile erwirkt hatte, von denen die meisten bereits vollstreckt waren.

Die bei dem Überfall verletzte Bankangestellte Dawn Lopez ergriff ebenfalls das Wort. Sie behauptete, was in solchen Fällen immer wieder behauptet wird: Karl und Walter LaGrand würden die Tat gar nicht von Herzen bedauern: »Die bereuen nichts, sie sollen nicht begnadigt werden.« Auch die Angehörigen des getöteten Bankmanagers verlangten die Vollstreckung der Todesstrafe.

Nach gut acht Stunden Verhandlung brauchte der Ausschuss nur wenige Sekunden für die Abstimmung. Ohne jede Beratung fragte der Vorsitzende die Mitglieder, die zum Teil lange Karrieren als Polizei- und Gefängnisbeamte hinter sich hatten, nach ihrem Urteil. Drei entschieden sich gegen eine Begnadigung. Nur eine Schwarze stimmte dafür. Fazit: Karl LaGrand sollte sterben.

Nach dem für uns niederschmetternden Urteil kam »Dr. Death« zu mir. Er fühlte sich bemüßigt, mir jovial auf die Schulter zu schlagen und mir zu bescheinigen: »You did a good job.« Ich fragte ihn nur entsetzt: »Wie können Sie so argumentieren, und wie können Sie für die Vergasung dieses Menschen sein?« Er lachte nur und erklärte, er habe damit nicht das allergeringste Problem. Wenn sonst niemand den Hebel umlegen würde, er würde es selbst erledigen.

Karl und Walter LaGrand hatten sich, falls das Urteil gegen sie Bestand haben sollte, gegen den Tod durch die Giftspritze entschieden. Wenn es schon sein musste, dann wollten sie in der Gaskammer sterben. Sie wählten diese besonders barbarische Form des Sterbens aus zwei Gründen: Erstens wollten sie die Welt aufrütteln und ein Signal gegen die Todesstrafe setzen. Anderen Verurteilten, speziell den noch in Florence einsitzenden Brüdern Michael und Rudi Apelt, sollte ein ähnliches Schicksal erspart bleiben. Darüber hinaus hofften sie, dass der Oberste US-Gerichtshof in Washington den Tod durch Gas als barbarisch einstufen und die Hinrichtung untersagen würde.

Bereits einen Tag vor der Anhörung zum Schicksal Karl LaGrands hatte meine Kollegin Ryan vorsorglich das US-

Bundesberufungsgericht in San Francisco angerufen – und konnte einen Erfolg verbuchen: Die Vollstreckung der Todesstrafe wurde bereits vor deren Verkündung aus verfassungsrechtlichen Gründen aufgeschoben. Die Justiz Arizonas aber gab nicht auf. Sofort nach dem Hinrichtungsurteil legte der Staatsanwalt Beschwerde gegen das Veto aus San Francisco beim Obersten Gerichtshof in Washington ein. Die Entscheidung zögerte sich hinaus, im Gericht entstand eine schwer erträgliche mehrstündige Pause. Knapp 100 Journalisten, Anwälte, Politiker, Diplomaten, Geistliche, Menschenrechtler und interessierte Bürger warteten in dem Saal. Die Justiz-Pressechefin, eine aufgetakelte, Kaugummi kauende Blondine, lief mit ihren Stöckelschuhen hin und her. Irgendwann klingelte ihr Telefon, und jeder wusste, dass die Entscheidung des Obersten Gerichtshofs gefallen war. Die Sprecherin setzte ihr strahlendstes Lächeln auf und verkündete: »Wir dürfen weitermachen, der Aufschub ist nicht länger wirksam.« Es dauerte nicht lange und die Fernsehstationen verkündeten, dass die Todesstrafe vollstreckt worden sei. Im letzten Moment hatte sich Karl LaGrand aus Angst vor dem qualvollen Tod in der Gaskammer doch für die Giftspritze entschieden. Diese letzte Gnade, so hieß es, habe man ihm aus Menschlichkeit gewährt.

Ein deutscher Journalist, der die Hinrichtung miterlebt hatte, erklärte anschließend im amerikanischen Fernsehen, er sei zwar bisher immer für die Todesstrafe gewesen, doch was er soeben erlebt habe, habe ihn doch nachdenklich gemacht. Die Gefühlskälte in seiner Äußerung machte mich fassungslos. Der Journalist hätte eine Woche später dabei sein sollen, als Walter LaGrand in der Gaskammer elend zugrunde ging. Vielleicht wäre er dann noch »nachdenklicher« geworden.

Ich bin der festen Überzeugung, dass die Todesstrafe in einem aufgeklärten Rechtsstaat nichts zu suchen hat, und dafür gibt es noch andere Argumente als nur den besonders grausamen Tod eines einzelnen Verurteilten. Ich weiß, dass viele Menschen sich wünschen, dass besonders schwere Verbrechen, insbesondere grausame Morde, auch »angemessen« bestraft werden, und angemessen scheint ihnen gefühlsmäßig in solchen Fällen häufig nur der Tod des Täters. Ein Rechtsstaat ist meiner Ansicht aber dazu da, Reflexion und Menschlichkeit an die Stelle spontaner Gefühle treten zu lassen. Die Überlegung »Wer getötet hat, soll getötet werden« entspricht eigentlich einem recht simplen Rachegedanken. Ich finde aber, der Staat sollte gerade nicht als Rächer auftreten, sich nicht mit Mördern auf eine Stufe stellen, denn indem er selbst tötet, trägt er dazu bei, den Respekt vor menschlichem Leben zu mindern.

Die Hinrichtung des Täters macht das Opfer nicht wieder lebendig. In einer Bestrafung sollte jedoch immer die Chance auf Rehabilitierung stecken, und sei es bei einer lebenslangen Freiheitsstrafe auch nur die Möglichkeit des Täters, im Gefängnisalltag eine sinnvolle Rolle zu übernehmen.

Außerdem untergräbt die Todesstrafe auch einen Grundpfeiler unseres Rechtssystems, nämlich »im Zweifel für den Angeklagten«, denn man darf eines nicht vergessen: Selbst die besten Staatsanwälte und Richter können irren. Einen Häftling, dessen Unschuld sich vielleicht erst nach Jahren herausstellt, kann man aus dem Gefängnis entlassen. Die Todesstrafe jedoch ist irreversibel.

Gott sei Dank hat Deutschland wie alle europäischen Länder die Todesstrafe abgeschafft. In weiten Teilen der USA hält man eisern an ihr fest; aktuell gilt die Todesstrafe in 30 von 50 Bundesstaaten. Allein in den vergangenen 40 Jahren wurden in den USA mehr als 1400 Straftäter hingerichtet, derzeit sitzen über 3000 zum Tode Verurteilte in Gefängnissen.

Walter LaGrand sollte sieben Tage nach seinem Bruder exekutiert werden, am 3. März 1999. Wieder ließen meine amerikanischen Kollegen und ich nichts unversucht, die Hinrichtung zu verhindern oder zumindest aufzuschieben. Nach Karls Tod habe ich der rot-grünen Bundesregierung eine Mitschuld gegeben, weil sie nicht vor dem Internationalen Gerichtshof geklagt hatte. Zwar wies die Regierung meine Kritik zurück, aber als ich Kanzler Schröder um einen Rückruf bat, meldete er sich tatsächlich in unserer Kanzlei. Ich ermunterte Schröder, der ja von Beruf Rechtsanwalt ist, die Sache endlich voranzutreiben. Zu meiner Überraschung sagte er: »Warum eigentlich nicht?« 28 Stunden vor dem Hinrichtungstermin Walter LaGrands konnte sich die Bundesregierung endlich dazu durchringen, in Den Haag Klage gegen die USA zu erheben.

Unmittelbar nach der Entscheidung, juristisch gegen die Amerikaner vorzugehen, rief mich Claudia Roth an, die damalige Vorsitzende des Menschenrechtsausschusses. Freudig las sie mir die von der Regierung formulierte Pressemitteilung vor, die allerdings mit dem Hinweis endete, man verspreche sich nicht viel von dem Schritt. Ich glaubte an einen schlechten Scherz. Noch nie hatte ich einen Anwalt oder Kläger erlebt, der eine Klage einreicht und gleichzeitig öffentlich darlegt, dass er sie im Grunde genommen für sinnlos hält. Entgegen der pessimistischen Einstellung der Bundesregierung reagierte der Internationale Gerichtshof in Den Haag sofort und erließ per Einstweiliger Verfügung einen Hinrichtungsstopp. Die Richter waren der Meinung: Was die Amerikaner da gemacht haben, können wir nicht durchgehen lassen! Ich bin überzeugt, dass die US-Justiz das Veto des Weltgerichtshofs nicht beiseite gewischt hätte, wenn die Bundesregierung rechtzeitig eingeschritten wäre und politischen Druck auf die USA ausgeübt hätte. So aber hielt die Justizministerin von Arizona am Todesurteil fest. Etliche amerikanische, vor allen Dingen aber deutsche Journalisten nahmen das Geschehen mit Entsetzen zur Kenntnis.

Im Gegensatz zu seinem Bruder bestand Walter LaGrand bis zuletzt darauf, vergast zu werden. Er war ein willensstarker, in sich gefestigter Bursche. Er sagte, durch die Giftspritze schliefen die Verurteilten friedlich ein. Der scheinbar sanfte Tod würde dazu führen, dass es immer wieder Exekutionen geben würde. »Ich aber will leiden und damit zeigen, dass hier ein Leben genommen wird.« Meine amerikanischen Kollegen haben wie schon bei Karl mit harten Bandagen gekämpft. Sie insistierten, eine Vergasung komme schon deshalb nicht infrage, weil die Nationalsozialisten auf diese Weise Millionen Menschen getötet hätten. Doch der Supreme Court in Washington erklärte die Methode für zulässig. Wenn der Verurteilte es so wolle, dann werde er eben vergast.

Nach der Vollstreckung des Urteils erneuerte ich meine Kritik an der Bundesregierung und dem Kanzler. Es war offensichtlich, dass der medienbewusste Gerhard Schröder erst reagiert hatte, als Karl LaGrand schon hingerichtet worden war und die Tötung seines Bruders unmittelbar bevorstand. Der öffentliche Druck ließ ihm keine andere Wahl mehr. Wie folgenschwer das anfängliche Zögern der Regierung war, stellte sich endgültig im Jahr 2001 heraus, als der Internationale Gerichtshof urteilte, die USA hätten mit der Hinrichtung der LaGrands gegen internationales Recht verstoßen. Die Klage Deutschlands war also nicht nur hinsichtlich der im März 1999 erlassenen Einstweiligen Anordnung erfolgreich, sondern auch in der Hauptsache. Die UN-Richter in Den Haag stellten klar: Sollten die USA in Zukunft deutsche Staatsbürger zu hohen Strafen verurteilen, ohne ihnen zuvor konsularischen Beistand zu ermöglichen, dann können die Beschuldigten eine erneute gerichtliche Überprüfung verlangen. Für die LaGrand-Brüder hätte das bedeutet, dass ihr Fall neu aufgerollt worden wäre – mit vom deutschen Staat gestellten Anwälten. Der Internationale Gerichtshof machte außerdem deutlich, dass auch seine vorläufigen Anordnungen wie im Fall LaGrand rechtsverbindlich sind, was die USA seinerzeit bestritten hatten.

Meinen Mandanten hat das wegweisende Urteil nicht mehr geholfen. Aber vielleicht hilft es ja künftig Deutschen, die in den USA oder anderen Ländern einer Straftat beschuldigt werden. Dann hätte sich mein Kampf auf jeden Fall gelohnt.

Die Gebrüder Apelt aus Düsseldorf, um die ich mich in Arizona in erster Linie kümmern wollte und die ich heute noch vertrete, sind übrigens von der Todesstrafe verschont geblieben. Bei Rudi Apelt wurde sie 2009 aufgrund seiner geistigen Zurückgebliebenheit in eine lebenslange Haftstrafe umgewandelt, er sitzt seitdem in einem Gefängnis in Tucson. Michael Apelt sollte eigentlich am 5. Juni 1998 exekutiert werden. Ein Berufungsverfahren bewirkte den Aufschub der Hinrichtung. Auch bei den Apelts hatten es die US-Behörden in Arizona unterlassen, das deutsche Konsulat zu informieren.

Mit welcher Doppelmoral die Amerikaner bei der Bewertung von Straftaten vorgehen, zeigte sich wenige Tage nach der Hinrichtung von Walter LaGrand. Da sprach ein US-Militärgericht einen Piloten frei, der im Tiefflug das Tragseil einer Gondel im italienischen Cavalese gekappt und dabei 20 Passagiere in den Tod gerissen hatte, darunter acht Deutsche. Die vorgeschriebene Mindestflughöhe hatte er dabei erwiesenermaßen unterschritten. Dennoch hieß es, der Hauptmann habe nicht einmal fahrlässig getötet.

Kunstfehler

Theo Mauser aus München war ein kerngesunder, sportlicher Mann. Der junge Mediziner spielte gern Tennis, ging schwimmen, fuhr Ski. Natürlich kickte er auch im Fußballteam der städtischen Klinik Harlaching, wo er als Arzt im Praktikum arbeitete. Am 21. Mai 1969 stand ein Match gegen die Kollegen vom Klinikum rechts der Isar an. Theo Mauser, damals 28 Jahre alt, lief als Stürmer auf. Als er zu einem Kopfball hochsprang, verspürte er einen stechenden Schmerz im Rücken. Daraufhin wechselte der 1,90 Meter große Mann ins Tor, wo er einige gefährliche Bälle abwehrte. Das Endergebnis lautete 2:2. Unmittelbar nach dem Spiel ließ sich Theo Mauser in Harlaching wegen seiner Rückenschmerzen untersuchen. Dabei stellten die Radiologen fest, dass er unter einer tuberkulösen Entzündung der Brustwirbelsäule litt: eine Schockdiagnose.

Befreundete Kollegen empfahlen ihm, einen renommierten und als hoch qualifiziert geltenden Facharzt zu konsultieren: Professor Dr. med. Alfred Nikolaus Witt, Direktor der Orthopädischen Universitätsklinik München. Der damals 55 Jahre alte Ordinarius genoss im In- und Ausland einen exzellenten Ruf. Professor Witt riet Theo Mauser zur sofortigen Operation. Bei einer konservativen Behandlung müsse er monatelang im Gipsbett liegen und Medikamente schlucken, was er sicherlich nicht wolle. Eine Operation werde den Krankheitsverlauf wesentlich verkürzen. Selbst wenn der erwünschte Effekt ausbliebe, seien keinerlei negative Folgen zu erwarten, so Witt. Er versicherte, eine Operation sei für ihn »reine Routine«. Er habe schon viele solcher Eingriffe verantwortet – noch nie sei es zu Komplikationen gekommen. Mauser vertraute dem älteren Kollegen.

Am 6. Juni 1969 wurde Theo Mauser in den Operationssaal geschoben. Witt und sein Team legten den siebten, achten und neunten Wirbel in unmittelbarer Nähe des Rückenmarks frei und entfernten die tuberkulösen Stellen. Die hierdurch entstandenen Löcher in den Wirbelkörpern füllte Witt mit einem schwammartigen Knochengewebe (lateinisch: *Spongiosa*) auf, das man Mauser zuvor aus dem Becken entnommen hatte. Die Masse sollte die ausgehöhlten Brustwirbel wie eine Art Pfropfen verschließen und die Wirbelsäule stabilisieren.

Während der Operation unterlief Witt ein furchtbarer Fehler: Bei dem Versuch, die Spongiosa mit einem Hammer einzubringen, schlug er so fest zu, dass ein Teil der Masse in den Wirbelkanal des Patienten eindrang und das Rückenmark quetschte. Allerdings bemerkte Witt das Drama nicht.

Nachdem Theo Mauser aus der Narkose erwacht war, brachte man ihn auf sein Zimmer. Wenige Stunden später empfing der frisch Operierte seine ersten Besucher, befreundete Kollegen aus dem Klinikum Harlaching, von denen einer Theo Mauser aufforderte, er möge doch mal seine Beine bewegen. Aber das ging nicht. Der sofort alarmierte Professor Witt leitete eine zweite Operation ein, bei der die Spongiosa-Stöpsel wieder aus den Wirbeln gezogen wurden. Doch der Schaden war nicht mehr reparabel. Theo Mauser blieb ab dem siebten Brustwirbelkörper querschnittgelähmt.

Ich war damals erst ein Jahr als Rechtsanwalt zugelassen, hatte aber bereits einige größere Prozesse geführt, sodass ich als Strafverteidiger nicht ganz unbekannt war. Ein alter Freund und Studienkollege, Dieter Blumenwitz, machte mich auf den Fall aufmerksam. Nach seiner Münchner Studienzeit hatte er die wissenschaftliche Laufbahn eingeschlagen und stand vor einer Professur als Völkerrechtler an der Universität Würzburg. Er gehörte zum Freundeskreis von Theo Mauser und kannte dessen Leidensgeschichte. Aus seiner Sicht war der junge Arzt eindeutig Opfer eines Kunstfehlers geworden.

Um rechtliche Ansprüche gegen den Operateur durchsetzen zu können, gab es seiner Überzeugung nach nur eine Chance: Theo Mauser musste gegen Witt Strafanzeige erstatten. Blumenwitz bat mich, seinen Freund dabei zu unterstützen. Ich war von der Geschichte erschüttert und sagte spontan zu. Gemeinsam fuhren wir in die Klinik. In seinem Krankenbett bot der querschnittgelähmte Patient einen traurigen, ich möchte fast sagen deprimierenden Anblick. Umso erstaunlicher war, dass Theo Mauser sein Schicksal sehr gefasst zu ertragen schien. Er lamentierte nicht, wollte kein Mitleid. Zu meiner Überraschung lehnte er unseren Vorschlag ab, gegen Professor Witt Strafantrag zu stellen. Mauser, der ja selbst Arzt war, wollte seinem Kollegen keine Schwierigkeiten bereiten und nicht als Nestbeschmutzer dastehen. Er glaubte fest daran, seine Karriere als Internist fortführen zu können, trotz der Behinderung. Ein juristischer Angriff auf den angesehenen Orthopäden würde ihm da nur schaden, meinte er.

Dennoch merkte man Theo Mauser an, wie sehr ihn das Verhalten des Professors nach der missratenen Operation aufwühlte. Der Mediziner zeigte keinerlei Mitgefühl für den Patienten. Er bat ihn nicht um Entschuldigung, erklärte nicht, dass ihm ein Fehler unterlaufen sei, den er zutiefst bedaure. Er sorgte auch nicht dafür, dass seine Haftpflichtversicherung für den Schaden aufkam. Stattdessen bestand Witt darauf, dass Theo Mauser die Operationsrechnung über 5000 Mark bezahlte.

Auf behutsame Nachfrage Mausers, ob seine Lähmung möglicherweise auf einen Kunstfehler zurückzuführen sei, reagierte Witt aufbrausend. Er bestritt jede Verantwortung und verwies auf seine makellose Karriere. Ihm, dem berühmten Klinikchef, der schon mit 40 Jahren auf einen Lehrstuhl berufen worden war, könne Derartiges nicht passieren. Ehe er das Krankenzimmer verließ, machte er Mauser auf kalte, arrogante Weise klar, wie gelassen er möglichen juristischen Schritten entgegensehe: »Prozessieren Sie, solange Sie wollen. Einen Kunstfehler können Sie mir nicht nachweisen.«

Mein Freund Blumenwitz und ich waren empört. Dass sich manche Chefärzte wie Halbgötter in Weiß aufführten und ihren Patienten äußerst herablassend begegneten, war uns bekannt. Aber dass ein Professor auf solche Art und Weise versuchte, sich aus der Verantwortung zu stehlen, entfachte unseren Kampfgeist. Ich erinnere mich, dass wir noch in der Klinik spontan sagten: »Wenn uns der Kerl jetzt begegnet, hauen wir ihm eine aufs Maul!« Theo Mauser gefiel, dass wir uns so leidenschaftlich für ihn einsetzten. Umstimmen konnten wir ihn damit aber zunächst nicht. Er hoffte, dass Witt irgendwann einen Funken menschlicher Größe zeigen und den Schaden zumindest finanziell regulieren würde.

Für den Fall, dass dies nicht geschehen sollte, gab ich Theo Mauser ein Versprechen. Ich schwor ihm, dass ich alles daransetzen würde, dass der ärztliche Pfuscher bestraft würde. Sicherheitshalber unterschrieb mir Mauser die Vollmacht, einen Strafprozess anstrengen zu dürfen. Zugleich bat er mich, damit noch zu warten, was ich selbstverständlich akzeptierte. Er strebte weiter eine Einigung auf zivilrechtlichem Weg an.

Als Anwalt war mir freilich klar, dass ein Zivilverfahren kaum zu gewinnen sein würde. Schließlich liegt dort die Beweislast beim Geschädigten. Theo Mauser hätte also selbst nachweisen müssen, dass er falsch operiert worden war. Dafür brauchte er aber nicht nur seine Krankenakte, er hätte auch Ärzte und Krankenschwestern dazu bringen müssen, gegen ihren Vorgesetzten auszusagen. Das war undenkbar. Chef-Orthopäde Witt beschäftigte in seinem Umfeld vorwiegend Söhne und Töchter befreundeter Ordinarien, auf deren Loyalität er sich hundertprozentig verlassen konnte.

Bei mehreren Besuchen in der Klinik versuchte ich, Theo Mauser von den Vorteilen eines Strafverfahrens zu überzeugen. Ich erklärte ihm, dass ich dann die Durchsuchung der Klinik beantragen könnte, um die Patientenakte sicherzustellen und Manipulationen auszuschließen. Außerdem würde ich alle an der Operation beteiligten Mitarbeiter von der Polizei vernehmen lassen. Die Staatsanwaltschaft würde einen unabhängigen Sachverständigen damit beauftragen, die Vorgeschichte und den Ablauf des Eingriffs zu untersuchen. Die Gutachterkosten müsse er, anders als im Zivilstreit, nicht selbst tragen.

Die Entscheidung für einen Strafantrag lässt sich nicht ewig hinauszögern. Er muss spätestens drei Monate nach der Tat gestellt werden. Fast am letzten Tag der Frist gab mir Theo Mauser grünes Licht. Weil das Schriftstück der Staatsanwaltschaft etwas zu spät zugestellt wurde, zögerte man mit der Aufnahme von Ermittlungen, lenkte dann aber ein.

Mauser war zwischenzeitlich aus München in die Universitätsklinik Heidelberg verlegt worden, die über ein hervorragendes Zentrum zur Behandlung von Querschnittgelähmten verfügte. Dort machte er kleinere Fortschritte. Ein knappes Jahr nach der verhängnisvollen Operation durfte er wieder nach Hause, in die Wohnung seiner Eltern, die sich rührend um ihn kümmerten. Nach dem Tod seines Vaters half ihm die Mutter, seine Internistenausbildung fortzusetzen, dann starb auch sie. Seine Verlobte hatte ihn in der Zwischenzeit verlassen. Es dauerte lange, ehe der junge Assistenzarzt, der seinen Dienst im Rollstuhl sitzend am Klinikum Harlaching versah, wieder ein bisschen Lebensfreude gewann und sich für Restaurantbesuche, klassische Konzerte und kleinere Kulturreisen begeistern konnte.

Schon die Bewältigung seines Alltags kostete Theo Mauser viel Kraft, und nun musste er zusätzlich Energie für einen Kampf aufbringen, der aussichtslos schien. Er trat gegen einen zur damaligen Zeit mächtigen, gut beleumundeten und von seinen Standeskollegen geschützten Chirurgen an. Nie zuvor hatte es ein Ärztepfusch-Opfer in Deutschland gewagt, einen Klinikchef strafrechtlich zu verfolgen, weil er nicht ausreichend über Risiken einer Operation aufgeklärt und beim Eingriff geschlampt hatte. Die meisten Betroffenen schätzten ihre Chancen seinerzeit als so gering ein, dass sie gar nicht erst versuchten, Ärzte vor Gericht zu bringen. Sie gingen davon aus, dass kein Mediziner einem Kollegen Fehlverhalten bescheinigen würde, sei es auch noch so offensichtlich.

Wie begründet solche Befürchtungen waren, mussten Theo Mauser und ich schmerzvoll erfahren. Bei unseren Bemühungen, das Versagen des Professors zu belegen, stießen wir auf eine beschämende Mauer des Schweigens, der Lügen und der Verschleierungsversuche. Zwar gelang es uns, an die Krankenakte samt OP-Bericht und Röntgenbilder zu kommen, die von der Staatsanwaltschaft auf unseren Antrag sichergestellt worden war. Aber alle Aufklärungsversuche drohten zu scheitern, weil sich kein namhafter Gutachter bereit erklärte, die Arbeit des Professors kritisch zu beleuchten. Fast 20 Sachverständige aus ganz Deutschland, die meisten von ihnen Lehrstuhlinhaber für Orthopädie, hatte Theo Mauser um Hilfe gebeten. Unterstützt wurde er dabei von einer jungen, sehr engagierten Medizinerin, die später seine Frau wurde und bis heute mit ihm verheiratet ist.

Alle Mediziner sagten ab. Einige meinten, sie seien auf dem Gebiet zu unerfahren oder zeitlich überlastet. Andere erklärten sich für befangen, weil sie mit Witt befreundet, verwandt oder verschwägert waren. Einige verweigerten sich unter dem Hinweis, sie seien mit ihm derart verfeindet, dass sie nur schwerlich eine objektive Stellungnahme abgeben könnten. Die erfolglose Suche nach einem Gutachter wirkte sich auf das gesamte Verfahren aus. Die strafrechtlichen Ermittlungen stockten und zogen sich bereits drei Jahre hin. Um keine Ansprüche zu verwirken, mussten wir dringend Zivilklage erheben.

In diesem Verfahren wurde dann deutlich, wie sich Witt aus der Affäre ziehen wollte. Über seinen Anwalt wies der Mediziner alle gegen ihn erhobenen Vorwürfe zurück. Mit fadenscheinigen und zum Teil grotesken Ausreden versuchte er, die Verantwortung für das Fiasko abzustreiten. So erklärte Witt, die Quetschung des Rückenmarks könne bei der Umlagerung des bäuchlings operierten Patienten in die Rückenlage passiert sein. Denkbar sei auch, dass sich Mausers Muskulatur beim Erwachen aus der Narkose stark verspannt hätte, was den Druck der Spongiosa-Masse aufs Rückenmark verursacht haben könnte. An seiner grundsätzlichen Operationsmethode ließ Witt keine Zweifel aufkommen. Ärzte »in der ganzen Welt« würden so verfahren, und er habe seinen jungen Kollegen »deutlich« auf die Unwägbarkeiten des Eingriffs hingewiesen, behauptete er dreist. Mauser hingegen erinnerte sich klar, dass Witt einen harmlosen Verlauf ohne nennenswerte Risiken vorausgesagt hatte.

Die Taktik des Operateurs ging auf. Aufgrund von Witts Schilderungen sah dessen Berufshaftpflichtversicherung keinen Anlass, für den Schaden einzustehen. Für sie stellte sich das OP-Drama als schicksalhaftes Ereignis dar. Theo Mausers Chancen, sich im Zivilverfahren gegen Witt durchzusetzen, schwanden, und auch im Strafprozess sah es nicht gut aus. Uns fehlte ganz einfach ein Gutachter, der die Abläufe im Operationssaal neutral bewertete. Die Staatsanwaltschaft, die in solchen Fällen üblicherweise einen geeigneten Sachverständigen beauftragt, wartete angesichts der komplizierten Lage ab. Sie wusste um den nahezu unerschütterlichen Korpsgeist unter Medizinern im Allgemeinen und die extreme Kollegenkumpanei speziell im Fall Witt. Die Anklagebehörde verließ sich darauf, dass wir als Erstatter der Anzeige einen Gutachter finden würden.

Nachdem wir eigentlich überall gescheitert waren, hatten Theo Mauser und ich kaum noch Hoffnung, als eines Tages überraschend Bewegung in die Sache kam. Ein von Mauser angeschriebener Gutachter, der Mainzer Honorarprofessor Josef Kastert, meldete sich zurück. Kastert hatte sich intensiv mit dem Fall beschäftigt. Was Mauser widerfahren war, bezeichnete er als »Schweinerei«. Aber als Gutachter gegen Witt aufzutreten und ihn in einem öffentlichen Prozess anzugreifen, das traute sich der Professor nicht. Er fürchtete, als Verräter dazustehen, und bangte um seine Laufbahn. Immerhin ging sein Mitgefühl so weit, dass er uns empfahl, einen international anerkannten Experten einzuschalten: Professor Werner Brunner, Spezialist für Thoraxchirurgie und Lungenheilkunde an der Universitätsklinik Zürich. Natürlich griffen wir den Vorschlag sofort auf, auch die Staatsanwaltschaft München I war einverstanden. 1973 beauftragte sie Brunner mit einem Gutachten.

Nach dem Aktenstudium kam der Züricher Arzt zu einem für Witt vernichtenden Urteil: Die Wirbeloperation hätte so niemals durchgeführt werden dürfen. Das Risiko einer Querschnittlähmung sei »unzumutbar hoch« gewesen. Anhand der Röntgenaufnahmen hätte Witt erkennen müssen, dass Mausers Wirbel für eine solche Methode völlig ungeeignet waren. So seien die hinteren Wände der Wirbelkörper dermaßen dünn bzw. zerstört gewesen, dass ein Vorquellen des eingepflanzten Knochenmaterials in Richtung Rückenmark vorhersehbar war. Brunner sprach von einer »unsachgemäßen« Behandlung. Witt und seine Assistenten hätten die Gefährlichkeit des Eingriffs anscheinend völlig falsch eingeschätzt.

Dass Brunner sich so eindeutig positionierte, mutete im Nachhinein überraschend an, denn wie wir erst später erfuhren, war Witt sein Jagdfreund. Offenbar hielt Brunner den Fehler seines Freundes für so schwerwiegend, dass er kein Blatt vor den Mund nahm – ein aus unserer Sicht äußerst ehrenwertes und gar nicht hoch genug einzuschätzendes Verhalten. Die Feststellungen des Experten bestärkten uns in der Hoffnung, die Justiz werde Witt nach jahrelangen zähen Ermittlungen endlich anklagen. Mit dem Gutachten verfügte die zuständige Staatsanwältin jedenfalls über genügend Belastungsmaterial.

Ihr Vorgesetzter sah das leider anders. Statt die Anklageschrift abzusegnen, mahnte der Oberstaatsanwalt seine Kollegin zur Zurückhaltung. Schließlich richte sich die Klage nicht gegen »Herrn Jedermann«. Um sich und die Justiz abzusichern, pochte er auf ein weiteres Gutachten. Er wandte sich an Professor Wolfgang Spann, den damaligen Direktor des Münchner Instituts für Rechtsmedizin. Der sollte ihm bei der Suche nach einem zweiten Sachverständigen behilflich sein. Ich kannte Spann aus vielen Ermittlungs- und Gerichtsverfahren und hatte ein sehr gutes Verhältnis zu ihm. Ich wusste daher, dass er juristische Verfahren gegen Kollegen grundsätzlich ablehnte. Wenn er sich überhaupt einmal zu einem strittigen Fall äußern musste, dann zeigte er sich zumeist solidarisch mit dem angegriffenen Arzt.

Als zweiten Gutachter brachte Professor Spann einen Orthopäden aus Essen ins Spiel. Der winkte jedoch ab und prophezeite, in einem Strafverfahren werde Operationsopfer Mauser »keine Chance« haben. Allenfalls auf zivilrechtlichem Wege bestünde Hoffnung. Er regte an, Patient und Arzt sollten sich auf einen Vergleich einigen, der Mauser Schadenersatz zubillige. Maximale Höhe: 50000 bis 100000 Mark. Angesichts der Tatsache, dass der einstmals vor Lebensfreude und Energie strotzende Theo Mauser fast ein körperliches Wrack war, lehnten wir diesen Vorschlag als inakzeptabel ab und bestanden auf einem Strafprozess.

Die Situation spitzte sich weiter zu, als sich völlig unerwartet ein zweiter Gutachter zu Wort meldete, ein Mann, der es zuvor strikt abgelehnt hatte, die Rolle des Sachverständigen zu übernehmen: der Mainzer Professor Josef Kastert. Jener Kastert, der die Behandlung von Theo Mauser zuvor inoffiziell als »Schweinerei« eingestuft hatte, bemühte sich in seiner nun vorgelegten Expertise nach Kräften, seinen Kollegen Witt zu entlasten – mit einer abenteuerlichen Erklärung: Ein abszessartiges Entlastungsödem in Mausers Wirbelknochen habe »mit an Sicherheit grenzender Wahrscheinlichkeit« zur Zerstörung des Rückenmarks geführt. Sein Urteil, so Kastert, fuße auf »neuesten wissenschaftlichen Erkenntnissen«.

Die wundersame Wandlung des einstigen Witt-Kritikers zum Witt-Unterstützer war aus unserer Sicht eine Frechheit – und ein weiterer Beleg für den nahezu bedingungslosen Zusammenhalt unter Spitzenmedizinern. Die in dem Kastert-Gutachten aufgeworfene These stellte uns vor neue Probleme, schließlich mussten wir beweisen, dass es sich um eine abseitige, unhaltbare Theorie handelte. Hinter vorgehaltener Hand erklärten zwar viele Experten, die Geschichte vom bösen Entlastungsödem sei »Quatsch« und »Schwachsinn«. Offiziell zitieren lassen wollte sich aber niemand. Es dauerte lange, bis sich doch einige aus der Deckung wagten und die Behauptungen als Unsinn enttarnten. Die Version würde nur einem einzigen Zweck dienen: den Operateur reinzuwaschen.

Das trickreiche, immer schäbigere Vorgehen der Gegenseite veranlasste mich, eine neue Strategie zu verfolgen. Bislang waren die Auseinandersetzungen weitgehend geräuschlos verlaufen, ganz im Sinne Theo Mausers, der jedes Aufsehen vermeiden wollte. Jetzt aber war ein Punkt erreicht, bei dem es meiner

Meinung nach nur noch eine Möglichkeit gab: Wir mussten die Öffentlichkeit einschalten. Nachdem Theo Mauser zugestimmt hatte, rief ich einige Journalisten an, die ich aus früheren Verfahren gut kannte, und schilderte ihnen die Lage. Das Erhoffte trat ein. Die großen Medien berichteten bundesweit und druckten zum Teil mehrseitige Artikel, darunter *Spiegel*, *Süddeutsche Zeitung* und *FAZ*, aber auch *Bild* und *Abendzeitung*. Das ARD-Magazin *Panorama*, das damals noch zur besten Sendezeit lief, räumte der Story eine dreiviertel Stunde ein und erreichte damit ein Millionenpublikum.

Das Echo war gewaltig. Nicht nur, dass sich viele Menschen generell über den Umgang mit dem Opfer eines Kunstfehlers empörten, in Leserbriefen meldeten sich auch immer mehr Patienten zu Wort, die Witt zweifelhafte Methoden und handwerkliche Fehler ankreideten. Der Professor geriet ins Kreuzfeuer, Journalisten bombardierten ihn mit kritischen Fragen, selbst seine Studenten stellten den Ordinarius zur Rede. Einmal heizte sich die Stimmung im Hörsaal derart auf, dass die Polizei anrücken musste. Der Professor fühlte sich massiv bedrängt und fürchtete zunehmend um seine Reputation.

Die von mir ausgelöste Berichterstattung erhöhte den Druck auf Witt merklich, vor allem, als sich auch noch herausstellte, dass er nur drei Monate vor der Mauser-Operation schon einmal auf eklatante Weise versagt hatte – ebenfalls mit gravierenden Folgen. Damals traf es den aus Norddeutschland stammenden Spitzenturner Jürgen Bischof, 18-facher Meister, Teilnehmer an Welt- und Europameisterschaften sowie den Olympischen Spielen 1968 in Mexiko.

Im März 1969 verletzte sich Bischof während einer Sprungfolge beim Bodenturnen: Ihm riss die linke Achillessehne, ein typischer Sportunfall, nichts Tragisches. Um schnell wieder fit zu werden, beschloss Bischof, sich in München von Professor Witt operieren zu lassen. Während des Eingriffs erlitt der 27 Jahre alte Sportler, bedingt durch einen Narkosefehler, einen Herzstillstand. Sein Gehirn wurde für mehrere Minuten nicht mit Sauerstoff versorgt. Fast drei Monate lag er im Koma. Zwar hatte Witt die Narkose nicht selbst durchgeführt, als Chefoperateur oblag ihm aber die Gesamtverantwortung für den Eingriff.

Jürgen Bischof trug schwerste Schädigungen davon. Sein Sprachzentrum war fast völlig zerstört, die Motorik blieb stark beeinträchtigt. Alle Versuche, den einstigen Vorzeigeathleten wieder halbwegs auf die Beine zu bringen, schlugen fehl. Im Laufe der Jahre verlor er seine Körperspannung, sodass er im Rollstuhl fixiert werden musste, damit er nicht herausfiel. Der Vater zweier Söhne ist heute 75 und lebt in einem Pflegeheim.

Auch im Fall Bischof wurden die Hintergründe und Details der katastrophalen Operation erst während des Rechtsstreits zwischen Familie und Uniklinik so richtig sichtbar. Bischof hatte das Glück, dass sich ein Turnkamerad sehr für ihn einsetzte. Herwig Matthes war zwar noch nicht als Rechtsanwalt zugelassen, hatte aber Jura studiert. Ausgestattet mit einer Vollmacht von Familie Bischof, betrieb er aufwendige Recherchen zu dem Narkosefehler, verhandelte mit dem Freistaat Bayern als Träger der Klinik und brachte, nachdem sich keine gütliche Einigung abzeichnete, eine Zivilklage auf den Weg. Der heute als Anwalt in Niedersachsen tätige Matthes erinnert sich mit Unbehagen an Professor Witt. Er sei »sehr arrogant« gewesen und habe »erkennbar gemauert«.

Mehr als drei Jahre dauerte die Auseinandersetzung, am Ende kam ein Vergleich zustande: Bayern verpflichtete sich, Bischof bis ans Lebensende finanziell zu unterstützen – mit einer monatlichen Pension von anfänglich 2450 Mark, die mittlerweile auf rund 3500 Euro gestiegen ist. Damit, so der damalige Finanzminister Ludwig Huber (CSU), wollte man »das traurige Schicksal« von Bischof »erleichtern«. Im Gegenzug verzichtete die Familie auf eine Strafanzeige gegen Witt.

So tragisch der Fall für das Opfer Jürgen Bischof und dessen Familie war, so gut passte er in unsere Argumentation. Denn er zeigte, dass Professor Witt nicht der Mediziner ohne Fehl und Tadel war, als der er sich gern präsentierte. Jahrelang schien der Weg zur Gerechtigkeit für Theo Mauser versperrt. Nun endlich war das Tor aufgestoßen.

Anfang 1975, sechs Jahre nach dem verheerenden Behandlungsfehler, erhob die Staatsanwaltschaft Anklage gegen Witt – wegen fahrlässiger Körperverletzung. Im Frühjahr sollte die Verhandlung am Amtsgericht München beginnen. Unter dem Druck des nahenden öffentlichen Prozesses meldete sich Witts Versicherung bei uns. Nachdem sie sich lange gegen eine Wiedergutmachung gesträubt hatte, stellte sie jetzt eine schnelle Zahlung in Aussicht. Für uns ein längst überfälliger Schritt. Unsere Freude hielt jedoch nicht lange an. Denn während wir mit anderen Prozessbeteiligten einen Termin für den Verhandlungsbeginn abstimmten, ließ das Gericht eine Bombe platzen: Es stellte das Strafverfahren gegen Witt ein.

Verantwortlich dafür war Witts Dienstherr. Der Freistaat Bayern wollte unbedingt verhindern, dass sein vermeintlich verdienstvoller Angestellter verurteilt wird. Um einen Prozess zu umgehen, schlug man Theo Mauser einen außergerichtlichen Vergleich vor. Er beinhaltete die Zahlung von 300000 Mark. Witts Versicherung wollte weitere 200000 Mark beisteuern. So stand plötzlich eine Entschädigung von einer halben Million Mark im Raum, für damalige Verhältnisse eine Rekordsumme. Üblich waren in solchen Fällen höchstens 100000 Mark.

Nachdem man Theo Mauser sechs Jahre lang ohne Aussicht auf nur einen Pfennig Entschädigung hingehalten hatte und der Ausgang sowohl des Zivil- als auch des Strafverfahrens völlig offen war, riet ich meinem Mandanten, den Vergleich anzunehmen. Wir hatten im Laufe der beiden Verfahren mehrere böse Überraschungen erlebt und wussten, wie unberechenbar Witt und seine Gewährsleute agierten.

Hinzu kam, dass Theo Mauser des Kämpfens müde war. Seine jahrelangen Bemühungen um Gerechtigkeit hatten ihn viel Kraft gekostet. Er war froh, dass sich endlich eine Lösung anbahnte, auch wenn sie einen bitteren Beigeschmack hatte, weil der Verantwortliche, wie schon im Fall des Turners Jürgen Bischof, ungeschoren davonkommen sollte. Bayern knüpfte den Vergleich und damit auch die Zahlung an die Bedingung, dass Mauser seinen Strafantrag gegen den Operateur zurückzöge. Zwar behaupteten die Vertreter des Freistaats offiziell, man habe dem Opfer »keine Auflage« gemacht. Doch das war gelogen. Ein ministerieller Beamter rief Theo Mauser sogar privat an und drängte ihn, noch vor Vergleichsabschluss alle juristischen Angriffe auf Witt einzustellen. Nach Rücknahme des Strafantrags ließ die Staatsanwaltschaft ihre Anklage fallen. An einer Strafverfolgung bestand nun angeblich kein »besonderes öffentliches Interesse« mehr.

Lange vor dem geplanten Prozessbeginn hatte ein Leser im *Stern* die ketzerische Frage gestellt: »Wollen wir wetten, dass dem Professor kein Härchen gekrümmt wird?« Leider sollte er recht behalten. Nach der Einstellung des Verfahrens entstand bei vielen Menschen der Eindruck: Die Justizbehörden ahnden jeden kleinen Kratzer bei einem Verkehrsunfall, aber den Verursacher einer Querschnittlähmung am Operationstisch verfolgen sie nicht.

Mit dem Geld sollte Theo Mauser ruhiggestellt werden, und das im wahrsten Sinne des Wortes. Bei dem Vergleich musste er sich nämlich auch verpflichten, in der Öffentlichkeit nicht länger den Vorwurf zu erheben, Witt sei ein Kunstfehler unterlaufen. Als mich Journalisten auf den Vorgang ansprachen, bezeichnete ich den Maulkorberlass als »Nötigung«. Dies wiederum nahm das Anwaltsehrengericht zum Anlass, mir eine

Rüge zu erteilen. Mit meiner Äußerung hätte ich den Vergleich zwischen meinem Mandanten und dem Freistaat in »grob fahrlässiger Weise« gefährdet, meinte das Gremium.

Die Zurechtweisung war mir ehrlich gesagt egal, nicht zuletzt wegen des großen öffentlichen Zuspruchs, den ich für meine Einschätzung erhielt. Theo Mauser sah das übrigens genauso. Aber er wusste auch, dass man irgendwann einen Schlussstrich unter die Sache ziehen müsse. Immerhin hatten wir erreicht, dass Professor Witt von der Staatsanwaltschaft angeklagt worden war und die Öffentlichkeit von seinen Kunstfehlern erfuhr. Dass sein Ruf als Spitzenmediziner nachhaltig beschädigt war, hielt treu ergebene Kollegen nicht davon ab, ihn zum »Ehrenmitglied« einiger orthopädischer Gesellschaften zu berufen. Aus meiner Sicht waren solche Auszeichnungen Hohn.

Durch Witts Fehler sitzt Theo Mauser seit 47 Jahren im Rollstuhl. Er kann weder stehen noch gehen. Die Medikamente haben seine Niere und Leber angegriffen, Blase und Darm lassen sich nur mit technischen Hilfsmitteln entleeren. Kurz nach der Querschnittlähmung prognostizierten Ärzte ihm eine Lebenserwartung von allenfalls zwölf Jahren. Theo Mauser hat sie eines Besseren belehrt. Dank der modernen Medizin und seines ungewöhnlich starken Willens feierte er Anfang Juni 2015 seinen 75. Geburtstag. Eigentlich ein Wunder. Das leichte, freudvolle Fest mit exzellenter klassischer Musik und Schauspieleinlagen, zu dem ich eingeladen war, entsprach genau der Lebenseinstellung Theo Mausers.

Von der Entschädigung hatte Theo Mauser Ende der Siebzigerjahre sein Häuschen behindertengerecht umbauen lassen und zusammen mit seiner Frau eine internistische Praxis in der Münchner Innenstadt eröffnet. War er anfangs auf Chauffeurdienste angewiesen, fährt er seit Längerem selbst. Sein Wagen verfügt über eine spezielle Vorrichtung, die den Rollstuhl vom Rücksitz automatisch ein- und ausfährt. Die technischen Annehmlichkeiten erleichtern ihm zwar den Alltag, doch jede Treppenstufe vor einem Restaurant oder in einem Museum erinnert den Gelähmten an seine Ohnmacht. Unterkriegen lässt sich Theo Mauser von alldem nicht.

Nach harten Schicksalsschlägen versuchen Menschen oft, der Sache etwas Positives abzugewinnen, ihrem Leid einen Sinn zu geben. Die tragische Geschichte Theo Mausers hat tatsächlich einen Sinn gehabt: Der Fall rüttelte die Öffentlichkeit wach. Er führte den Menschen erstmals vor Augen, wie hilf- und wehrlos Opfer medizinischer Fehlbehandlungen sind. Kurz nachdem die Einzelheiten des Skandals 1975 ans Licht kamen, wurden die ersten Anlaufstellen für Opfer von Ärztepfusch gegründet. Mittlerweile können sich Betroffene in ganz Deutschland an die Gutachterkommissionen und Schlichtungsstellen der Ärztekammern oder den Medizinischen Dienst der Krankenkassen wenden. Dort versuchen Experten, Meinungsverschiedenheiten zwischen Arzt und Patient objektiv zu klären. Im Zweifel kommen viele Opfer so schneller zu ihrem Recht. Jedes Jahr bestätigten die neutralen Gutachter mehrere Tausend Behandlungsfehler in deutschen Praxen und Kliniken. In etlichen Fällen erlitten die Patienten so schwere gesundheitliche Nachteile, dass sie Anspruch auf eine Entschädigung haben. Die meisten Kunstfehler unterliefen der Statistik zufolge Chirurgen und Orthopäden.

Der Kampf um Gerechtigkeit hat Theo Mauser und mich zusammengeschweißt. Bis heute sind wir sehr eng miteinander befreundet, und für die Zeit, wenn ich beruflich nicht mehr ganz so eingespannt bin, haben wir eine ganze Menge gemeinsam vor.

Tyrann

Ein nasstrüber Mittwoch im April. Um die Mittagszeit fahren zwei Polizisten im Streifenwagen durch die Straßen einer bayerischen Kleinstadt. Eine Routinetour, alles ruhig. Plötzlich ein Knarzen im Funkgerät. Aus der Inspektion erhalten die Beamten den Auftrag,»sofort« zu einem Haus im Zentrum zu kommen. Dort sei offenbar jemand getötet worden. Wenige Minuten später treffen die Polizisten an der angegebenen Adresse ein. Was sie vorfinden, halten sie in nüchternen, knappen Sätzen im Protokoll fest:

> Die Tür des Einfamilienhauses wurde von zwei jungen
> Leuten geöffnet. Der Dielenraum war blutverschmiert.
> Die Tür zum Wohnzimmer war geöffnet. Die Person lag
> in Bauchlage im Eingangsbereich mit den Füßen an der
> Tür. Die Person bewegte beim Eintreffen am Tatort den
> Kopf. Neben ihr lagen zwei Messer und eine zerbrochene
> Vase.

Bei der »Person« handelte es sich um einen 42 Jahre alten Mann, von Beruf Psychiater. Die »zwei jungen Leute« waren seine Söhne, 18 und 19 Jahre alt. Unmittelbar nachdem die Polizisten das Haus betreten hatten, traf auch der Notarzt ein. Er beugte sich über den blutüberströmten Psychiater – und stellte um zwölf Uhr dessen Tod fest. Später berichtete er:»Entsetzlich, wie der Mann zugerichtet war. So ein Blutbad habe ich noch nie erlebt.«

Die beiden Söhne lieferten der Polizei wichtige Informationen zum Tathergang. Im Protokoll liest sich das so: »Auf Befragen gaben sie an, dass sie den Vater getötet hätten. Es sei kein Streit gewesen. Sie hätten schon vorher beschlossen, ihn umzubringen. Sie gaben zu, dass sie beide mit dem Messer zugestochen hätten.«

Durch die Aussagen und die am Tatort gesicherten Spuren konnten die Ermittler das Geschehen genau rekonstruieren: Demnach betrat Dr. Rainer K. kurz nach elf Uhr das Haus. In diesem Moment kamen seine Söhne Alexander und Gregor, einer hatte im Bad gelauert, der andere in der Küche, aus ihren Verstecken hervor. Zunächst sprühten sie dem Vater Tränengas ins Gesicht. Dann knüppelten sie ihn mit zwei abgesägten Stuhlbeinen, jeweils 45 Zentimeter lang, nieder. Als er versuchte zu fliehen, zertrümmerten sie eine Bodenvase auf seinem Kopf. Schließlich zückte einer der beiden ein Klappmesser. Der andere schnappte sich ein Küchenmesser, Klingenlänge 22 Zentimeter. Exzessiv, wie im Rausch, stachen sie auf ihr Opfer ein, insgesamt 37-mal. Dabei wurden Lunge, Herz und Milz des Psychiaters schwer verletzt, eine Rippe durchschnitten, der Schädel zerstochen.

Als ich von der Tat erfuhr, fragte ich mich: Was um Himmels willen hatte die Kinder veranlasst, ihren Vater umzubringen, noch dazu auf so brutale Weise? Die beiden hatten ihr Opfer nicht einfach getötet, sie hatten es niedergemetzelt. Der Fall ging mir auch deshalb besonders nahe, weil ich Rainer K. persönlich kannte. Der Facharzt für Psychiatrie und Psychotherapie war ein ausgezeichneter Analytiker, hochintelligent, besonnen, ausgesprochen einfühlsam. Weil ich seine Arbeit schätzte, empfahl ich ihn den hiesigen Gerichten als Sachverständigen. Fortan erstellte er viele psychiatrische Gutachten für Strafprozesse. Nicht nur der Beruf führte uns häufig zusammen, dann und wann trafen wir uns auch privat auf ein

Bier. Zwar wusste ich, dass er verheiratet und Vater von drei Söhnen war, kennengelernt hatte ich die Familie aber nie. Da er nicht einmal andeutungsweise von kleineren Eheproblemen, geschweige denn von größeren Konflikten sprach, ging ich davon aus, dass in dieser Hinsicht alles in Ordnung war.

Als mich der Bruder des Psychiaters anrief und erklärte, Rainer K. sei von seinen beiden älteren Söhnen getötet worden, konnte ich es erst gar nicht glauben. Zu diesem Zeitpunkt war über die Hintergründe des Verbrechens noch nichts bekannt, Medien hatten lediglich die obligatorische Polizeimeldung veröffentlicht und mit einigen Zusatzinformationen angereichert.

Zu meiner größten Überraschung fragte mich der Bruder des Getöteten, ob ich die Verteidigung seiner Neffen Alexander und Gregor übernehmen könne. Dabei deutete er an, dass die beiden triftige Gründe gehabt hätten, ihren Vater umzubringen. Ich bat ihn daraufhin, in die Kanzlei nach München zu kommen, damit wir in Ruhe über den Fall sprechen konnten.

Angesichts der außergewöhnlichen Dimensionen erachtete ich es als sinnvoll, meinen Partner Rolf Bossi mit einzubeziehen. Bossi, den das Familiendrama genauso bewegte wie mich, sagte daraufhin zu, einen der beiden Jungen zu verteidigen.

Was uns der Bruder des getöteten Doktors anvertraute, versetzte uns in Erstaunen. Demnach war Rainer K. ein Mann mit zwei Gesichtern. Nach außen freundlich, verständnisvoll, empfindsam und warmherzig. Ein Mann, der geduldig zuhören und sich für die Probleme anderer öffnen konnte, was in seinem Beruf sicherlich unabdingbar war. Nach innen aber, gegenüber seiner Familie, führte er sich wie ein Tyrann auf. Er brüllte Frau und Kinder nieder, schüchterte sie ein und wurde oft handgreiflich. Sein Bruder beschrieb ihn als jähzornigen, brutalen Diktator. Er habe keinen Widerspruch geduldet und bei geringstem Anlass die Beherrschung verloren. Möglicherweise sei er ein Borderliner.

Bossi und ich beschlossen, uns auch bei den anderen Familienmitgliedern zu informieren. Wir gingen zur Beerdigung, auf der wir die Witwe des Getöteten – eine durch und durch verängstigte, wortkarge Frau – und deren jüngsten Sohn, 14 Jahre alt, kennenlernten. In der Jugendabteilung der JVA Stadelheim trafen wir die beiden beschuldigten Brüder. Sie saßen auf getrennten Fluren jeweils in einer Drei-Mann-Zelle. In ihrer grauen, etwas zu großen Anstaltskleidung wirkten sie verloren und verwirrt. Bis auf die Beteuerung, dass sie *es hatten tun müssen*, brachten sie kaum einen Satz über die Lippen. Erst nach und nach, bei vielen weiteren Gesprächen, gewannen wir ihr Vertrauen. Sie redeten sich ihren Frust von der Seele, schilderten ihre traumatischen Erlebnisse, sprachen über die Angst, die sich über viele Jahre in ihnen aufgestaut hatte, aber auch über ihren Hass. Aus den Schilderungen der Brüder, den Aussagen ihrer Mutter und ihres Onkels sowie weiteren Recherchen im Umfeld des getöteten Arztes ergab sich bald ein ziemlich klares Bild der Familienverhältnisse – ein Bild des Schreckens.

Während des Studiums heiratete der angehende Mediziner Rainer K. die Biologiestudentin Vera. Wenig später kam Sohn Alexander zur Welt, anderthalb Jahre danach wurde Gregor geboren. Bereits damals konnte sich der Vater in Stresssituationen nur schwer im Zaum halten. Fühlte er sich bei seiner Arbeit durch Schreie der Säuglinge gestört, versuchte er, sie mit Schlägen zur Räson zu bringen. Auch später, wenn er seinen Mittagsschlaf unterbrechen musste, rutschte ihm schnell die Hand aus. Seine Spezialität war, mit dem Handrücken zu ohrfeigen. Ging die Mutter dazwischen, was selten genug vorkam, bezog sie ebenfalls Prügel. Dabei erlitt sie Prellungen am Körper und Verletzungen im Gesicht.

Mit einem einzigen Satz formulierte der Vater ein Gesetz, an das sich alle um ihn herum strikt zu halten hatten: »Was in der

Familie geschieht, geht niemanden etwas an!« So wuchsen die Kinder, mittlerweile war auch der dritte Sohn geboren, in einer Atmosphäre permanenter Angst und Unsicherheit auf. Niemandem konnten sie sich anvertrauen, weder Schulkameraden noch Freunden. Auch die Mutter hielt still. Eingeschüchtert und unfähig, ihrem Mann Paroli zu bieten, ließ sie die Wellen aus Beschimpfungen und Beleidigungen über sich ergehen. Schweigend ertrug sie es, wenn der Psychiater sie erst durchprügelte und danach den Vollzug des ehelichen Geschlechtsverkehrs einforderte. Zugleich ließ sich der Mann immer seltener blicken. Er widmete seine Zeit lieber Freundinnen in München. Manchmal brachte er eine Geliebte mit nach Hause, um sich vor den Augen der Ehefrau und den Söhnen mit ihr zu vergnügen. In kurzer Zeit zeugte er drei Kinder mit verschiedenen Damen. Als seine Frau es ablehnte, Taufpatin eines der unehelichen Kinder zu werden, schlug er sie.

Irgendwann zog Vera die Notbremse. Sie reichte die Scheidung ein und bekam das Sorgerecht für die Kinder. Wie hörig sie ihrem dominanten Exmann noch war, zeigte sich daran, dass sie ihn auch weiterhin in ihrem Haus ein und aus gehen ließ. Mindestens ein Mal pro Woche kreuzte er dort auf und führte, mal mehr, mal weniger intensiv, sein perfides Terrorregiment aus psychischer und körperlicher Gewalt, strenger Kontrolle und heimlicher Überwachung fort. So zertrümmerte er nicht nur die Tennisschläger seiner Söhne und zerriss, damit sie nicht reisen konnten, ihre Pässe. Er stattete das Haus seiner Exfrau auch mit Abhörwanzen aus, um immer genau zu wissen, was sie und die Söhne über ihn reden.

Bald bedrohte er seine »alte Familie« offen mit dem Tod. Er sprach davon, dass er ein Gewehr besitze und sich ein weiteres zulegen werde. Er wolle einem Schützenverein beitreten und dort trainieren. Eines Tages werde er »alle umbringen«. Nachdem ihm wieder einmal etwas missfallen hatte, sprang er vom

Tisch auf und warf mit Geschirr sowie einer vollen Colaflasche nach seinem Sohn Alexander. Er schlug den Rand eines Whiskeyglases ab und hielt es ihm vors Gesicht: »Das hau ich dir in die Gurgel!« Ein paar Wochen später prophezeite er dem Jungen, er werde ihm »den Schädel einschlagen«. Mutter und Söhne gerieten mehr und mehr in Todesangst. Natürlich hätten sie zur Polizei gehen können. Auch ein gerichtlich verfügtes Hausverbot für den Vater stand zur Diskussion. Doch je intensiver sie über solche Schritte nachdachten, desto größer wurde ihre Furcht: »Dann bringt er uns erst recht um.« Um sich im Ernstfall wehren zu können, nahmen die Jungen Skistöcke mit ins Bett.

Gegenüber Dritten ließen sie sich ihre Verzweiflung, ihre Hoffnungslosigkeit und ihre Ängste nicht anmerken. Das Gebot des despotischen Vaters, nichts Privates dürfe nach außen dringen, galt noch immer. Jeder bemühte sich, die Fassade einer intakten Familie aufrechtzuerhalten, die Mutter in der Schule, wo sie als Lehrerin arbeitete, die Söhne im Gymnasium.

Alexander und Gregor waren ausgezeichnete Schüler, überdurchschnittlich begabt, beide mit einem IQ von 125. Jeweils für ein Jahr besuchten sie höhere Schulen in den USA und Australien. Gregor galt als mathematisches Genie, gewann sogar einen bundesweiten Wettbewerb. Er spielte Tennis und fuhr Ski. Alexander, der fließend Englisch und Französisch sprach, zählte ebenfalls zu den Klassenbesten. Obwohl ein wenig einzelgängerisch, waren die Brüder bei Lehrern und Mitschülern beliebt.

Niemand bemerkte, wie es in ihnen brodelte, in welcher Bedrängnis sie lebten. Niemand wusste, dass sie seit frühester Kindheit einem Martyrium ausgesetzt waren. Und so ahnte auch niemand, dass sie mit dem Gedanken spielten, sich gegen ihren gewalttätigen Vater zu wehren – mit Gewalt. Nur auf diese Weise, davon waren die beiden überzeugt, könnten sie dem »Psycho-Gefängnis« entfliehen, in dem sie und ihre Mutter saßen. Von Tag zu Tag nahm der Gedanke konkretere Formen an. Nachdem der Vater erneut gedroht hatte, seine Familie auszulöschen, beschlossen die Söhne zu handeln.

Ihr Vater kam immer mittwochs zu ihnen, wenn seine Praxis geschlossen blieb. An diesem Morgen, die Mutter war schon außer Haus, gingen sie nicht zur Schule. Sie legten die Stuhlbeine, den Gasrevolver und die Messer bereit und warteten. Schließlich betrat der Vater das Haus. Die Söhne hörten, wie die schwere Holztür zurück ins Schloss fiel und der Vater in den Flur kam. Wortlos traten sie aus ihren Verstecken und fielen über ihn her. Als alles vorbei war, riefen sie den Rettungsdienst und die Polizei. Widerstandslos ließen sie sich festnehmen.

14 Monate saßen die Brüder in Untersuchungshaft. Dann begann der Prozess am Landgericht München II. Zum Schutz der als jugendlich geltenden Angeklagten fand die Verhandlung, bis auf die Plädoyers und das Urteil, hinter verschlossenen Türen statt.

Aus der 2000 Blatt umfassenden Ermittlungsakte hatte die Staatsanwaltschaft eine Anklage von gerade einmal sechs Seiten gezimmert. Darin wurden Alexander und Gregor des Mordes beschuldigt, weil sie »gemeinschaftlich und heimtückisch« einen Menschen getötet hatten. Aus Sicht der Anklage schien es legitim, die Geschehnisse mit diesem Halbsatz zusammenzufassen. Aus Sicht der Verteidigung war es freilich zwingend geboten, die Entstehungsgeschichte der Verzweiflungstat aufzuarbeiten und die Motive der Brüder zu erforschen. So sah es zum Glück auch die grundsätzlich sehr strenge, manchmal aber eben doch verständnisvolle Kammer.

Meist in sich gekehrt, mit hängenden Schultern und gesenkten Köpfen, folgten die Brüder der Verhandlung. Eine zentrale

Rolle spielten drei Gutachter, die sich intensiv mit der Gefühls- und Gedankenwelt der Angeklagten sowie des getöteten Vaters befasst hatten. Die Experten sollten dem Gericht helfen, die ungeheure psychologische und psychiatrische Dimension des Massakers zu verstehen. Natürlich trugen auch die Angehörigen und die ehemaligen Kollegen des Opfers zur Aufhellung der Geschehnisse bei.

Es kristallisierte sich heraus, dass Rainer K. ein Mensch war, der anderen bei ihren psychischen Problemen half, aber mit seinen eigenen nicht zurechtkam. Der Therapeut war selbst ein Fall für die Couch, ein gespaltener Mensch mit einer kranken Seele, sanft zu seinen Patienten, abgrundtief böse gegenüber seinen engsten Vertrauten. Er verlangte ihnen unzumutbare Opfer ab. Sie hatten ihm vorbehaltlos zu dienen. Über seine ständig wechselnden Freundinnen soll er gesagt haben: »Ich gebrauche sie wie eine Kaffeemaschine.«

Rainer K. sei ein Herrscher mit »absolutem Allmachts- anspruch« gewesen, befanden die Gutachter, hart, rücksichts- los und maßlos egozentrisch. Er habe ein »pathologisches Fa- miliensystem« erschaffen. Seine Angehörigen schottete er hermetisch von der Außenwelt ab. Indem er die Kinder von früh auf schlug, habe er ihnen das Prinzip »Gewalt« vorgelebt. Die Folgen waren fatal. Alexander und Gregor gerieten in eine »Beziehungsfalle«, in einen Teufelskreis, aus dem es für sie keinen anderen Ausweg gab als die radikale Lösung. Ihr Vater war für sie zum »Symbol der Lebensgefährdung« geworden. Die ständigen Kämpfe mit ihm stürzten sie in einen »seeli- schen Dauerstress«, der schließlich nicht mehr zu bewältigen war.

Einer der drei Gutachter, der Münchner Psychiatrie-Profes- sor Wilhelm Mende, billigte den Brüdern eine »krankheits- wertige Einschränkung des Bewusstseins« zu. Grund sei eine neurotische Fehlentwicklung, die als »schwere andere seelische

Abartigkeit« gewertet werden müsse. Zwar seien sie imstande gewesen, das Strafbare ihrer Tat einzusehen, ihre Steuerungsfähigkeit sei jedoch erheblich vermindert gewesen, möglicherweise sogar komplett aufgehoben. Mit dieser Einschätzung wären sie schuldunfähig nach Paragraf 20 des Strafgesetzbuches gewesen und hätten nicht belangt werden können. Zu einem ähnlichen Fazit kam die Braunschweiger Psychologie-Professorin Elisabeth Müller-Luckmann.

Anders fiel die Bewertung der dritten Gutachterin aus. Zwar schloss sich die Würzburger Psychiaterin Erika Geisler der Meinung ihrer Kollegen an, wonach von den Angeklagten keine Wiederholungsgefahr ausgehe. Unter Verweis auf die präzise Planung der Tat bestritt sie aber, dass die Steuerungsfähigkeit der beiden aufgehoben war, und ließ allenfalls eine Einschränkung gelten. In ihren Augen waren die Täter zumindest vermindert schuldfähig. In diesem Fall hätte Paragraf 21 gegriffen. Er erlaubt eine Bestrafung, wenn auch in milderer Form.

Leider teilte der Staatsanwalt letztere Auffassung. In seinem Plädoyer charakterisierte er die Brüder als eiskalte Mörder, die »nach Plan« vorgingen und alles unternahmen, um sich ihres Vaters zu entledigen. Mit aller Kraft hätten sie die Flucht des bereits Verwundeten verhindert und ihn massakriert. Der Staatsanwalt sprach von einem »Standgericht« und forderte jeweils sechs Jahre Jugendgefängnis.

In meinem Plädoyer widersprach ich der Anklage heftig und beantragte Freispruch: »Wer nur vom Tatbild ausgeht, wird diesem Fall nicht gerecht.« Ich argumentierte, die Brüder hätten sich in einer Dauergefahr und Notsituation befunden. Durch die Todesdrohungen des unberechenbaren und offenbar geisteskranken Vaters sei ein übermächtiger Motivationsdruck entstanden. Für die Brüder stellte sich die Situation so dar: »Entweder er tötet uns – oder wir ihn.« Nach einer langen, von schweren Gewissenskonflikten begleiteten Abwägung kamen sie zu der Erkenntnis, dass sie, die Mutter und ihr jüngerer Bruder nur überleben können, wenn der Vater sterben würde.

Am Schluss erteilte der Richter den Angeklagten das Wort. Alexander biss sich auf die Lippen und gab damit zu verstehen, dass er seine Gefühle nicht artikulieren könne. Auch Gregor zögerte, bevor er leise sagte: »Ich hab nicht gewusst, was ich machen sollte.«

Nach sieben Verhandlungstagen stand die Verkündung des Urteils an. Mehr als 80 Zuschauer strömten in den Saal 275 des Münchner Landgerichts. In der ersten Reihe saßen die Mutter und der jüngere Bruder der Angeklagten. Kurz vor neun wurden die beiden hereingebracht. Ihren mittlerweile 15-jährigen Bruder hielt es nicht auf dem Stuhl. Er stürmte auf sie zu und rief: »Wird scho' werd'n!« Bereits im Gefängnis hatten die Beschuldigten viel Zuspruch erfahren. So erhielten sie einen von 70 Mitschülern und Lehrern unterschriebenen Brief, in dem stand: »Ihr gehört zu uns, und wir halten zu Euch.« Auch der Gefängnispsychologe kümmerte sich sehr um die »unglückseligen Burschen«, wie er sie nannte.

Der Vorsitzende Richter verlas das Urteil: jeweils 22 Monate Gefängnis, ausgesetzt zur Bewährung. Damit stand fest, dass die Brüder das Gericht als freie Menschen verlassen konnten. Alexander wischte sich mit beiden Händen die Freudentränen aus dem Gesicht. Gregor lächelte selig. Ihre Mutter, im rot geblümten Kleid, nahm die Jungen in die Arme: »Ich bin ja so froh!«

In seiner anderthalbstündigen Urteilsbegründung sprach der Richter von einer »Tragödie ganz besonderer Art« und ergänzte: »Das Mitgefühl des Gerichts gilt der ganzen Familie – dem Vater, der Mutter und den Söhnen.« Er betonte, die Tötung sei als Mord zu werten, da sie »heimtückisch« begangen wurde. Die Brüder hätten die Arg- und Wehrlosigkeit des Vaters erkannt. Ihre Schuldfähigkeit war nach Ansicht der Kammer zwar nicht aufgehoben, aber erheblich vermindert. Die katastrophalen Umstände innerhalb der Familie hätten bei Alexander und Gregor zu einer »neurotischen Fehlentwicklung« geführt, später sei ein Angstsyndrom hinzugekommen. Die willensschwache Mutter sei wohl mitverantwortlich für die Tat gewesen, erklärte der Richter. Ihre Zurückhaltung in der Auseinandersetzung mit dem Vater habe die Last der Entscheidung fast vollständig auf die Söhne verlagert. Von einem »Notstand«, der die Tat rechtfertigen könnte, wollte die Kammer dennoch nicht sprechen. Die Brüder hätten – entgegen ihrer eigenen Überzeugung – andere Möglichkeiten gehabt, den Konflikt zu lösen. Dass sie sich in ihrer Einschätzung geirrt hatten, machte das Gericht ihnen nicht zum Vorwurf: Beide hätten »nur aus der Angst gehandelt«, dass sie, die Mutter und der Bruder ihr Leben verlören.

»Ich wünsche Ihnen alles Gute«, verabschiedete der Richter die Brüder, er hoffe sehr, »dass es bei dem Urteil bleibt«. Der Satz galt in erster Linie dem Staatsanwalt, der sichtlich verärgert war und zunächst offenließ, ob er die Entscheidung anfechten werde. Am Ende verzichtete er darauf, Rechtsmittel einzulegen. Rolf Bossi und ich nahmen das Urteil noch im Gerichtssaal an. Unser Ziel, die Söhne des Psychiaters vor dem Gefängnis zu bewahren, hatten wir erreicht. Ein Ergebnis, das uns menschlich zutiefst befriedigte.

Alexander und Gregor bekamen eine zweite Chance. Auf ihr Leben in Freiheit waren sie gut vorbereitet. In der knapp 15-monatigen Untersuchungshaft hatten sie mit einer Sondergenehmigung des bayerischen Kultusministeriums ihr Abitur nachgeholt. Sie erreichten Notendurchschnitte von 1,0 und 1,5. Später studierten sie Mathematik bzw. Chemie. Auch dort erzielten sie vorzügliche Ergebnisse. Um neu anfangen zu können, musste die Familie ihr altes Leben komplett hinter sich lassen. Die Mutter und ihre Söhne änderten die Nachnamen und zogen in eine andere Stadt. Mit den beiden Brüdern blieb ich noch lange in Kontakt und bot ihnen für den Fall, dass es Probleme geben sollte, meine Hilfe an. Aber sie kamen in ihrem weiteren Leben gut zurecht.

Beweisnot

Wie in fast jeder deutschen Stadt gab es auch rund um den Bahnhof im bayerischen Traunstein eine Nachtschwärmerszene. Am Imbissstand von Schorsch, wo tagsüber Zugreisende auf eine Wurstsemmel oder einen Kaffee vorbeikamen, vertrieben sich abends Alkoholiker, Arbeits- und Wohnungslose mit Bier und Schnaps die Zeit. Abgesehen von den üblichen kleineren Streitereien im Suff war das Verhältnis von Schorschs Stammkunden untereinander über viele Jahre recht harmonisch.

Das änderte sich schlagartig, als Anfang der Achtzigerjahre eine Frau dieser Gruppe tot aufgefunden wurde. Die 35-Jährige war auf einer Waldlichtung erschlagen worden. Die Schädelfraktur stammte nach Feststellungen der Polizei von einem direkt neben der Leiche entdeckten Betonbrocken mit 25 Zentimetern Durchmesser. Die Fahnder gingen davon aus, dass die Frau ihren späteren Mörder gekannt hatte und freiwillig mit ihm mitgegangen war. Ein Kampf konnte ausgeschlossen werden, denn am Körper der Toten fanden sich keinerlei Abwehrverletzungen.

Die Ermittlungen konzentrierten sich auf das Umfeld der Ermordeten, also die Stammgäste des Traunsteiner Bahnhofskiosks. Der erste Verdacht fiel auf einen Taubstummen, Spitzname »Stummerl«, der das engste Verhältnis zu der Frau gehabt hatte. Allerdings wies er in seiner schriftlichen Aussage darauf hin, dass auch Kioskbetreiber Schorsch ab und an mit ihr unterwegs gewesen sei. Schorsch bestätigte das, bestritt aber vehement, mit der Tat etwas zu tun zu haben. Weil die Polizisten ihm nicht hundertprozentig glaubten, forschten sie intensiver nach und warfen dabei einen Blick in seinen Lieferwagen. Im Kofferraum fanden sie einen kleinen Stein. Auf dem Revier hielten sie ihn neben den am Tatort gefundenen Betonbrocken und trauten ihren Augen kaum: Das Stück aus dem Kofferraum fügte sich perfekt in eine winzige Bruchstelle des großen Steins ein – wie das passgenaue Teil in ein Puzzle. Eine Analyse im bayerischen Landeskriminalamt (LKA) erhärtete ihren Verdacht. Das führte die Ermittler zu der These, Schorsch müsse das Mordwerkzeug im Auto zum Tatort transportiert haben, wobei das kleine Stück wohl herausgebrochen sei. An der Geschichte schien alles zu passen, im wahrsten Sinne des Wortes. Die Indizien reichten der Staatsanwaltschaft, um Schorsch einzusperren und anzuklagen.

Der Prozess fand im Traunsteiner Schwurgerichtssaal statt, und die Justizleute hatte sich etwas ganz Besonderes einfallen lassen. Auf einen Tisch in der Mitte des Saals drapierten sie die wichtigsten Beweisstücke des Verfahrens: den Betonbrocken und das im Auto meines Mandanten gefundene, in die Scharte passende Steinchen. Die Staatsanwaltschaft präsentierte die zwei Teile wie Trophäen. Jeder Prozessteilnehmer sollte sich selbst davon überzeugen können, wie eindeutig die Beweislage war.

Mein Mandant ließ sich davon nicht übermäßig beeindrucken. Zu Beginn eines jeden Verhandlungstags wandte er sich ans Gericht mit den Worten: »Ich möchte was sagen.« Der Richter fragte daraufhin, von Mal zu Mal in gereizterem Ton: »Was wollen's denn schon wieder?« Worauf Schorsch stets antwortete: »Herr Richter, i bin fei unschuldig!« Dieser Wortwechsel gehörte zum festen Ritual des Prozessgeschehens. Doch nicht die Unschuldsbeteuerungen des Angeklagten sollten sich entscheidend auf den Ausgang des Verfahrens auswirken, sondern die Gedankenlosigkeit der Staatsanwaltschaft bezüglich des offen zur Schau gestellten Beweismaterials.

Vor Beginn jeder Verhandlung und während der Sitzungspausen bildete sich um den Tisch in der Saalmitte immer eine mehr oder weniger große Runde. Kein Verfahrensbeteiligter konnte der Versuchung widerstehen, die Theorie der Anklage persönlich zu überprüfen. So probierte jeder aus, ob der kleine Stein auch wirklich in die Lücke im größeren passte. Immer wieder nahm jemand das Steinchen zwischen die Finger, drückte es in die Aushöhlung, reichte es weiter. So wanderte das Beweisstück durch Dutzende Hände.

Am Ende des Verfahrens trat dann der Gutachter vom LKA in den Zeugenstand, der während der Ermittlungen festgestellt hatte, dass die beiden Brocken zusammengehören, was die Anklage gegen Schorsch erst ermöglichte. Vor Gericht wollte er seine Erkenntnisse live demonstrieren, doch zu seiner Überraschung passten die Steine nicht mehr zusammen. Die für ihn zunächst unerklärbare Diskrepanz hatte eine einfache Ursache: Durch das ständige Probieren und die damit verbundene Reibung hatte sich die Größe der Ausbuchtung im Tatwerkzeug fast verdoppelt.

Schorsch und ich verfolgten den Auftritt des Gutachters mit regem Interesse und noch größerer Freude. Schließlich war das entscheidende Indiz gegen meinen Mandanten im Lauf des Prozesses sprichwörtlich zerbröselt. Das musste auch der Richter einsehen, der Schorsch unter großer Zustimmung der Traunsteiner Öffentlichkeit vom Mordvorwurf freisprach. Der Staatsanwalt schäumte vor Wut. Vermutlich war ihm erst beim Urteilsspruch richtig bewusst geworden, dass er die für ihn desaströse Entscheidung selbst zu verantworten hatte.

Die Niederlage schien den Staatsanwalt anzustacheln. Er sann auf Rache und wollte Schorsch unbedingt des Mordes überführen. Er legte Revision gegen das Urteil ein. Dabei rügte er unter anderem, das Gericht habe auf einen Augenschein-Termin am Tatort verzichtet und sich kein eigenes Bild von den dortigen Gegebenheiten gemacht. Der Anklagevertreter kam mit seiner Argumentation beim Bundesgerichtshof (BGH) durch. Der Prozess ging in die zweite Runde, verhandelt wurde diesmal in München.

Zur allgemeinen Überraschung präsentierte der Staatsanwalt nunmehr Polizeifotos vom Tatort, die in der ursprünglichen Ermittlungsakte gefehlt hatten. Das war eigentlich ein Unding, sollte Schorsch aber nicht zum Nachteil gereichen – im Gegenteil. Denn auf den gestochen scharfen Bildern war eindeutig eine Vertiefung im Moosboden zu sehen, eine Art kleiner Krater nahe der Leiche. In dieser Ausbuchtung musste der Betonstein gelegen haben, mit dem die Frau erschlagen worden war, und das schon längere Zeit – anders war die Spurenlage gar nicht zu interpretieren.

Die Tatortfotos zerstörten die These der Anklage, wonach Schorsch den schweren Brocken in seinem Lieferwagen zum Tatort gefahren hatte. Dieser Logik konnte sich auch der bornierte Staatsanwalt nicht verschließen. Doch es dauerte nicht lange, da wartete er mit einer neuen Theorie auf. Nun behauptete er, Schorsch sei mit seiner Bekannten im Wald spazieren gegangen, habe den Stein aufgehoben und die Frau damit erschlagen. Während der Tat sei ein Teil des Steins abgesplittert und in der Kleidung des Mörders hängen geblieben. Als er sich später in den Kofferraum gebeugt habe, sei das Stück heruntergefallen.

Ich hielt diese Darstellung für unrealistisch, doch erstaunlicherweise wurde diese Möglichkeit vom Gericht lange und durchaus ernsthaft diskutiert. Am Schluss konnte ich mich jedoch durchsetzen. Schorsch wurde erneut freigesprochen.

Obwohl er juristisch voll rehabilitiert war, musste er sein Leben komplett umkrempeln. Mit der Einschaltung des BGH und dem zweiten Prozess hatte sich die Stimmung in seiner Heimat Traunstein gedreht, und auch der endgültige Freispruch konnte die Zweifel nicht ausräumen, die viele inzwischen an seiner Unschuld hegten. Wenn die Justiz jemanden so hartnäckig verfolge, müsse an den Vorwürfen wohl doch etwas dran sein, hieß es. Also gab Schorsch seinen Bahnhofskiosk auf und zog aus dem schönen Chiemgau in einen Vorort von München. Damit nahm die Geschichte für ihn doch noch ein trauriges Ende.

Der wahre Mörder wurde bis heute nicht gefunden. Soweit ich weiß, haben die Ermittler seinerzeit an der Leiche DNA-Spuren gesichert. Ich wünsche Schorsch von ganzem Herzen, dass man den Täter irgendwann fasst. Er soll nicht nur für die Tötung der jungen Frau büßen, sondern auch dafür, dass er die Existenz meines Mandanten vernichtet hat.

Hurenmord

Mitte Januar 1977 traf in unserer Kanzlei eine Postkarte aus der JVA Stadelheim ein. Absender war ein gewisser Klaus Grossart. Er saß seit einigen Wochen in Untersuchungshaft und bat uns, ihn im Gefängnis zu besuchen. Sein Name war mir ein Begriff, weil die Medien bereits groß über ihn berichtet hatten. Der damals 26-Jährige stand im Verdacht, seine Ehefrau Fatima, eine marokkanische Prostituierte, die unter dem Künstlernamen »Soraya« stadtbekannt war, getötet zu haben. Die Tat lag bereits mehr als ein Jahr zurück und hatte in München als »Kätzchenmord« Schlagzeilen gemacht, in Anspielung auf den katzengleichen Körper des Opfers. Musikmanager Grossart, der laut Polizei auch als Zuhälter für seine Frau tätig war, galt bereits kurz nach dem Mord als möglicher Täter. Er hatte aber ein Alibi. Dass die Polizei ihn nach so langer Zeit nun doch als dringend verdächtig einstufte, lag an einer neuen Zeugenaussage. Sie stellte die von Grossart ursprünglich behaupteten Zeitabläufe am Tattag infrage. Erhärtet wurde das Ganze durch die Behauptung eines Mitgefangenen in der Haftanstalt, Zellennachbar Grossart habe ihm den Mord an seiner Frau aus freien Stücken gestanden.

Die Konstellation motivierte mich, den Beschuldigten in Stadelheim zu besuchen. Ich machte meinen Seniorpartner Rolf Bossi auf das möglicherweise sehr interessante Mandat aufmerksam und bat ihn, zum ersten Gespräch mitzukommen. Grossart fühlte sich durch den gemeinsamen Besuch geehrt, jedenfalls beantwortete er all unsere Fragen mit einem riesigen Wortschwall. Immer wieder betonte er, mit Fatimas Tod nicht das Geringste zu tun zu haben. Dass die Polizei ihm unterstellte, er habe seine außerordentlich gut verdienende Ehefrau umgebracht, um an ihr Geld zu kommen, bezeichnete er als aberwitzig. Zwar sei er zu Beginn seiner Laufbahn als Impresario knapp bei Kasse gewesen. Jetzt aber vertrete er weltberühmte Künstler wie den französischen Chansonnier Gilbert Bécaud, Schlagersänger Adamo und den Pantomimen Marcel Marceau. Außerdem sei sein Alibi, das er den Fahndern unmittelbar nach der Tat geschildert hatte, zutreffend. Nun versuche jemand, ihm etwas anzuhängen. Es sei absurd zu glauben, dass er einem Mitgefangenen, den er noch nicht einmal näher kannte, plötzlich gesagt haben soll: »Natürlich habe ich das getan. Es musste sein.«

Mein Kollege Bossi war von Grossarts Auftritt nicht sonderlich überzeugt. Der extrovertierte Mann habe auf ihn wie ein Betrüger gewirkt, meinte er. Der Fall würde wohl zum aufwendigen Indizienverfahren geraten, und an solchen Verfahren hatte Bossi nur geringes Interesse. Ganz anders hätte er reagiert, wenn es um eine Beziehungstat mit einer entsprechenden Psychodynamik gegangen wäre. So aber lehnte er eine gemeinsame Verteidigung mit mir ab. Ich hingegen wollte erst einmal die Akten lesen und dann entscheiden, ob es sinnvoll war, das Verfahren zu übernehmen. Dass die Beweislage nur sehr dünn sein konnte, war mir sofort klar. Der Umstand, dass sich die Polizei auf einen Knastzeugen stützen musste, um Grossart zu überführen, zeigte deutlich, wie verzweifelt die Ermittler waren.

Die Fahnder standen unter enormem Druck. Es ging um das Prestige der Münchner Mordkommission, deren Aufklärungsquote bei nahezu 100 Prozent lag. Diese Traumbilanz geriet nun in Gefahr, zumal wenige Tage vor Fatima Grossart eine weitere Münchner Prostituierte ermordet worden war, die 24-jährige

Waltraud Frank. Sie betrieb ihr Gewerbe in der Winzererstraße. Auch sie war erdrosselt worden.

Ein Blick in die Akten bestätigte meine Zweifel an der seriösen Ermittlungsarbeit der Polizei. Die Mordkommission hatte zwar umfassend im beruflichen Umfeld der schönen Fatima ermittelt, aber offenkundig nicht den kleinsten Hinweis auf einen Täter gefunden. Ähnlich sah es im Fall Waltraud Frank aus. Immerhin fielen einem Sachbearbeiter Parallelen zwischen beiden Morden auf. »Auffindungssituation wie Tötungsort scheinen ähnlich gelagert«, tippte er ins Protokoll und folgerte fast schon prophetisch: »In beiden Fällen könnte ein gleicher Täter infrage kommen.«

Für die Polizei lag nahe, dass die Frauen Opfer von Revierkämpfen unter Zuhältern geworden waren. Schließlich herrschte in München gerade eine Art Ludenkrieg. Nach der Verbannung der Rotlichtszene aus der City blühte die Wohnungsprostitution in den Außenbezirken. Viele Damen arbeiteten auf eigene Rechnung – sehr zum Missfallen etablierter Zuhälter, die um ihre Einnahmen fürchteten und um die besten Mädchen kämpften.

Die in Marrakesch geborene Fatima Grossart galt als schönste und teuerste Prostituierte Anfang der Siebzigerjahre in München. Die 1,60 Meter kleine Frau mit der kaffeebraunen Haut und den mandelförmigen Augen bot ihre Dienste in Tageszeitungen als »Unterhaltung für den Herrn« an. Bis zu 2000 Mark mussten Männer für eine Nacht mit der Edelhure hinblättern. Üblich waren damals 100 Mark für ein Schäferstündchen. Fatima, deren offizielle Berufsbezeichnung »Artistin« lautete, empfing Kunden in ihrem Schwabinger Appartement in der Arcisstraße 48, einem modernen, fünfstöckigen Betonbau. Zur Begrüßung kredenzte sie ihren Freiern für gewöhnlich Tee. An ihrem Lebensstil konnte man festmachen, dass sie hervorragend im Geschäft war. Das Callgirl fuhr Jaguar, besaß Aktien und bunkerte wertvollen Schmuck im Safe.

Den Polizeiakten entnahm ich, dass Klaus Grossart seine Frau am Abend des 25. August 1975, einem Montag, angerufen hatte. Weil sie nicht reagierte, brach er ihre Wohnung im vierten Stock auf. Dort fand er Fatima leblos im Schlafzimmer und verständigte die Polizei. Ein Beamter vermerkte, Grossart sei aufgewühlt gewesen. Auf Nachfrage habe er erklärt, die Leiche fühle sich »kalt« an. Zwei Bereitschaftspolizisten stiegen in ihren Funkwagen. Gegen 23.15 Uhr erreichten sie den Tatort. Nach und nach trafen sieben weitere Polizeibeamte, zwei Vertreter der Staatsanwaltschaft sowie ein Rechtsmediziner im Appartement ein.

Die 23-jährige Fatima lag in ihrem französischen Bett auf dem Bauch, ihre Füße berührten den Boden. Laut Protokoll trug sie einen »Minislip und Büstenhalter aus Elastikmaterial« sowie mehrere Ringe an den Fingern, am linken Handgelenk eine Uhr, am rechten ein Armband. Das blau-schwarze, bis auf die Schultern reichende Haar war zerzaust, der Hals mit einer Bluse umschlungen. »Die Augen sind offen. Der Mund ist leicht geöffnet«, notierten die Ermittler. Nichts deutete darauf hin, dass sie kurz vor dem Tod Sex hatte. »Das braune Kleid ist bis zum Oberbauch hochgeschoben. Der Schlüpfer hat auch an der Körpervorderseite einen ordentlichen Sitz. Irgendwelche Anhaftungen sind nicht feststellbar.«

Dem ersten Eindruck nach handelte es sich um einen Raubmord. »Auf dem Fußboden zwischen Wohnzimmertisch, Schlafnische und Südwand liegen Gegenstände und Papiere verstreut. Zu Füßen der Toten liegt ein geöffneter Koffer mit Schuhen«, hielten die Beamten zum Tatort fest. Im Flur, vor einem halb geöffneten Schrank, türmten sich herausgerissene Kleidungsstücke. Auffällig war, dass die Ermittler in »Sorayas« Gemächern kein Bargeld fanden, obwohl sie bekanntermaßen über hohe Einnahmen verfügte. Zu den im Appartement gesicherten Spuren zählten:

- zwei abgerissene Hemdenknöpfe mit Fadenresten, Perlmutt-Imitation, Durchmesser elf Millimeter,
- ein im Badezimmer gefundenes zusammengeknülltes Papiertaschentuch mit Blutflecken,
- eine angetrocknete Blutspur am rechten Fuß der Toten,
- mehrere Haare, Fingerabdrücke sowie eine Zigarettenkippe der Marke »Lord-Extra«,
- zwei auf dem Wohnzimmertisch stehende halb volle Teetassen.

In der Kochnische stand eine Kanne, in der ein Doppelbeutel »Gold Teefix« schwamm. Offenbar hatte Fatima kurz vor ihrem Tod Wasser erhitzt und dabei wohl vergessen, ihren Siemens-Elektroherd wieder auszuschalten, denn die Platte war noch heiß, als Polizisten in die Wohnung kamen. Der Drehknopf stand zwischen den Stufen 1 und 2. Auf der Platte lag ein Handtuch, das bereits stark angesengt war.

Am Mittag des 26. August wurde der Leichnam im Münchner Institut für Rechtsmedizin obduziert. Neben drei Obduzenten, zwei Sektionsgehilfen, einem Staatsanwalt sowie drei Kriminalpolizisten gehörte der mit Anfang 30 noch junge und damals recht unbekannte Wolfgang Eisenmenger zum Team, der später Institutsleiter und eine deutschlandweite Kapazität auf seinem Gebiet werden sollte. Federführend bei der Autopsie war Professor Erich Liebhardt, der im folgenden Gerichtsprozess auch das Gutachten zum Tod von Fatima Grossart vertrat. Die Rechtsmediziner stellten »ausgedehnte Blutungen in der Umgebung des Kehlkopfskeletts und des Zungenbeins« fest. Darüber hinaus »Blutungen am Ansatz des großen Kopfnickermuskels links, am Brustbein und Schlüsselbein«. Eindeutige Todesursache: »Zentrale Lähmung bei Gewalteinwirkung gegen den Hals nach Art des Drosselns.« Mehrere Organteile und der Mageninhalt wurden zur weiteren Untersuchung asserviert.

Nun also wusste man, wie das Opfer gestorben war. Noch wichtiger allerdings war die Frage: Wann? Um sie zu beantworten, mussten die Experten vier Punkte bewerten: Ausbildung der Totenflecke, Ausprägung der Totenstarre, Leichentemperatur im Verhältnis zur Zimmertemperatur sowie den Mageninhalt. Letzteres schien besonders Erfolgversprechend. Denn die Polizei hatte herausgefunden, was Fatima am Abend vor ihrem Tod zu sich genommen hatte. Zusammen mit einem Bekannten war sie im China-Restaurant »Peking« in der Lindwurmstraße essen. Es gab Frühlingsrollen, Ente mit Mandeln und Gemüse, dazu vier Schoppen Wein. Die Rechnung belief sich auf 32 Mark.

Im Magen des Opfers lagen tatsächlich noch einige nur unter dem Mikroskop erkennbare Mandelsplitter. Theoretisch mussten die Rechtsmediziner jetzt nur noch ermitteln, wie viel Zeit zwischen dem Verzehr der Mandeln und dem bei der Toten vorgefundenen Verdauungszustand vergangen war. Die knusprige Ente samt Mandeln hatte Fatima zwischen 22.30 Uhr und 22.50 Uhr verspeist. Etwa sechs bis acht Stunden später müsse die Frau gestorben sein, so die Einschätzung der Mediziner. Damit grenzten sie die wahrscheinliche Tatzeit ein: Sonntag, 24. August, frühmorgens zwischen 4.50 Uhr und 6.50 Uhr. Das große Rätsel, vor dem die Fahnder nun standen: Wer hatte sich zu dieser Zeit in Fatimas Appartement aufgehalten?

Die erfolgsverwöhnten, in diesem Fall aber völlig ratlosen Münchner Mordermittler dachten sofort an Klaus Grossart, der die Leiche entdeckt hatte. Für diese Version sprach aus ihrer Sicht einiges. Erstens war Grossart als Ehemann jene Person, die dem Opfer am nächsten stand. Zweitens hielt er sich am Tag des Mordes in München auf, und zwar zwischen vier und sechs Uhr morgens. Also exakt zu der Zeit, in der Fatima Grossart nach Überzeugung der Rechtsmediziner umgebracht worden war. Drittens erschien er der Polizei aufgrund seines zwielichtigen Lebenswandels grundsätzlich als suspekt.

Grossart hatte Fatima 1972 in einem Bordell auf Gran Canaria kennengelernt, sie mit nach Deutschland genommen und zwei Jahre später in Dänemark geheiratet. Gegenüber der Polizei gab der gelernte Schlosser später zu, dass es sich um eine Scheinehe handelte, damit Fatima die deutsche Staatsbürgerschaft bekommen konnte. Beruflich sei jeder eigene Wege gegangen. Er selbst habe, nachdem eine von ihm eröffnete Boutique pleitegegangen war, eine Künstleragentur aufgemacht. Das Startkapital für die Agentur, immerhin 700000 Mark, habe er von einem reichen Kaufmann aus Nürnberg bekommen, der ein Stammfreier seiner Ehefrau war.

Dass die Beziehung zwischen Fatima Grossart und ihrem Mann durchaus auch geschäftlicher Natur war, gab Klaus Grossart offen zu. Es habe ihn nicht gestört, dass Fatima auf den Strich ging, sagte er bei der Polizei aus. Er habe sie, soweit nötig, sogar dabei unterstützt, indem er zum Beispiel Zeitungsinserate aufgab, mit denen sie Kunden warb. Er wusste genau, welche Preise sie verlangte, welche Zusatzwünsche sie erfüllte und welche Rituale sie während der Arbeit pflegte: »Das Teetrinken kam nur infrage, wenn der Kunde bezahlt hatte.« Aus alldem schloss die Polizei, dass Klaus Grossart seine Frau als »ausbeuterischer Zuhälter« betreut hatte und an ihren Einnahmen beteiligt war. Die Kriminalbeamten gingen von einer Beziehungstat aus. Sie glaubten, Klaus Grossart habe die Ehe und damit auch die Geschäftsbeziehung mit Fatima in Gefahr gesehen. Sie nahmen an, dass er um sein »Goldeselchen« fürchte, möglicherweise, weil sich Fatima von ihm trennen wollte.

In den Akten konnte ich freilich keinerlei Anhaltspunkte für diese Theorie finden. So bestätigte kein einziger Zeuge, dass Klaus Grossart Angst um seine Beziehung mit Fatima hatte. An Sachbeweisen für seine angebliche Täterschaft fehlte es gänzlich. Das Einzige, was auf den ersten Blick nicht hundertprozentig überzeugte, war das von Klaus Grossart vorgetragene Alibi. Ehrlicherweise muss ich zugeben, dass die Geschichte auch für mich nicht sehr glaubhaft klang.

Grossart schilderte die Abläufe so: Am 23. August fuhr er von München aus mit dem Auto ins Allgäu, nach Oberstaufen. Dort trat am Abend Udo Jürgens auf. Grossart hätte die Tournee »Udo 75« gern gemanagt, hatte den Zuschlag aber nicht bekommen. Um vielleicht doch noch ins Geschäft einsteigen zu können, reiste er auf eigene Faust zu dem Konzert. In Oberstaufen stellte sich heraus, dass ein Trompeter, der in der Band als unersetzlich galt, seinen deutschen Pass vergessen hatte, und zwar in München. Das löste im Umfeld von Udo Jürgens Hektik aus, denn am nächsten Tag sollte der Tross zu einem Konzert nach Vaduz im Fürstentum Liechtenstein weiterziehen. Ohne seinen Pass, das war allen klar, hätte der Trompeter nicht einreisen dürfen.

Während die Verantwortlichen zusehends verzweifelten, bot Klaus Grossart an, den Pass des Musikers zu holen. Zusammen mit seinem Freund Walther, der die Tournee mit begleitete und ebenfalls seinen Pass vergessen hatte, machte er sich auf den Weg nach München. Dort kamen die beiden am 24. August gegen vier Uhr morgens an. Zunächst holte Klaus Grossart den Pass des Trompeters aus dessen Wohnung, anschließend suchten sie ein Büro auf, wo der Pass von Walther lag. Danach fuhren die Männer in die Arcisstraße, um Grossarts Frau Hallo zu sagen. Doch in ihrem Appartement brannte kein Licht. Grossart vermutete sie im Lokal »Lamm's Heuriger« am Sendlinger-Tor-Platz. Da sie dort auch nicht war, fuhren die Freunde zurück nach Oberstaufen.

Den Ermittlern gegenüber bestätigte Walther die von Grossart beschriebene Fahrt und die Abläufe. Bis auf wenige Minuten seien sie immer zusammen gewesen. Damit war Fatimas Ehemann aus dem Schneider, die Fahnder ließen ihn in Ruhe.

16 Monate später, kurz vor Weihnachten 1976, wurde Klaus Grossart doch verhaftet. Die Ermittler behaupteten jetzt einen dringenden Mordverdacht. Die Polizei hatte einen »heißen« Tipp bekommen. Ein Zeuge schwadronierte, er habe Grossarts Alibizeugen Walther am fraglichen Morgen tatsächlich im »Lamm's Heuriger« gesehen – aber allein! Daraufhin knöpfte sich die Polizei Walther noch einmal vor. Nach neunstündiger Vernehmung sagte er aus, Grossart habe ihn am Tattag wohl doch für eine Stunde allein gelassen. Eine Stunde hätte genügt, um die Wohnung seiner Frau zu erreichen, sie zu töten und in aller Ruhe zu dem ahnungslosen Freund zurückzukehren. Für die Ermittler stand nunmehr fest: Grossart war ein Lügner, sein Alibi musste falsch sein, nur er kam als Mörder in Betracht. Dass Walther seine belastende Aussage wenig später korrigierte und auf seiner ursprünglichen Schilderung bestand, half Grossart nichts. Er musste in Untersuchungshaft.

Da die Vorwürfe so massiv waren, machte ich Grossart klar, dass eine Haftprüfung nichts bringen würde, und riet ihm, die Anklage abzuwarten. In einem Prozess würde ich auf die Ungereimtheiten bei den Ermittlungen hinweisen und die von der Rechtsmedizin behauptete Todeszeit infrage stellen. Auch den Knastzeugen, der von dem Geständnis meines Mandanten berichtet hatte, konnte ich nur in einer Hauptverhandlung als windige Hilfskrücke der Strafverfolger entlarven.

Wie nicht anders zu erwarten, hatten wir es mit einem sehr ambitionierten Staatsanwalt zu tun. Seine Anklageschrift war an Belastungseifer nicht zu überbieten. Er warf Klaus Grossart die Tötung seiner Ehefrau, ausbeuterische Zuhälterei sowie Anstiftung zum Betrug vor. Letzteres bezog sich auf das 700000-Mark-Darlehen des Nürnberger Geschäftsmanns, das sich Grossart zusammen mit seiner Frau auf unlautere Weise besorgt haben soll. Wie üblich wies die Anklage im Rahmen ihrer Gesamtwürdigung auch auf entlastende Umstände hin, die der Staatsanwalt jedoch umgehend relativierte.

In mehreren Schriftsätzen versuchte ich, das aus drei Berufsrichtern und zwei Schöffen bestehende Gericht zu überzeugen, die Anklage auf Zuhälterei und die Beteiligung am Betrug zu beschränken, den Mordvorwurf aber fallen zu lassen. Dabei verwies ich darauf, dass die am Tatort gefundenen Spuren – zwei Haare an der Bluse, mit der Fatima erwürgt worden war, sowie zwei abgerissene Hemdenknöpfe – nicht meinem Mandanten zugeordnet werden konnten. Darüber hinaus hatte man unter den Fingernägeln der Toten Hautmaterial mit einer Blutgruppe gefunden, die nicht vom Beschuldigten stammte. Zu guter Letzt machte ich auf die Unsicherheiten bei der Feststellung des Todeszeitpunktes aufmerksam. Ich ahnte, dass mein Vorstoß kaum Erfolg haben würde. Nachdem sich Grossart knapp ein Jahr in Haft befand, ging ich davon aus, dass das Gericht die Sache in einer Hauptverhandlung klären wollte. Hätte man die von mir vorgetragenen Zweifel ernst genommen, wäre der Anklagebehörde, aber auch dem Gericht eine große Blamage erspart geblieben.

Am 13. Februar 1978 begann der Prozess vor dem Münchner Landgericht. Der damals 28 Jahre alte Klaus Grossart hatte sich hochmodisch gekleidet und wirkte mit seinem weißen Hemd, der gestreiften Krawatte und der Weste wie ein seriöser Geschäftsmann. Sein Benehmen war allerdings alles andere als seriös. Unmittelbar nach Verlesung der Anklage rief Grossart aufgebracht in den Saal: »Mit diesem Mordfall habe ich nichts zu tun!« Die anwesenden Rechtsmediziner, deren Berechnung der Todeszeit sein Alibi infrage stellte, belehrte er: »Sechs Stunden nach dem angeblichen Tod meiner Frau habe ich noch mit ihr telefoniert. Da war sie noch ganz lebendig. Die Herren Sachverständigen müssen sich geirrt haben.« Zum Schluss wandte sich Grossart den Richtern zu: »Warum sollte ich meine Frau umgebracht haben? Ich bin doch kein Tier!«

Ich hatte zwar versucht, ihn von einem derartigen Auftritt abzuhalten. Denn wenn man so aggressiv, teilweise sogar arrogant auftritt und den Ermittlern vorwirft, eine Anklage mit unlauteren Mitteln konstruiert zu haben, muss das die Justiz als Affront empfinden. Dass Grossart 10000 Mark Belohnung zur Aufklärung des Verbrechens ausgesetzt hatte, machte die Sache nicht besser. Andererseits konnte ich seine Aufregung verstehen. Nach mehr als einem Jahr Gefängnis – weitgehend in Einzelhaft – musste es aus ihm herausplatzen. Er selbst wusste ja, dass er zu Unrecht angeklagt war.

Ich bat schließlich um eine Pause und bremste Grossart ein, indem ich ihm klarmachte, dass er jegliche Chancen auf einen Freispruch vertue, wenn er das Gericht weiterhin provoziere. In solchen Fällen besteht nämlich die Gefahr, dass Richter und Schöffen am Schluss nur eines im Sinn haben: dem Angeklagten zu zeigen, dass man ihm die Tat zutraut und ihn deshalb auch verurteilt. Ich möchte nicht wissen, wie viele Fehlurteile schon zustande kamen, weil die Kammer einen Angeklagten als Widerling empfunden hat. Grossart kapierte und hielt sich von nun an zurück.

In der Sache selbst hatte er den wunden Punkt der Anklage getroffen: die Todeszeit seiner Frau. Die Ermittler hatten aus seinem Alibi – der Pendelfahrt zwischen Oberstaufen und München – ein Zeitfenster von einer Stunde herausgestanzt. Genau in dieser Zeit, zwischen 4.50 Uhr und 6.50 Uhr des 24. August 1975, sollte Fatima Grossart umgebracht worden sein. Ich habe die Einschätzung der Münchner Rechtsmedizin von Beginn an angezweifelt und mehrere Gegengutachten einholen lassen. Angesehene Experten wie Professor Hans Joachim Mallach aus Tübingen und Professor Balduin Forster aus Freiburg nahmen sich des Falles an. Alle kamen zu unterschiedlichen Ergebnissen. Im Prinzip, erklärten sie, könnte die in der Anklage behauptete Zeitspanne stimmen, aber genauso auch falsch sein. Umstritten war insbesondere die Frage, wie lange die am Abend vor dem Mord verzehrten Mandeln gebraucht hatten, um einen Verdauungszustand wie bei der Toten zu erreichen. Dazu gab es weltweit keine gesicherten wissenschaftlichen Erkenntnisse. Am Ende wollte sich der sehr kompetente Professor Liebhardt aus München nicht mehr auf eine Stunde früher oder später festlegen – und dehnte die wahrscheinliche Todeszeit bis zum Mittag des 24. August aus. Damit war der Grundpfeiler der Anklage ins Wanken geraten.

Zusätzlich nervte ich das Gericht mit weiteren Anträgen und Hinweisen auf Ungereimtheiten, zum Beispiel bei den Blutspuren. Klaus Grossart hatte Blutgruppe B. Unter den Fingernägeln der Getöteten und an einem im Bad gefundenen Taschentuch wurden Spuren der Blutgruppe A gesichert. Fatima Grossart selbst hatte Blutgruppe 0. Alles sprach dafür, dass sie den Täter bei einem Kampf verletzt und er sich das Blut an dem Tuch abgewischt hatte.

Und dann war da noch der Anruf von Klaus Grossart aus seinem Hotel in Oberstaufen. Er wollte ja seine Frau am 24. August gegen Mittag angerufen und mit ihr ziemlich lange gesprochen haben – zu einer Zeit, als Fatima laut Anklage längst tot gewesen sein soll. Nachdem sie die abgehenden Hotelanrufe überprüft hatten, meinten die ermittelnden Polizisten: Wenn jemand überhaupt nach München telefoniert habe, dann höchstens zwei Gebühreneinheiten lang, also maximal 36 Sekunden. Damit wäre Grossarts Version vom ausführlichen Gespräch widerlegt gewesen. Aber die Beamten hatten etwas übersehen: Der 24. August war ein Sonntag, an dem man billiger telefonieren konnte. Zwei Gebühreneinheiten hätten ein Gespräch von mehr als zwei Minuten ermöglicht.

Das alles waren aus unserer Sicht wichtige Pluspunkte, doch den Durchbruch sollte etwas anderes bringen. Ich hatte beantragt, dass die Polizei alle Bewohner des Tathauses und der Nachbarhäuser noch einmal gründlich befragt. Tatsächlich meldete sich eine wichtige Zeugin, die glaubhaft darlegte, dass sie Fatima noch am Vormittag des 24. August im Treppenhaus gesehen hatte. In diesem Moment brach das Konstrukt der Anklage endgültig zusammen. Die Richter erkannten, dass die gesamte Rekonstruktion des Tatablaufs und damit der Mordvorwurf nicht zu halten war. Die laut Staatsanwalt angeblich so dichte Indizienkette war gesprengt.

Ich muss zugeben, dass ich Klaus Grossart die Tat aufgrund seiner Persönlichkeitsstruktur anfangs durchaus zugetraut hatte. Doch die Fülle der entlastenden Indizien war so groß, dass ich sehr schnell davon überzeugt war, dass sich Polizei und Justiz in beispielloser Weise verrannt hatten. Ganz offensichtlich hatten sich die Ermittler gleich nach der Tat auf Klaus Grossart als Hauptverdächtigen festgelegt und anschließend krampfhaft nach Belegen für ihre These gesucht.

Was mich in meiner Verteidigung noch bestärkte und wirklich beeindruckte, war die Solidarität der Künstler, die Klaus Grossart als Impresario betreute. Sie versicherten mir immer wieder, dass sie an seine Unschuld glaubten und ihn unterstützen wollten. Sie leisteten auch alle Beiträge finanzieller Art. Am nettesten war Marcel Marceau, der mich zu einem Auftritt im Deutschen Museum einlud. Der Saal war voll, und am Ende seines großartigen Auftritts bat mich der weltberühmte Pantomime hinter die Bühne. Dort übergab er mir seine Gage, die er sich eigens bar aus der Kasse hatte geben lassen – nach meiner Erinnerung zirka 3000 Mark. Er sagte: »Hol meinen Freund raus, der ist hundertprozentig unschuldig.« Die Geste hat mich sehr gerührt.

Am vierten Verhandlungstag hob das Gericht den Haftbefehl gegen Klaus Grossart auf. Zwar ging der Prozess noch weiter, aber das Signal war nicht zu übersehen: eine heftige Ohrfeige für den Staatsanwalt, der jedoch unbeirrt an seinem Kurs festhielt und lebenslange Haft forderte. Weil er keine harten Beweise vorlegen konnte, versuchte er es auf die moralisierende Art und zog meinen Mandanten in den Schmutz. Ich bin mehrfach mit dem Mann aneinandergeraten, denn diese Form von Pharisäertum habe ich mir nie gefallen lassen.

Das Gericht sprach meinen Mandanten schließlich vom Mordvorwurf frei. Wir waren zutiefst erleichtert und verließen das Justizgebäude mit einem strahlenden Lachen. Ein Fotograf hielt die Szene fest, und viele Zeitungen druckten das Schwarz-Weiß-Bild. Zum Feiern fuhren wir in Klaus Grossarts Stammkneipe in der Georgenstraße, wo sich der Wirt und die Gäste unserer spontanen Party anschlossen.

Für mich war mit dem Freispruch der Fall erledigt, doch es dauerte noch fast 19 Jahre, ehe Klaus Grossart endgültig rehabilitiert wurde. Im Juni 1994 fasste die Polizei mehr oder weniger zufällig Fatimas wahren Mörder. Er hieß Horst David. Die Presse nannte ihn »Würger von Regensburg«.

Horst David, 1,90 Meter groß, drahtige Figur, auffällig kräftige Hände, war, wie man so sagt, ein normaler, unauffälliger Mann. Gelernter Maler, verheiratet, zwei Kinder. Er war Mitglied im Fußballverein und im Kegelklub, sammelte Briefmarken, tanzte gern und spielte Akkordeon. Als Jugendlicher hatte er bei den Regensburger Domspatzen gesungen. Die Nachbarn sprachen nur gut über ihn, ruhig sei er, ordentlich und freundlich. Offenbar kannte keiner seine dunklen Seiten und seine bestürzende Lebensgeschichte. Als Kind floh er mit seiner Mutter aus Schlesien. Auf dem Bahnhof im bayerischen Hof setzte sie ihn aus, nur mit einem Schild, auf dem sein Name und das Geburtsdatum standen. Fünf Jahre alt war der Junge damals. Lange lebte er in Heimen und Waisenhäusern. Als er seine Mutter später wiederfand, blieb der Kontakt unterkühlt. Nach ihrem Tod ging er nicht einmal zur Beerdigung.

Mit 22 verübte Horst David, der damals als Knecht auf einem Bauernhof arbeitete, seine erste Gewalttat. Nachdem ihn eine kleine Katze an der Hand gekratzt hatte, schmiss er sie wutentbrannt zu Boden und spießte sie mit der Mistgabel auf. Später wurde er bei der Polizei mehrfach wegen gefälschter Schecks, Diebstählen und Unterschlagungen aktenkundig. 1983 zählte er zum Kreis der Verdächtigen, nachdem eine Rentnerin in Regensburg erwürgt und ausgeraubt worden war. Aber man konnte ihm nichts nachweisen. Zehn Jahre später wurde die 85-jährige Mathilde Steindl erwürgt in ihrer Regensburger Wohnung gefunden. Diesmal fanden Spurensicherer am Tatort sogar Horst Davids Fingerabdruck. Doch der Verdächtige konnte alles erklären: Er hatte die Frau – es war seine Vermieterin – gut gekannt und sich öfter in deren Wohnung aufgehalten, da er im selben Haus lebte. Den Fingerabdruck konnte er theoretisch lange vor der Tat bei ihr hinterlassen haben. Wohl oder übel musste die Polizei Horst David, der zu dieser Zeit arbeitslos war und Sozialhilfe bezog, laufen lassen.

Immerhin schickten die Regensburger Ermittler das in der Tatwohnung gesicherte Fingermuster 1994 an das bayerische LKA. Dort wurde gerade eine neuartige Computerdatenbank des Bundeskriminalamts (BKA) erprobt, mit der man Fingerabdrücke deutschlandweit systematisch auswerten und vergleichen konnte. Die LKA-Experten stellten den Abdruck aus dem Regensburger Mordfall ein und schauten ungläubig auf den Monitor, der ihnen anzeigte, dass sich das Muster bereits im System befand. Polizisten hatten den identischen Daumenabdruck am 22. August 1975 im Münchner Appartement der ermordeten Prostituierten Waltraud Frank gesichert. Er befand sich auf einem Whiskeyglas im Wohnzimmer des Opfers. Plötzlich verband ein Fingerabdruck zwei ungelöste Mordfälle.

Was dann folgte, war eine Sensation. Gegenüber dem Münchner Mordermittler Josef Wilfling, einem ausgewiesenen Verhörspezialisten, gab der damals 55 Jahre alte Horst David die beiden Verbrechen zu – und gestand ein drittes: den Mord an Fatima Grossart. In den folgenden Tagen räumte er ein, vier weitere Frauen getötet zu haben. Damit stand fest: Horst David hatte zwischen 1975 und 1993 mindestens sieben Frauen umgebracht. Drei dieser Todesfälle waren bis zu dem Geständnis gar nicht als Morde erkannt worden. Horst David hatte die Leichen und Tatorte stets manipuliert. So drückte er den Opfern, meist ältere, alleinstehende Frauen, Staublappen oder Geschirrtücher in die Hand. Die Ermittler gingen dann von Unfällen bei der Hausarbeit aus. Auf einigen Totenscheinen stand »Herzversagen«.

Bei seinem emotionslosen Geständnis schilderte Horst David, wie es zu seinen ersten beiden Morden im Münchner Rotlichtmilieu gekommen war. Nach eigenen Angaben führte er seit seiner Heirat 1975 ein Doppelleben. Um den ständigen Demütigungen durch seine Ehefrau und dem Ärger bei der Erziehung seiner beiden Kinder zu entgehen, brach er immer wieder aus dem familiären Alltag aus. Manchmal kam er tagelang nicht nach Hause. Heimlich fuhr Horst David nach München, Nürnberg oder Hamburg, um sich dort mit Prostituierten zu vergnügen. In den Bars der Bahnhofsviertel spendierte er den Animierdamen Sekt, in Bordellen und Spielhallen brachte er viel Geld durch. Durch seine Eskapaden geriet Horst Davids Familie in finanzielle Schwierigkeiten. Der von ihm herbeigesehnte Lottogewinn blieb aus.

Mitte August 1975, nach einem langen, heftigen Streit mit seiner Frau, setzte sich Horst David frustriert in den Zug und fuhr nach München. Der damals 36-Jährige mietete sich in einem Hotel ein und trieb sich eine Woche lang in der Stadt herum. Am 22. August, einem Freitag, verabredete er sich telefonisch mit der Prostituierten Waltraud Frank. Er kündigte sich, wie später bei Fatima Grossart, als »Tourist aus Mainz« an. Er fuhr zu Franks Appartement in Schwabing. An der Hausbar trank er Whiskey mit Cola. Das Glas, auf dem später sein Daumenabdruck gesichert wurde, stellte er auf den Wohnzimmertisch. Er zahlte die vereinbarten 100 Mark und hatte Sex mit der 24-Jährigen. Weil sie im Nachhinein weitere 200 Mark verlangte, kam es zum Streit. Horst David weigerte sich zu zahlen, worauf die nackte Frau zu schreien begann (»Du Mistkerl, du Hurenbock, du gemeiner Hund«) und ihm die Fingernägel in den Rücken rammte. Da sei er »explodiert«, erklärte Horst David bei seinem Geständnis. Er habe seine Hände um den Hals der Frau gelegt und zugedrückt. »Ich muss wie im Rausch gewesen sein.« Er griff zu einem Hausanzug, der am Fußende des Bettes lag, schlang ihn um den Hals des Opfers und machte einen Knoten hinein. »Als ich in ihre leblosen, gebrochenen Augen sah, ließ ich von ihr ab.« Er zog sich an, nahm die 100 Mark vom Nachtkästchen, die er Waltraud Frank ursprünglich bezahlt hatte, ging zu Fuß in sein Hotel und duschte. Am nächsten Tag strich er zunächst ziellos durch die Stadt. Abends ging er zum »Ball der einsamen Herzen« in ein Lokal. Beim Tanzen wollte er sich ablenken.

Wieder einen Tag später, am Sonntag, den 24. August, rief er erneut eine Prostituierte an: Fatima Grossart alias »Soraya«. Gegen 13.30 Uhr traf er in ihrer Wohnung ein. Draußen war es kalt und regnerisch, deshalb ging er auf ihr Angebot ein, ihm einen Tee zu machen. Während die beiden tranken, klingelte das Telefon. Horst David gab später zu Protokoll, das Gespräch habe »drei bis fünf Minuten« gedauert. Am anderen Ende war Fatimas Ehemann. Er hatte die Ermittler von Anfang an auf diesen Anruf hingewiesen – als Beweis, dass Fatima zu der Zeit noch lebte. Die Polizei nahm das Telefonat jedoch nie ernst. Es passte einfach nicht zu ihrer These, wonach Klaus Grossart der Mörder sein *musste*.

In den folgenden Minuten spielte sich in »Sorayas« Wohnung ein ähnliches Drama ab wie zwei Tage zuvor bei Waltraud Frank. Diesmal verlangte das Luxus-Callgirl das Doppelte des zuvor am Telefon ausgemachten Preises, statt 150 nunmehr 300 Mark. Noch bevor es zum Sex kam, verlor Horst David die Fassung. »Es war gerade so, als hätte mich ein Blitz gestreift.« Er packte die schreiende Frau und erdrosselte sie mit deren Bluse. »Ich wollte, dass sie schweigt«, sagte er später. »Erbarmungslos« habe er zugedrückt. Wie bei all seinen Opfern. »Ich konnte nicht loslassen.« Anschließend durchwühlte er die Schränke der Prostituierten und verschwand mit dem gefundenen Bargeld. Als er mit zerkratztem Rücken nach Hause zurückkehrte, habe er geweint, berichtete seine Frau, die als Verkäuferin in einem Regensburger Kaufhaus arbeitete. »Als ich fragte warum, bekam ich keine Antwort.«

Die Motive des Serienmörders, der bei seinem Geständnis selbst kleinste Details beschrieb und sogar die Grundrisse der Tatorte aufzeichnen konnte, ließen sich nie vollständig ergründen. Ein Psychologe erklärte, die Aggressionen des Täters gegenüber Frauen hätten sich in Wahrheit gegen seine eigene kaltherzige Mutter gerichtet. Dagegen meinte der ermittelnde Staatsanwalt Manfred Götzl, der ab 2013 als Richter im NSU-Terrorprozess bundesweit bekannt wurde, dem Mörder sei es nur ums Geld gegangen. Wie auch immer: Das späte Geständnis zeigte deutlich, dass die ursprüngliche Todeszeit-Einschätzung der Münchner Rechtsmedizin falsch war.

Ich saß gerade am Schreibtisch in der Kanzlei, als ein Angestellter der Justizbehörde anrief und mir von der überraschenden Wende erzählte. Ich war glücklich. Wie sich Klaus Grossart fühlte, kann wohl jeder nachvollziehen. Aus Dankbarkeit schenkte er mir einen edlen Aktenkoffer. Das Zahlenschloss stellte er auf »100694« ein, als Erinnerung an den 10. Juni 1994, der Tag, an dem das Geständnis des Mörders öffentlich und

Klaus Grossart endgültig rehabilitiert wurde. Ich besitze den braunen Lederkoffer noch heute und habe die Kombination nie verändert.

Es gab noch andere interessante Reaktionen. Der Staatsanwalt, der Klaus Grossart 1978 um jeden Preis eine hohe Haftstrafe aufbrummen wollte, entschuldigte sich bei mir. Er hätte das nicht tun müssen, aber offenbar plagte ihn das schlechte Gewissen. Er rief mich an und sagte:»Sie wissen ja, ich bin jetzt Amtsgerichtsdirektor, wenn Sie mal in der Nähe sind, dann trinken wir ein Bier zusammen und reden über die Geschichte, denn da lag ich völlig schief.« Ich empfand das als eine faire, anständige Geste.

Auch einer der Richter von damals drückte sein Bedauern aus und das in einem hochoffiziellen Rahmen. Dr. Richard Hundhammer, Sohn des CSU-Mitbegründers und einstigen stellvertretenden Ministerpräsidenten von Bayern, Alois Hundhammer, lud mich zu seiner Pensionierungsfeier ein. Vor mehreren Hundert Gästen aus Justiz und Anwaltschaft sagte er, der Fall Grossart sei das Schlüsselerlebnis seiner Richterkarriere gewesen. »Dem Verteidiger von Herrn Grossart, Rechtsanwalt Ufer, habe ich zu verdanken, dass ich nicht an einem schrecklichen Fehlurteil mitgewirkt habe. Er hat uns die Fragwürdigkeit von Sachverständigengutachten und vor allen Dingen auch Zeugenaussagen vor Augen geführt. Ohne sein Engagement, ohne seine Anträge wäre der Prozess Grossart wohl anders ausgegangen.« Für mich kam sowohl die Einladung des Richters, aber erst recht dieses professionelle Lob, völlig überraschend. Es war für mich einer der schönsten Augenblicke in meinem Berufsleben. Ich fühlte mich geehrt und in meiner Arbeit bestätigt. Auch der inzwischen pensionierte Rechtsmediziner, der wohl renommierteste Sachverständige seines Fachs, Professor Dr. Wolfgang Eisenmenger, erklärte rückschauend, dem Institut sei »ein Fehler« unterlaufen. Der

Leiter habe damals alle Mitarbeiter gemahnt: »So etwas darf uns nie wieder passieren!«

Der Kontakt zwischen Klaus Grossart und mir ist nie abgerissen. Bis zu seinem Tod hatten wir ein herzliches Verhältnis. Zu meinem Bedauern ist er nach seinem Freispruch nie wieder richtig auf die Beine gekommen. Warum? Ich glaube, er hat gemeint, das Leben sei ihm etwas schuldig. Er wollte das große Rad drehen, dachte, die Welt warte nur auf ihn. Das war ein Trugschluss. Er zog nach Düsseldorf und legte sich mit Hilfe der Behörden eine neue Identität zu. Klaus Grossart wollte nicht länger mit dem gewaltsamen Tod seiner Frau in Verbindung gebracht werden. Doch er bekam den furchtbaren Makel nicht los. »Ich bin als freigesprochener Mörder herumgelaufen«, sagte er einmal. Viele glaubten, er sei nur aus Mangel an Beweisen davongekommen. Ende 1995 begegnete er dem wahren Mörder. Der mittlerweile 46-jährige Klaus Grossart war im Prozess gegen Horst David als Zeuge geladen, er kam in Cowboystiefeln, Jeans und schwarzem Sakko, seine silbergrauen Haare trug er schulterlang. Als der Mehrfachmörder erklärte, er bedaure, was Grossart widerfahren sei, reagierte der eisig: »Darauf gebe ich keine Antwort.«

Die Strafe für Horst David fiel wie erwartet aus. Das Gericht verurteilte ihn zu zwei Mal lebenslänglicher Haft und erkannte auf besondere Schwere der Schuld. Aus dem Gefängnis heraus hat mich Horst David später angeschrieben. Er fragte, ob ich ein Problem damit hätte, ihn in der Haft anwaltlich zu betreuen. Ich verneinte, und auch Klaus Grossart, den ich natürlich informierte, hatte nichts dagegen.

Mich interessierte, was für ein Mensch dieser Horst David war, der als einer der schlimmsten Mörder in die deutsche Kriminalgeschichte einging. Ich hatte den Eindruck, ihm fehlte jegliche Empathie, was angesichts seiner Biografie, vor allem der Tatsache, dass er ohne Mutterliebe aufgewachsen war, eigentlich

118

kein Wunder war. Dennoch machte er einen netten Eindruck, war unendlich dankbar, dass ich mich seiner annahm und schrieb mir immer liebe Briefe. Ich habe dafür gekämpft, dass er im Gefängnis, wo er in einer acht Quadratmeter großen Zelle lebte, Besuch empfangen durfte, aber die Anstaltsleitung blieb hart. Einmal fragte ich ihn, wie er damit klargekommen sei, dass Klaus Grossart als Fatimas Mörder verdächtigt wurde und unschuldig in Haft saß. Horst David antwortete: »Ich konnte doch kein Geständnis ablegen, weil dann die ganzen anderen Fälle auch rausgekommen wären.« Horst David, der mindestens bis 2023 in Haft bleiben muss, war zuletzt gesundheitlich schwer angeschlagen. Der 77-Jährige wurde im Krankenhaus der JVA Straubing behandelt.

Der Fall Grossart ist für mich ein Schulbeispiel für eklatante Ermittlungsfehler von Polizisten und Staatsanwälten, aber auch von Rechtsmedizinern, die sich oft mit den Ermittlern solidarisch fühlen. Er sollte jedem Studenten und Referendar als abschreckendes Beispiel präsentiert werden. Ermittler dürfen sich nicht frühzeitig auf einen Täter oder eine Tatversion festlegen und entlastende Indizien nicht einfach beiseite wischen. Und sie dürfen sich auch nicht unter einen häufig von Medien erzeugten Erfolgsdruck setzen lassen. Denn die Konsequenzen können schrecklich sein.

Zu Unrecht Beschuldigte sind ein Leben lang stigmatisiert und fassen in der Regel nie wieder richtig Tritt. Leider tun die verantwortlichen Ermittler ihre Fehler oft als »Betriebsunfall« ab. Eine solche Einstellung kann ich nur als zynisch bezeichnen. Zynisch gegenüber den Justizopfern. Und zynisch, was den Umgang mit einer der wichtigsten Maximen unseres Rechtssystems betrifft: der Unschuldsvermutung.

Faustrecht

Unter einem typisch bayerischen Wirt stellen sich die meisten einen robusten, breitschultrigen Typen vor, der einem Hang zum Granteln und sein Herz auf dem rechten Fleck hat – ein g'scheits Mannsbild eben. Genau von dieser bodenständigen Sorte war Gotschi, der das Enzianstüberl im Münchner Stadtteil Milbertshofen betrieb. Dort verkehrten nicht unbedingt die allerfeinsten Leute, es war eher eine Männerkneipe. Der Bierumsatz war entsprechend hoch, und manchmal drohten kleinere Scharmützel zwischen Saufkumpanen in Raufereien auszuarten. Weil Gotschi seine Klientel gut kannte, schritt er bei sich anbahnenden Konflikten rasch ein. Im Ernstfall griff er auch mal zu rabiateren Mitteln.

Einmal musste er mit ansehen, wie drei Männer beim Kartenspielen lautstark in Streit gerieten. Zwei von ihnen waren ziemlich angetrunken und drohten, gegenüber ihrem Mitspieler handgreiflich zu werden. So etwas duldete Gotschi nicht. Er forderte die beiden Störenfriede auf, sein Lokal umgehend zu verlassen, und weil sie keinerlei Anstalten machten zu gehen, half der kräftige Wirt ein bisschen nach. Er nahm einen Hackelstecken (Spazierstock) zur Hand, den er für solche Fälle immer griffbereit hatte, und prügelte die widerborstigen Gäste hinaus. Das Publikum quittierte die Aktion mit staunenden und zugleich anerkennenden Blicken. Gotschi hatte seine Autorität unter Beweis gestellt und gezeigt, wer Herr im Hause ist.

Die beiden vor die Tür gesetzten Männer dürften das Ganze als große Schmach empfunden haben, zumal sie leichte

Blessuren in Form von blauen Flecken davongetragen hatten. Um es dem Wirt nachträglich heimzuzahlen, stellten sie Strafanzeige gegen ihn. Gotschi nahm die Sache allerdings nicht ernst, da es in seiner langen Gastronomiekarriere schon so manchen Vorfall gegeben hatte, der später die Polizei beschäftigte. Dank guter Verteidigung waren ihm Vorstrafen-Eintragungen im Bundeszentralregister bisher erspart geblieben, doch diesmal schien es nicht so glimpflich auszugehen. Der Wirt erhielt einen Strafbefehl wegen gefährlicher Körperverletzung. Normalerweise hätte man bequem dagegen vorgehen können, aber Gotschi ließ die Einspruchsfrist verstreichen. Wie gesagt, er nahm die Sache auf die leichte Schulter.

Irgendwie wurmte ihn die Verurteilung aber doch. Er sah sich weiterhin im Recht und bat mich, eine Wiederaufnahme des Verfahrens zu beantragen. Jeder Strafjurist weiß, wie schwer so etwas ist, denn die Justiz lässt sich höchst ungern vorwerfen, dass sie einen Fehler begangen und einen Unschuldigen verurteilt hat. Gotschi aber ließ nicht locker und erklärte mir, er könne mehrere seiner Stammgäste als Zeugen aufbieten. Sie würden bestätigen, dass die beiden Kerle renitent gewesen seien und womöglich eine größere Schlägerei verursacht hätten. Weil sie sich seinen Anordnungen widersetzten, habe er als Ultima Ratio zum Hackelstecken gegriffen. Nur so habe er sein Hausrecht durchsetzen und Verletzungen sowie größere Schäden am Mobiliar abwenden können. Kurzum: Es sei sein gutes Recht gewesen, so zu handeln, sogar seine Pflicht.

Für diese Darstellung konnte sich überraschenderweise auch die Justiz erwärmen. In einem Wiederaufnahmeverfahren erhielt Gotschi die Chance, sein Vorgehen in der Tatnacht zu rechtfertigen. Für die Hauptverhandlung beim Amtsgericht Erding schmiss er sich in urbayerische Tracht und sah aus wie ein Chef-Schuhplattler aus dem Tölzer Land. Vermutlich wollte er damit bei dem Provinzrichter Eindruck schinden. Ob es ihm gelang, sei dahingestellt. Sicher hingegen ist, dass der Prozess zwei Mal ausgesetzt werden musste – aus einem ungewöhnlichen Grund: Die beiden Männer, die Gotschi vermöbelt hatte und die nun als Belastungszeugen aussagen sollten, erschienen nicht vor Gericht, obwohl sie ordnungsgemäß geladen worden waren. Wegen ihres Fernbleibens verhängte der Richter sogar ein Bußgeld gegen sie.

Die Abwesenheit der Opfer hatte zur Folge, dass ausschließlich die Stammgäste aus dem Enzianstüberl zu Wort kamen und die Version des Wirtes mit Nachdruck bestätigten. Irgendwann verlor der Staatsanwalt die Lust. Er beantragte, die ursprüngliche Verurteilung aufzuheben. Der Richter schloss sich an – und sprach den Wirt frei.

Abgesehen davon, dass ich ein gewonnenes Wiederaufnahmeverfahren als großen Erfolg ansah – eines interessierte mich dann aber doch. Ich fragte Gotschi, ob er etwas mit dem Nichterscheinen der Belastungszeugen zu tun habe. Mir war nämlich aufgefallen, dass er immer erst auf den letzten Drücker im Saal erschienen war.

Im Vertrauen erklärte mir Gotschi, dass er die Männer immer kurz vor dem Gerichtsgebäude abgefangen und ihnen gedroht habe: »Wenn ihr euch traut, gegen mich auszusagen, verprügele ich euch erst richtig! Wenn ihr das Maul haltet, heb ich das Hausverbot auf und lass euch im Enzianstüberl wieder Karten spielen.« Diese Aussicht gefiel den Männern wohl so gut, dass sie sogar das gerichtlich verfügte Bußgeld schluckten und gar nicht erst zum Prozess kamen.

Gotschis Verhalten machte mich sprachlos, denn ich war überzeugt, dass wir das Verfahren auch so gewonnen hätten. Aber das Vertrauen des Angeklagten in die bayerische Justiz war offenbar zu gering, weswegen er auf selten dreiste Weise nachhalf. Zwar habe ich in meiner langen Karriere schon oft erleben müssen, dass Zeugen von unterschiedlichsten Verfahrensbeteiligten in ihrem Sinne manipuliert wurden. Aber eine derartige Frechheit ist mir kein zweites Mal untergekommen. Mein Mandant konnte von Glück reden, dass seine Machenschaften nicht herauskamen, sonst wäre ihm eine Gefängnisstrafe sicher gewesen. Nachdem ich ihm lachend die Leviten gelesen hatte, versprach er mir, bei künftigen Problemen früher zu mir zu kommen. Ob er je wieder seinen Hackelstecken gegen aufmüpfige Gäste eingesetzt hat, entzieht sich meiner Kenntnis. Wahrscheinlich schon.

Betrüger-Genie

Betrüger zählen nicht unbedingt zu den angenehmsten Mandanten. Viele von ihnen neigen dazu, nicht nur ihre Opfer und ihr Umfeld zu belügen, sondern im Zweifel auch ihren Anwalt. Obendrein muss man damit rechnen, dass sie einem das vereinbarte Honorar schuldig bleiben, selbst wenn sie es zahlen könnten. Andererseits handelt es sich oft um clevere, hochgebildete und überaus interessante Menschen, wie ich im Laufe meines Strafverteidigerlebens immer wieder feststellen konnte. Ihre Maschen hatten in der Regel deutlich mehr Unterhaltungswert als viele heutige Abzocken im Internet.

Einer von ihnen war der Münchner Teppichhändler Werner, ein extrem lustiger und charmanter Plauderer. Mit seiner gewinnenden Art kam er überall an. Er verkehrte unter anderem in der Münchner Gemäldefälscherszene, die sich Ende der 1960er-Jahre ständig im Bayerischen Hof verlustierte. Obwohl seine Geschäfte mit Teppichen ordentlich liefen, ließ sich Werner immer wieder zu kleinen und größeren Betrügereien hinreißen, in erster Linie wohl, um die finanziellen Bedürfnisse seiner anspruchsvollen Ehefrau zu befriedigen.

In einer ruhigen Minute nahm ich meinen Mandanten zur Seite und warnte ihn, wenn er so weitermache, werde er früher oder später im Gefängnis landen. Er sei doch ein absolut genialer Verkäufer und habe diese Gaunereien gar nicht nötig. Werner, der schon bei der kleinsten Erregung zwanghaft mit dem Auge zwinkerte, erklärte mir: »Ach, wissen Sie, Herr Rechtsanwalt, mir ist doch ein Fuchzgerl auf die linke Tour zehnmal lieber als ein Markl auf die reelle.« Damit meinte er, dass er den Nervenkitzel des Verbotenen brauche und mit ehrlicher Arbeit wenig anfangen könne. Gegen diese Lebenseinstellung war kein Kraut gewachsen. Ich musste lachen – auch wenn zu befürchten stand, dass er damit auf die Dauer nicht durchkommen würde. Irgendwann verdonnerte das Amtsgericht München Werner wegen seines x-ten Betrugs – er hatte bis dahin 20 einschlägige Vorstrafen auf dem Kerbholz – zu drei Jahren Haft. Gegen das Urteil ging er in Berufung und blieb bis zu einer endgültigen Entscheidung auf freiem Fuß. Doch wer geglaubt hatte, Werner würde sich fortan gesetzestreu verhalten, sah sich getäuscht. Erneut suchte er den Kick – und landete einen Coup, den man als betrügerischen Geniestreich bezeichnen muss.

Es war die Zeit, als in Nigeria der blutige Biafra-Krieg tobte, dem Hunderttausende Menschen zum Opfer fielen. Die Zentralregierung versuchte, die Rebellen aus der Provinz Biafra finanziell auszuhungern, indem sie die Währung des Landes für ungültig erklärte und neue nigerianische Pfund druckte. Um wenigstens ein bisschen was für ihr verfallenes Geld zu bekommen, brachten findige Leute aus Biafra große Mengen Banknoten außer Landes und verscherbelten sie unter anderem in der Schweiz. Einer der ersten, die in Zürich einen Koffer voller alter nigerianischer Pfund erwarben, war Werner – zum Schnäppchenpreis. Natürlich hatte er nicht vor, mit den Scheinen seine Wohnung zu tapezieren. Sein Plan sah vor, aus dem Papier ein Vermögen zu machen – unter gütiger Mithilfe deutscher Autohändler und gieriger Provinzbanker.

Mit dem Geldkoffer in der Hand klapperte mein Mandant etliche Mercedes-Niederlassungen entlang des Rheins ab. Begleiten ließ er sich dabei von einem »Fürsten aus Nigeria« – treffender wäre die Bezeichnung Faschingsprinz gewesen, denn Werner hatte in Wahrheit seinen österreichischen Schwager dabei, der sich mit schwarzbrauner Farbe auf Gesicht und Händen als Afrikaner verkleidet hatte. Werner selbst gab sich als Berater und Dolmetscher des exotischen Gastes aus, der hochwertige Mercedes-Limousinen und Lastkraftwagen zu kaufen beabsichtige.

Mit ihren bühnenreifen Auftritten weckten die beiden das Interesse der Autohändler. Schnell waren einige Luxuswagen gefunden, die den Ansprüchen der Kunden genügten. Erst als es ans Bezahlen ging, wiesen der Fürst und sein Gehilfe auf ein kleines Problem hin: Man habe nur nigerianisches Geld, davon aber jede Menge. Die Händler sollten doch eben zum Telefonhörer greifen und bei der Bank den Wechselkurs zwischen nigerianischem Pfund und D-Mark in Erfahrung bringen. Dann könne man die Summe bar bezahlen und die Fahrzeuge gleich mitnehmen. Die Pfund könnten die Händler anschließend bei der Bank in deutsches Geld umtauschen.

Die Händler hielten das für eine prima Idee, genau wie die Mitarbeiter der Bankhäuser, die ihnen diensteifrig den Kurs durchgaben – allerdings den für sie besonders günstigen des neuen Pfunds. Die Autoverkäufer errechneten nun den Endpreis für die Edelkarossen, schlugen aus Profitgier noch ein paar Prozent drauf und nahmen freudestrahlend das afrikanische Geld in Empfang. Der falsche Fürst und sein Dolmetscher freuten sich auch. Jedes Mal rollten sie mit mehreren Autos vom Hof, die man eigens für sie auf Transporter geladen hatte. Manchmal brachte das Duo sogar eigene Fahrer mit, um auf einen Schlag möglichst viele Modelle mitnehmen zu können.

Während mein Mandant die ergaunerten Autos mit riesigem Gewinn weiterverkaufte, mussten die Händler bald erkennen, dass sie einem Betrüger auf den Leim gegangen waren. Beim Versuch, das Geld in D-Mark umzutauschen, erfuhren sie, dass es sich um ausrangierte, so gut wie wertlose Banknoten handelte. Der Schaden, den Werner mit seiner brillanten

Darbietung angerichtet hatte, belief sich auf etwa eine Million Mark. Nachdem bei der Polizei mehrere Strafanzeigen eingegangen waren, kam man dem Betrüger schnell auf die Spur.

Juristische Niederlagen nahm mein Mandant immer sportlich. Und auch diesmal, vor dem Prozess am Landgericht Düsseldorf, gab er sich optimistisch. Während ich wegen der vielen Vorstrafen und der noch nicht wirksamen Münchner Verurteilung mit dem Schlimmsten rechnete, meinte er augenzwinkernd: »Ich werde die Geschichte locker erzählen und ganz bestimmt die Lacher auf meiner Seite haben.« Er sollte recht behalten.

Der Richter folgte den Ausführungen meines Mandanten mit einem Dauerschmunzeln. Er schien den Auftritt des Angeklagten als Unterhaltungsshow zu genießen, wozu auch die Gastspiele zweier Stammtischfreunde von Werner aus dem Bayerischen Hof beitrugen. Die Gemäldefälscher waren damals noch nicht aufgeflogen und erregten deshalb bei der Justiz kein Misstrauen. In der Verhandlung stellte ich sie als Finanzexperten vor, was sie im erweiterten Sinn auch waren. Glaubhaft konnten sie dem Gericht darlegen, dass der Betrug gar nicht so riesig war wie von der Anklage behauptet. Denn selbst das ungültige nigerianische Geld habe noch »einen Spekulationswert« von 10 bis 20 Pfennig pro Pfund gehabt. Nach dieser Rechnung hätten die Autohändler dann doch ein paar Mark für ihre Wagen bekommen. »Nicht viel, aber besser als nichts«, kommentierte einer meiner Sachverständigen und bemühte sich, nicht allzu ironisch zu klingen.

Solche Vorträge quittierte der Richter mit immer heiterer Miene. Weniger humorvoll gab er sich, als es um die geldgierigen Autoverkäufer ging, die nur ihre Gewinne im Kopf gehabt und dafür jeglichen kritischen Verstand ausgeblendet hatten. Sie waren auf einen schwarz angepinselten Österreicher und einen gewieften Berufsbetrüger hereingefallen. Durch ihre bodenlose Dämlichkeit hätten sie die Tat im Grunde erst ermöglicht, meinte der Richter. Auch die Banker, die den Autohändlern in Erwartung lohnender Umtauschgeschäfte nur den für sie günstigen Kurs des neuen Pfunds verraten und nicht vor der Problematik solcher Geschäfte gewarnt hatten, ging er hart an.

Werner kam mit zwei Jahren Haft auf Bewährung sehr gut davon. Die Strafe galt nämlich nicht nur für den Fall der Nigeria-Millionen, sie bezog auch das erstinstanzliche Hafturteil aus München und weitere Vergehen mit ein. Zur Feier des Tages lud Werner seine Freunde ins Düsseldorfer Hilton-Hotel ein, wo er ein rauschendes Fest gab. Einige Spezis ließ er mit Lufthansa einfliegen, natürlich first class, was damals im Inland noch möglich war, und brachte sie in den teuersten Suiten unter. Die Runde ließ es mächtig krachen und stieß unentwegt auf den netten Richter an.

Wochen später nahm die Sache eine jähe, manche würden sagen eine voraussehbare Wendung: Werner hatte Zimmer, Flüge, Speisen und Getränke – wie es seiner Art entsprach – mit »Schüttelschecks« bezahlt (für jüngere Leser, denen dank Kreditkarte und Onlinebanking schon Schecks an sich kaum mehr ein Begriff sind: Ein Schüttelscheck ist ein ungedeckter Scheck, weil der Bankbeamte den Kopf schüttelt, wenn man ihn einlösen will). Seine Dreistigkeit brachte Werner, der das milde Urteil gegen ihn offenbar als Freifahrtschein für weitere Schummeleien begriffen hatte, mehrere Strafanzeigen ein. In den folgenden Jahren musste er noch einige Male vor Gericht antanzen. Allerdings reichte keine seiner späteren Betrugsstraftaten an den Schwindel mit den wertlosen Nigeria-Millionen heran. Der Coup war einfach zu genial.

Kinderfänger

Dieser Fall gehört zu den spektakulärsten, die ich je erlebt habe, und das bezieht sich nicht nur auf die Taten meines Mandanten Jürgen Bartsch, ein Metzgerlehrling aus Essen, der in den Sechzigerjahren vier Kinder auf bestialische Weise ermordet hat. Es bezieht sich auch auf die Vorgeschichte der Verbrechen, die erschreckende Biografie des Täters und dessen tragischen Tod in einer psychiatrischen Klinik. Viele Medien sprachen von einem »Jahrhundertfall«, wobei sie damit in erster Linie die außergewöhnlich grausamen Tötungsdelikte meinten. Aus meiner Sicht ergab sich die historische Bedeutung jedoch aus einem anderen Umstand: Nach intensiver Prüfung der Strafsache Bartsch zwang der Bundesgerichtshof (BGH) die deutschen Richter zu einem radikalen Kurswechsel. Künftig mussten sie sich bei der Bewertung von Straftaten und Tätern aller Mittel der modernen forensischen Psychologie und Psychiatrie bedienen. Das war bis dahin absolut nicht üblich.

Ursprünglich hatte das Landgericht Wuppertal Jürgen Bartsch wegen vierfachen Mordes zu lebenslanger Haft verurteilt. Der BGH hob diese Entscheidung mit der Begründung auf, das Gericht habe die Besonderheiten der Täterpersönlichkeit nicht genügend gewürdigt und die tieferliegenden psychologischen Ursachen der Taten nicht erfragt. Es hätte unbedingt den Sexualwissenschaftler Professor Dr. Hans Giese aus Hamburg zurate ziehen müssen, einen deutschlandweit anerkannten Fachmann, der Bartsch im Gefängnis untersucht hatte und dabei zu dem Schluss gekommen war: »Der Verdacht auf eine mögliche Geistesstörung liegt nahe.« Doch sowohl Staatsanwaltschaft als auch Gericht lehnten den vom damaligen Bartsch-Verteidiger beantragten Sachverständigen ab. Stattdessen kamen die von der Justiz in Nordrhein-Westfalen damals regelmäßig beauftragten konservativen Standardgutachter zum Zuge, die über keinerlei Kenntnisse auf dem Gebiet der Sexualwissenschaft verfügten. Der BGH hob das Urteil gegen Bartsch auf, weil nahelag, dass er unter einer »schweren anderen seelischen Abartigkeit« litt und seine Taten im Zustand der Unzurechnungsfähigkeit begangen hatte. Was damals Paragraf 51 des Strafgesetzbuches regelte, ist heute im Paragraf 20 beschrieben:

Ohne Schuld handelt, wer bei Begehung der Tat wegen einer krankhaften seelischen Störung, wegen einer tiefgreifenden Bewusstseinsstörung oder wegen Schwachsinns oder einer schweren anderen seelischen Abartigkeit unfähig ist, das Unrecht der Tat einzusehen oder nach dieser Einsicht zu handeln.

Deutschlands höchste Richter waren also der Auffassung, dass Bartschs Psyche Krankheitswert im juristischen Sinn haben könnte – und forderten entsprechende Nachforschungen in einem neuen Prozess, mit zusätzlichen Gutachtern, die Bartschs Seelenleben möglichst vollständig ergründeten.

Die Entscheidung war nicht nur für Jürgen Bartsch von großer Bedeutung. Fortan wurden alle vor deutschen Strafgerichten Angeklagten auf eklatante Brüche in ihrer Entwicklung hin untersucht. Was viele Menschen heute für selbstverständlich halten, war damals ein unglaublicher Fortschritt. Als Verteidiger eines vermeintlich voll schuldfähigen Serienmörders hatten wir, mein Kollege Rolf Bossi und ich, den Weg geebnet für eine faire und menschliche Behandlung von psychisch gestörten Tätern. Hatte man diese bis dahin nur in Gefängnissen weggesperrt oder in Hochsicherheits-Nervenkliniken verwahrt, erhielten sie nun die Chance, durch Jahre oder sogar Jahrzehnte dauernde Therapien geheilt zu werden. Im günstigsten Fall besserte sich ihr Zustand derart, dass sie als ungefährlich eingestuft und zurück in die Gesellschaft entlassen werden konnten.

Unserem damaligen Mandanten war das leider nicht vergönnt. Er starb in einer Nervenklinik, noch bevor die Ärzte versuchen konnten, ihn zu therapieren. Der Tod trat bei einer Operation ein: Bartsch sollte kastriert und damit unschädlich gemacht werden. Vor dem Eingriff verabreichte ihm der auch mit der Anästhesie betraute Operateur (der alkoholabhängig war und außerhalb der Klinik nicht praktizieren durfte) irrtümlich die 13-fache Menge des Narkosegases Halothan. Der Kunstfehler markierte das tragische Ende eines tragischen Lebens, das Stoff für Bücher, Filme und Theaterstücke bot. Aber kein Schriftsteller oder Drehbuchschreiber wäre je auf die Idee gekommen, einen von der Gesellschaft ausgestoßenen Mörder auf diese Weise sterben zu lassen. Jürgen Bartsch, der Täter, wurde damit auch Jürgen Bartsch, das Opfer.

Der Gedanke an die Ermittlungsakten mit ihren präzisen Tatbeschreibungen und die vielen Presseberichte über die verschwundenen Kinder erschüttert mich noch heute. Ich erinnere mich gut an Jürgen Bartschs letztes Opfer, ein elf Jahre alter Junge namens Manfred. Lebend gesehen wurde er zuletzt am 8. Mai 1966 auf einem Rummelplatz in Essen. Er war der vierte Junge, der nach einem Kirmesbesuch nicht mehr nach Hause kam. Der vierte innerhalb von vier Jahren. Einfach weg. Spurlos verschwunden. Nach der Karussellfahrt. Nach dem Eisessen. So genau wusste man es nicht. Ein Albtraum für die Eltern. Aber nicht nur für sie. Die Schicksale der Kinder bewegten ganz Deutschland. Die Polizei schien ratlos. Beamte verteilten Flugblätter und machten Lautsprecherdurchsagen. Hundertschaften durchkämmten halbe Städte an Rhein und Ruhr. Obwohl mehrere Sonderkommissionen im Einsatz waren, gelang es nicht, das Rätsel um die vermissten Kinder zu lösen. Dass sie einem Verbrechen zum Opfer gefallen waren, daran konnte kein Zweifel bestehen. Doch wer war der Täter? Wohin hatte er die Kinder verschleppt? Was mit ihnen angestellt?

Niemand ahnte, dass der Kinderfänger selbst noch ein Kind war. 15 Jahre jung beim ersten Mal, schmal und blass und still. Es sprengte die Vorstellungskraft der Menschen, dass ein eigentlich schüchterner, kontaktscheuer Bursche hinter den Taten stecken sollte. Als man ihn aus dem Bett im Haus seiner Eltern zog, bestürzte Eltern, die nicht seine leiblichen waren, fleißige und pflichtbewusste Menschen, Metzgersleute von Beruf, da war das Entsetzen groß. Das Haus der Bartschs stand in der Siedlung »Glaube und Tat«. Im Volksmund hieß sie von nun an »Glaube und Tod«.

Keine 1,70 Meter groß, rundes Gesicht mit weichen, kindhaften Zügen, das kurze Haar ordentlich zum Mittelscheitel frisiert, ein typisches »Babyface«. So stellte man sich einen Mörder, noch dazu einen von solcher Grausamkeit, nicht vor. Ich kann mich noch gut an seinen klammernden Händedruck erinnern, als ich ihn zum ersten Mal im Gefängnis besuchte. Er schien um Hilfe und Zuneigung zu betteln. Unter Bartschs rechtem Auge befand sich eine kleine Narbe. Als Kind war er in einen Stacheldrahtzaun gerannt und hatte sich eine Wunde zugefügt, die genäht werden musste.

Seiner Taten wegen nannte die Presse ihn »Tier in Menschengestalt«, »Satan ohne Gnade« oder schlicht »Monster«. Vergleichsweise harmlos und dazu noch am treffendsten war wohl die Bezeichnung »Kirmesmörder«. Denn die meisten seiner Opfer hatte er auf Rummelplätzen getroffen, Kinder, die nur wenig jünger waren als er selbst und deren Vertrauen er spielend gewann. Mit einem älteren Mann wären sie kaum mitgegangen. Dem untersetzten, stets gepflegten Jungen aber folgten sie nahezu bedenkenlos. Aus Neugier. Aus Abenteuerlust. »Soll ich dir einen Schatz zeigen?« Oder: »Willst du ein geheimes Waffenlager sehen?« Mit solchen Angeboten zog der Mörder die Jungen in seinen Bann. Er kaufte ihnen Zuckerwatte und Limonade, spendierte Freifahrten. Das Geld dafür stahl er aus der Ladenkasse seiner Adoptiveltern.

Mehr als 100 Jungen sprach er im Lauf der Zeit an. Sie durften nicht zu alt sein, am besten zwischen acht und dreizehn. Dicke oder rothaarige Kinder verschmähte er. Die meisten Angesprochenen durchschauten ihn. Manche fragten, wie er denn heiße und ob er sie etwa entführen wolle. Dann ließ er die Kinder stehen und rannte weg. Einige, die er schon am Haken hatte, konnten in letzter Sekunde entkommen.

Vier Jungen schafften es nicht.

Sie starben auf grausame Weise in einem verfallenen Stollen in Langenberg, einer Kleinstadt zwischen Essen und Wuppertal, der im Krieg als Luftschutzbunker diente. Der Kindermörder hatte ihn beim Spielen nahe seines Elternhauses entdeckt. Der Höhleneingang lag verborgen hinter Sträuchern und einem Müllhaufen. Der mehr als 100 Meter lange und etwa 1,50 Meter hohe Gang mit seinen vielen Abzweigungen hatte etwas Magisches. An diesem Ort, davon war Jürgen Bartsch überzeugt, könnte er ungestört seine sadistischen Mordfantasien ausleben. Niemand würde ihn hier finden, und die Überreste seiner Opfer erst recht nicht. Es war *sein* Reich.

Beim ersten Mal versagten ihm noch die Nerven. Das Kind wollte nicht mit ihm gehen. Da zog er seine Schreckschusspistole aus der Jacke und drohte dem Jungen, ihn zu erschießen. Der Kleine stieg mit in den Bus, die Fahrt dauerte fast zwei Stunden. Als die beiden an dem Bunker ankamen, beschlichen den Entführer Zweifel, ob er die Sache wirklich durchziehen könne, ob er dem Druck gewachsen sei, der sich über Monate in ihm aufgestaut hatte. Er fühlte Anspannung und Angst. Ihm wurde schlecht. Spontan wich er von seinem Plan ab. Er drückte dem Jungen eine Mark in die Hand, gewissermaßen als Schweigegeld, und forderte ihn auf, rasch zu verschwinden. Er selbst rannte nach Hause.

Auch der zweite Versuch schlug fehl. Ein Junge, der mitgekommen war, um die angeblich im Stollen versteckten Kriegswaffen zu sehen, konnte sich befreien und nackt zum Ausgang rennen. Der Täter gab ihm die Kleider zurück und versprach, ihm etwas zu schenken, wenn er niemandem von dem Vorfall erzählen würde. Kaum zu Hause, schilderte das verstörte, mit Schrammen übersäte Kind seinen Eltern, was geschehen war. Ein Staatsanwalt bekam den Fall auf den Tisch. Aber was sollte er machen? Zwei Jungen, die sich raufen, na ja. Und dass einer den anderen auszieht und ein bisschen derber anfasst, kein Grund zur Aufregung, eine Bagatelle. Das komme immer wieder mal vor, beschwichtigten die Strafverfolger – und schlossen die Akte. Man kann den Behörden kaum vorwerfen, dass sie leichtfertig gehandelt hätten. Andererseits: Wären sie nur ansatzweise fähig gewesen, aus den Erzählungen des Kindes zu erkennen, welche Gefahr von seinem unbekannten Angreifer ausging, und wären sie diesem Verdacht nachgegangen, vielleicht hätte sich die Katastrophe verhindern lassen.

Neun Monate später entführte Jürgen Bartsch in Essen den acht Jahre alten Klaus. Er stand ganz allein vor einem Fahrgeschäft und schleckte Eis. Der Täter lud ihn auf eine Runde Autoscooter ein und danach in den Bunker. Er gab sich als Detektiv aus, bat den Jungen, ihn bei der Suche nach einem Schatz zu begleiten und steckte ihm 20 Mark zu, weil die Sache »geheim« bleiben müsse. Im Bus fuhren die beiden zur Höhle. Jürgen Bartsch hatte wieder seine Gaspistole dabei, aber diesmal fuchtelte er damit nicht drohend herum, diesmal schlug er den Kolben der Waffe auf den Kopf des Opfers, von hinten, mit voller Wucht, fünf Mal. Das Kind, das beim Betreten der dunklen Höhle Angst bekommen und vertrauensvoll nach der Hand des Entführers gegriffen hatte, schrie noch kurz nach seiner Mama, dann sank es zu Boden. Als der Täter sah, dass der Junge tot war, ging er heim, wo das Abendessen schon auf dem Tisch stand. Nachts streifte er einen Bademantel über seinen Schlafanzug und schlich sich mit Pantoffeln an den Füßen aus dem Haus. Zurück im Stollen, zündete er eine Kerze an. Im Schein der lodernden Flamme starrte er die Leiche an. Er zog Handschuhe über, nahm ein Messer aus seiner Schlafanzugjacke und versuchte, den Körper des Jungen zu zerschneiden. Als ihm das nicht gelang, legte er Schalbretter über das tote Kind. Später schaufelte er ein Loch und warf die Überreste seines Opfers hinein. Die Bekleidung des Jungen übergoss er mit Benzin und zündete sie an.

Beim Verlassen der Höhle bekam es der Täter mit der Angst zu tun. Er glaubte, alle Menschen würden von jetzt an mit den Fingern auf ihn zeigen. Sie würden, nein, sie mussten ihm ansehen, was er getan hatte. Aber warum hatte er es überhaupt getan? Warum nur, warum? Wieder und wieder stellte er sich die Frage, jetzt, da alles vorbei war und er sich schrecklich fühlte. Erleichtert? Nein, erleichtert war er nicht. Spaß? Nein, Spaß hatte er nicht empfunden. Ein sexuelles Erlebnis? Kaum, denn als das Verlangen gestillt war, blieb nichts zurück außer tiefe Leere und Enttäuschung.

Die einzige Erklärung für das Unerklärbare: Er war seinem Trieb gefolgt, seiner inneren Stimme. Sie befahl ihm: Quäle! Herrsche! Töte! In seinen Wunschträumen mussten die Kinder vor Angst zittern. Sie mussten schreien. Sie mussten winseln und um Gnade flehen. In diesen Momenten war alles gut. Doch jetzt, da die Schreie des ersten realen Opfers verstummt waren und nichts mehr zappelte, war alles schlecht. Ihm wurde klar, was er angerichtet hatte. Er war geschockt. Es tat ihm sogar leid. Viele Nächte lag der gläubige Junge schlaflos im Bett und betete, dass ihn der liebe Gott »von dieser Scheiße ein für alle Mal befreien würde«.

Am liebsten hätte er sich jemandem anvertraut und von seinem furchtbaren inneren Drangsal erzählt, doch die Angst lähmte ihn. Jürgen Bartschs Adoptivvater hatte sich wahnsinnig aufgeregt, als er in der Zeitung von der Entführung las. Er meinte, nur eine Bestie könne so etwas tun, und wenn es eine gerechte Strafe dafür gebe, dann nur die drakonischste überhaupt. Bei ihm konnte Jürgen also kaum auf Verständnis hoffen.

Er sah nur noch eine Möglichkeit, sein Gewissen zu erleichtern: Er ging in die Kirche und legte die Beichte ab. Der katholische Priester, dem er den Mord offenbarte, hörte zwar aufmerksam zu und begriff vermutlich den Ernst der Lage. Doch statt dem Jungen zu helfen, entzog er sich seiner Verantwortung. Um nicht gegen die Schweigepflicht verstoßen zu müssen, bat er das Beichtkind darum, seinen Namen nicht zu nennen, und empfahl ihm stattdessen, zur Polizei zu gehen und ein Geständnis abzulegen. Das aber schien Jürgen Bartsch ganz und gar unmöglich. Er unternahm einen letzten Versuch und weihte seinen Freund ein. Das gesuchte achtjährige Kind, sagte er, sei tot, und er habe es ermordet. Der Freund traute ihm das nicht zu und tat die Sache als Spinnerei ab.

So geschah nichts, was den damals 15-jährigen Jürgen Bartsch hätte von weiteren Grausamkeiten abhalten können. Niemand konnte oder wollte die Katastrophe zur Kenntnis nehmen. Nicht der Staatsanwalt, nicht der Priester, nicht der Freund.

Es dauerte dreieinhalb Jahre, bis der Täter wieder seiner inneren Stimme gehorchte. Er war mittlerweile 18 und hatte den

Führerschein gemacht. Mit dem roten VW-Bus seiner Adoptiveltern fuhr er auf der Suche nach Opfern kreuz und quer durchs Ruhrgebiet. »Ich war jede Woche auf Tour«, gestand er später. Irgendwann geriet der erste Junge in seine Fänge, kurz darauf noch einer und ein paar Monate später der nächste. Er lockte sie in das Auto, verriegelte die Türen und riss ihnen die Kleider herunter, ganz gleich, wie heftig sie sich wehrten. Er fesselte sie mit starken Kordeln (laut einem Kripobeamten hat er sie »viehisch zusammengebunden«), drückte sie zu Boden, schlug mit dem Hammer auf sie ein und schleppte sie in den Bunker. Dort missbrauchte er sie. Stach ihnen die Augen aus. Schnitt Zehen, Finger und Kniescheiben ab. Schälte ihnen das Fleisch von den Knochen. Eines der Kinder weidete er bei lebendigem Leibe aus. Die Technik des Schlachtens hatte er sich im elterlichen Metzgerbetrieb angeeignet.

Im Nachhinein muss man sich wundern, dass niemand Verdacht schöpfte, wenn er über die Rummelplätze streunte, fremde Kinder ansprach und versuchte, sie mit Gefälligkeiten und Versprechungen gefügig zu machen. Bei der Entführung seines dritten Opfers im August 1965 war ein Amateurfilmer auf dem Jahrmarkt. Zufällig machte er Bilder eines Elfjährigen, der an der Seite eines Jugendlichen lief und wenige Stunden später von seinen Eltern als vermisst gemeldet wurde. Die Aufnahmen waren unscharf, aber die Ermittler hatten erstmals einen Anhaltspunkt. Sie nahmen eine Sequenz aus dem Film und verbreiteten das Konterfei des mutmaßlichen Kidnappers auf Plakaten. Eine Illustrierte druckte das Foto und setzte 20000 Mark Belohnung aus: »Kennen Sie diesen Mann? Das ist der Entführer! ... Prägen Sie sich ein: Der Unheimliche ist 17 bis 23 Jahre alt, etwa 1,75 bis 1,80 Meter groß.«

Doch kein einziger Hinweis brachte die Polizei weiter. Natürlich sah auch der Täter die Steckbriefe. Er fürchtete, dass irgendjemand ihn identifizieren würde. Ihm war klar, dass er von nun an sehr vorsichtig sein musste. Schon der kleinste Fehler hätte ihn verraten können. Und doch wurde er nachlässig. An einem schwülheißen Samstag im Juni verließ er das Freibad, in dem er ein paar Runden geschwommen war, und sprach auf der Straße einen 14-jährigen Buben an. Er hielt ihm eine Zigarette hin, lud ihn auf einen Apfelsaft ein und versprach ihm 50 Mark. Dafür müsse er ihm jedoch bei der Bergung einer Tasche voller Diamanten helfen. Der Junge willigte ein und stieg mit ins Taxi. Im Stollen überwältigte der Täter den körperlich unterlegenen Jungen. Mit Schlägen und Tritten zwang er ihn, sich zu entkleiden. Er fesselte ihn an Füßen und Händen und verging sich an ihm. Anschließend verließ er den Bunker, um rechtzeitig zum Abendessen zu Hause zu sein. Im Gehen drohte er dem benommenen Kind, er werde zurückkehren und es töten. Als der Junge zu sich kam, kämpfte er um sein Leben. Er robbte zu einer brennenden Kerze, die sein Peiniger zurückgelassen hatte, hob seine zusammengeschnürten Füße über die Flamme und harrte in dieser Position aus, bis das Seil durchgebrannt war. Er kroch aus dem Stollen, humpelte zum nächsten Haus und presste, da seine Hände auf dem Rücken gefesselt waren, die Schulter gegen einen Klingelknopf und alarmierte so eine Familie, die sich gerade Hans-Joachim Kulenkampffs Show »Einer wird gewinnen« ansah. Das halb entkleidete Opfer stand unter Schock und brachte im Beisein der herbeigerufenen Polizisten kaum einen vernünftigen Satz heraus. In der Höhle, berichtete der 14-Jährige bibbernd, habe es nach vergammeltem Fleisch gestunken.

Die Ermittler waren skeptisch und rafften sich erst nach zwei Tagen dazu auf, den Stollen zu inspizieren. Verwesungsgeruch schlug ihnen entgegen. Sie fanden Drahtschlingen, Schlachtermesser, kleine Schuhe, Knochen und Schädel von vier Kinderleichen. Während der Bergungsarbeiten, die bis in die Nacht dauerten, stand vor dem mit Scheinwerfern ausgeleuchteten

Felsloch eine Traube Schaulustiger. In der Menge wartete auch: der Mörder. Tags darauf bildete sich wieder eine große Menschenansammlung, diesmal vor der örtlichen Polizeiwache. Die aufgebrachte Menge drohte, den inzwischen festgenommenen Täter zu lynchen.

Der Mann, der vier Kinder getötet hatte, musste ein Ungeheuer, der leibhaftige Teufel sein. Die Stimmung in der Stadt war explosiv. Eine Zeitung schrieb, es brauche nur einen Funken, um das »Pulverfass in die Luft zu sprengen«. Das galt auch für das Gefängnis, in dem Bartsch fortan unter schärfsten Sicherheitsvorkehrungen einsaß. Mehrfach wollten Insassen ihn umbringen. Er selbst unternahm etliche Selbstmordversuche. Er aß ein Stück Seife, schluckte Tabletten, drückte Kugelschreiberminen in die Steckdose. Einmal zerschlug er das Zellenwaschbecken, um sich mit den Porzellanscherben die Pulsadern aufzuschneiden. Zuvor ritzte er mit einer Schraube eine Botschaft in die Wand. Darin stand, dass ihm alles sehr leidtue.

Am 27. November 1967, wenige Wochen nach seinem 21. Geburtstag, führte man Jürgen Bartsch zur Anklagebank. Stumm nahm er zwischen zwei Polizisten Platz. Er trug einen dunkelgrünen Anzug und eine dezente Krawatte. Er sah sich einer wogenden Wand aus Kameraobjektiven und Blitzlichtlampen gegenüber; jeder Fotograf und Filmer wollte dem »Gesicht des Bösen« so nahe wie möglich kommen, fast so wie bei einem seltenen Tier, das erstmals zur Schau gestellt wird. Auf dem Richtertisch lagen ein gutes Dutzend Aktenbände sowie zahlreiche in Klarsichttüten verpackte Fleischermesser, an deren Klingen noch verkrustetes Blut klebte.

Der Prozess vor dem Landgericht Wuppertal hatte noch nicht begonnen, da stand das Urteil bereits fest, gesprochen vom Volk. Nie zuvor hatte sich der Zorn über einen Verbrecher derart laut und ungestüm Bahn gebrochen wie im Fall

Jürgen Bartsch. Die Masse der Menschen, die aus ihren Hassgefühlen gegenüber dem Täter keinen Hehl machte, rief nach Vergeltung. Viele hätten den Serienmörder am liebsten auf dem Scheiterhaufen oder am Galgen gesehen. »Hängt die Bestie auf«, skandierten sie vor dem Gericht. Dass die Todesstrafe 1949 in Westdeutschland abgeschafft worden war, empfanden in diesen Tagen viele als Fehler. Manche wandten sich an das Justizministerium und baten, das Gesetz zu ändern.

Ohne Umschweife räumte Jürgen Bartsch alle ihm zur Last gelegten Verbrechen ein. »Schuldig!«, sprach er ins Mikrofon, nachdem ihn der Richter gefragt hatte, ob er sich zu seinen Taten bekenne. Bartsch führte aus, sein sexuelles Verlangen nach Jungen habe er nur noch stillen können, indem er sie tötete. Er sei vom Gefühl gefangen gewesen: »Du musst es tun.« Mit kaum erträglicher Gründlichkeit schilderte er Einzelheiten seiner Untaten. Manchmal wurde es dem Richter zu viel: »Es ist grauenvoll und widerlich!«, rief er.

Auch seinen Rechtsanwalt aus Essen, Vater von vier Kindern, dürfte das Ganze extrem belastet haben. Im Vorfeld des Prozesses hatte er üble Drohungen erhalten. Er unterstütze »einen Teufelsmörder« und solle deshalb auf ewig verflucht sein, schrieb ihm jemand. »Sie und Ihre Familie werden niemals Ruhe finden. Tag und Nacht werden Sie die Schreie der lebendig zerstückelten Kinder hören.« Am Ende des Prozesses verzichtete Bartschs Verteidiger auf ein Plädoyer.

Während der Verhandlung traten mehrere psychiatrische Gutachter auf. Stundenlang erläuterten sie, wie sich der Fall aus ihrer Sicht darstellte und was sie von dem Angeklagten hielten. Am Ende waren sich die Professoren und Privatdozenten einig: Jürgen Bartsch sei ein feinfühliger, geistesgewandter, intelligenter Mann – und zugleich ein skrupelloser Triebtäter, ein Mann mit sadistisch-pädophilen Obsessionen, einer, der sich an den Qualen seiner Opfer ergötzte, einer, der das Böse schlechthin verkörpere. Trotz zahlreicher Hinweise auf eine schwere sexuelle Störung stuften sie ihn nur als gefährlichen Gewohnheitsverbrecher ein. Sie sahen in ihm einen erwachsenen Menschen, der jederzeit Herr seiner Entscheidungen war. Niemals sei er ein »blinder Diener seines Triebes« gewesen. Sich des Volkes Meinung anschließend, erklärten sie ihn für voll schuldfähig.

Ganz anders argumentierte Jürgen Bartschs Adoptivmutter. »Für mich steht fest, dass der Junge krank ist!«, sagte die weißhaarige Frau im Zeugenstand. Gertrud Bartsch bat das Gericht, Jürgen intensiv zu untersuchen und ihm zu helfen. »Es handelt sich doch um einen Menschen«, schluchzte sie. »Er hat doch auch eine Seele, oder etwa nicht?« Doch nicht der verzweifelte mütterliche Appell, der viele Anwesende zu Tränen rührte, bildete die Grundlage für das Urteil, sondern die kühle Einschätzung der Sachverständigen.

Am 15. Dezember 1967, nach acht Verhandlungstagen, verkündete der Richter ein Urteil, das die Eingangsformel »Im Namen des Volkes« wahrlich verdiente: lebenslänglich Zuchthaus, dazu Aberkennung der bürgerlichen Ehrenrechte. Die Zuschauer im Saal applaudierten, riefen »Bravo«. Die Robenträger und Uniformierten ließ die Meute gewähren. Keiner wies die Jubelnden zurecht, selbst dann nicht, als einige forderten, man solle den Bastard doch lieber totschlagen. Eine dunkle Stunde in der deutschen Justizgeschichte. Aber die entscheidenden Kapitel des »Jahrhundertfalls« Jürgen Bartsch sollten erst noch geschrieben werden.

Wenige Wochen nach der Verurteilung ihres Adoptivsohns saßen die Eheleute Bartsch in unserer Münchner Kanzlei. Mit dabei war der Journalist Friedhelm Werremeier, der den Kontakt hergestellt hatte. Sie seien auf der Suche nach einem guten Strafverteidiger, sagten die Eltern, denn sie beabsichtigten, gegen das Wuppertaler Urteil Revision einzulegen. Das Geld dafür könnten sie nicht aufbringen, da ihre Metzgerei vor dem finanziellen Ruin stehe. Aber eine Illustrierte habe ihnen viel Geld geboten für Briefe, die ihnen Jürgen Bartsch regelmäßig aus dem Gefängnis schrieb.

Ums Geld ging es uns nicht. Wir fanden den Fall, der weltweit für Schlagzeilen gesorgt hatte und dessen Dimensionen so außergewöhnlich waren, sehr interessant, in erster Linie natürlich aufgrund des Täters mit seiner erschreckenden Lebensgeschichte. In den Medien kam immer wieder die Frage auf, ob man sich für solch einen Verbrecher, der ja in den Augen der meisten Deutschen ein Unmensch war, einsetzen durfte. Wir selbst haben daran keine Sekunde gezweifelt. Auch ein Jürgen Bartsch, der vier arglose Kinder ermordet hatte, verdiente eine angemessene Behandlung nach rechtsstaatlichen Prinzipien. Das traf aus unserer Sicht auf den ersten Prozess nicht zu, denn obwohl der Fall danach schrie, hatte das Wuppertaler Gericht keinen Spezialisten für sexuelle Triebstörungen angehört. Es hatte nicht über den ganzen Menschen Jürgen Bartsch geurteilt, sondern nur über den schrecklichen Teil in ihm. Niemand war ernsthaft der Frage nachgegangen, warum diese Seite existierte, woher die Mordlust rührte, wie der Trieb entstanden war, der in ihm wütete wie ein Raubtier. Das zu ergründen war aber wichtig.

Nur wenn man versucht zu verstehen, warum ein Mensch etwas getan hat, und sei es auch noch so barbarisch, nur dann kann man die richtigen Konsequenzen ziehen. Nach unserer Überzeugung war Jürgen Bartsch kein Mörder im üblichen Sinn. Er war krank, schwer krank. Er war ganz offensichtlich unfähig, seine sadistischen Neigungen zu beherrschen, sein Handeln zu steuern. Deshalb, so meinten wir, konnte man ihm unmöglich vorwerfen, für seine Verbrechen voll verantwortlich zu sein. Er gehörte nicht ins Zuchthaus, sondern in eine Heilanstalt. An nur zwei Wochenenden schrieben Rolf Bossi und ich den ungefähr 120 Seiten langen Revisionsantrag.

Der Bundesgerichtshof in Karlsruhe folgte unserer Sicht und ließ die Revision gegen das erstinstanzliche Urteil zu. Dass der Fall erneut aufgerollt wurde und damit die realistische Möglichkeit bestand, dass die ursprünglich festgesetzte Strafe niedriger ausfallen könnte, stieß nicht bei allen auf Verständnis. Das Verbrechen erhitzte noch immer die Gemüter. Wie sehr, bekam der zuständige Düsseldorfer Richter in Form von zahlreichen Wutbriefen zu spüren. Jemand drohte, ihm eine Axt in den Schädel zu schlagen. Ein anderer schrieb, eines nicht allzu fernen Tages werde von ihm nur noch das Skelett übrig sein: »Kommt Bartsch frei, dann weg mit Dir.« Auch uns Anwälte traf der Zorn aufgebrachter Bürger. Rolf Bossi und ich erhielten Drohanrufe, in denen man ankündigte, die Kanzlei anzuzünden und Bossis Tochter zu ermorden. Wir haben solche Anfeindungen nie wirklich ernst genommen. Es gibt immer Menschen, die schreckliche Verbrechen auch auf die Verteidiger projizieren.

Im April 1971 begann der zweite Prozess vor der Jugendkammer des Düsseldorfer Landgerichts. Endlich kamen jene Wissenschaftler zu Wort, die im ersten Verfahren als entbehrlich galten: Psychiater, Psychologen, Neurologen, Sexualwissenschaftler, Erbgutexperten, insgesamt fast 40 Kapazitäten unterschiedlichster Fachgebiete. Einige betrachteten Bartsch, der mittlerweile 23 Jahre alt war, nach wie vor als »eiskalten Intelligenzverbrecher« und stuften ihn als voll schuldfähig ein. Andere Sachverständige bezweifelten das, hielten es sogar für ausgeschlossen. Sie verwiesen auf die fatale Biografie des Täters, eine Zeit voller schmerzhafter Brüche und folgenschwerer Fehlleitungen, die ausschlaggebend dafür war, einer tief im Inneren verborgenen Neigung zum Ausbruch zu verhelfen. Eine Geschichte, die aus Jürgen Bartsch das gemacht hatte, was er war: ein pädosexueller Serienmörder.

Jürgen Bartsch kam 1946 in Essen als Karl-Heinz Sadrozinski zur Welt. Seine 22-jährige Mutter Elisabeth wollte den

Jungen nicht und ließ ihn im Krankenhaus zurück. Sie starb kurz nach der Geburt des körperlich gesunden Knaben an Tuberkulose. Der uneheliche Vater, ein Bergmann namens Adolf Peters, hatte seine Geliebte noch während der Schwangerschaft verlassen. Für die Revisionsverhandlung in Düsseldorf machten wir Herrn Peters ausfindig, weil wir mehr über seine Beziehung zu Jürgen Bartschs Mutter und die Erbanlagen des Kindes erfahren wollten. Vor Gericht – er war mit einer Perücke getarnt in den Zeugenstand getreten – berichtete der Vater, Elisabeth sei eine Frau mit stark ausgeprägtem Sexualtrieb gewesen, der sich in der Schwangerschaft noch gesteigert habe. Um sie wieder ansprechbar zu machen, habe er sie jedes Mal mit kaltem Wasser übergießen müssen. Im Prozess erklärten einige Ärzte, möglicherweise habe sich das intensive Sexualleben der Mutter auf die Entwicklung des Embryos ausgewirkt. Der leibliche Vater verfügte ebenfalls über eine beachtliche Triebstärke; er zeugte ein Dutzend Kinder.

Eine weitere Extremerfahrung, die Jürgen Bartschs Mutter verkraften musste, war ihrer schweren Lungenkrankheit geschuldet. Da sie nicht ins Krankenhaus wollte und konventionelle Medikamente keine Linderung verschafften, griff ihr Geliebter zu einem alten Hausrezept: Hundefett. Er fing Hunde von der Straße weg, tötete sie vor den Augen seiner hochschwangeren Freundin, zog ihnen das Fell ab und nagelte die Kadaver gegenüber Elisabeths Bett an die Tür. Wie sich der Anblick geschlachteter Tiere auf die werdende Mutter und deren Baby auswirkte, vermag ich nicht zu beurteilen. Jedenfalls müssen es grausige Szenen gewesen sein.

Aufgrund der schwierigen Bedingungen in der Nachkriegszeit blieb der Säugling elf Monate in der Klinik, also fast sein gesamtes erstes Lebensjahr, das für die Entwicklung eines Menschen prägend ist. Sechs Krankenschwestern kümmerten sich abwechselnd um den blondgelockten Jungen. Doch eine wirkliche

Bezugsperson oder Ersatzmutter, die ihm Liebe und Wärme hätte geben und einen positiven Einfluss auf ihn ausüben können, fehlte ihm. Danach steckte man das Baby in ein Waisenhaus, was die Situation nicht gerade verbesserte, weil die Kinder dort nur mit dem Lebensnotwendigsten versorgt wurden.

Als die kinderlosen Eheleute Gertrud und Gerhard Bartsch die Einrichtung aufsuchten, um sich nach einem Jungen umzusehen, den sie bei sich aufnehmen könnten, entschieden sie sich für Karl-Heinz. Die Metzgersleute adoptierten ihn und gaben ihm einen neuen Vornamen: Jürgen. Für den Kleinen war dies ein eher zweifelhaftes Glück. Zwar hingen die Adoptiveltern an ihm, vor allem, weil er später einmal ihr Geschäft übernehmen sollte. Aber sie verhielten sich nicht wie normale Eltern. Eine Psychoanalytikerin urteilte später, Jürgen Bartsch habe das Gegenteil einer liebevollen Erziehung erfahren, vielmehr eine »Aufzucht« ohne echte Gefühle. Ein Psychiater war überzeugt, die Bartschs hätten das Kind nur adoptiert, weil es zu ihrem »perfekten Haushalt« passte. Sie hätten den Jungen behandelt »wie eine Aktie«, die man »ins Depot legt«, ohne sich darum zu kümmern.

Aus Angst, er könnte erfahren, dass er nicht ihr leibliches Kind war, schirmten sie ihn von der Außenwelt ab. Bis zu seinem sechsten Lebensjahr hielten sie ihn in einem Kellerraum mit vergitterten Fenstern und Blick auf eine Mauer gefangen. Begegnete Jürgen Bartsch zufällig einem Nachbarn im Treppenhaus, sprach er über sich in der dritten Person: »Wenn er doch auch mal so spielen könnte wie die anderen Kinder hier.« Stattdessen legte er in seinem Zimmer Schallplatten mit trauriger Musik auf. Am liebsten hörte er Lieder wie »Heimweh« und »Heimatlos« von Freddy Quinn. Bei »Lilli Marleen« musste er immer weinen.

Die Adoptiveltern überschütteten den Sohn mit Stofftieren und Bilderbüchern, sie schenkten ihm Quartettkarten,

Brettspiele, einen Kaufmannsladen, ein Radio. Aber nie nahmen sie sich Zeit, gemeinsam mit ihm zu spielen, sie redeten kaum mit ihm und fragten nicht nach seinen Sorgen und Träumen. Gerhard Bartsch mochte den Jungen sehr, sah sich aber außerstande, es ihm zu zeigen. Er nahm ihn nicht mit zum Fußball, zum Angeln oder in den Wald, um ein Lagerfeuer zu machen, wie andere Väter es tun, sondern arbeitete so viel in seinem Metzgerladen, dass sein Sohn ihn manchmal tagelang nicht zu Gesicht bekam.

Jürgen Bartsch durfte nicht raus, bei Strafe war es ihm verboten herumzutoben, und den größten Fehler, den er hätte begehen können, war: sich schmutzig zu machen. Die von einem Ordnungs- und Reinlichkeitszwang befallene Mutter sorgte dafür, dass er schon mit 15 Monaten sauber war, und wusch ihn bis zu seinem 19. Lebensjahr in der Badewanne. Er hatte im Ehebett zwischen seinen Eltern zu schlafen und musste sich unter ihrer Aufsicht an- und ausziehen. In die Schule schickte ihn Gertrud Bartsch wie ein Mädchen, mit feinen Hemden und Klemme im Haar. Damit machte sie ihn zum Gespött seiner Mitschüler, die den geschniegelten Jungen als »Memme« verhöhnten, ihn in Müllkübel steckten und einen Hund auf ihn hetzten. Manchmal traute er sich vor Angst nicht, im Unterricht zu singen oder zu turnen. Er entwickelte eine »furchtbare Wut«, wie er später gestand. Seine Widersacher waren für ihn »Schweine«, die er am liebsten »zerfleischt« hätte. Einmal schrieb er mit Filzstift an eine Schranktür: »DER RÄCHER!« Er blieb, trotz überdurchschnittlicher Leistungen, immer ein von allen schikanierter Außenseiter. Freunde oder Spielkameraden fand er keine.

Die Beziehung zwischen Jürgen Bartsch und seiner Adoptivmutter hatte etwas fast Perverses. Einerseits schmuste sie ihn ab, hätschelte und tätschelte ihn. Andererseits erzog sie ihn mit eiserner Hand. Selbst kleinste Vergehen ahndete sie rigoros. Einmal zerschlug sie auf seinem Rücken einen hölzernen Kleiderbügel, ein anderes Mal haute sie mit dem Rohrstock derart heftig zu, dass er tagelang nicht richtig sitzen konnte. Manchmal war sein kleiner Körper voller Blutergüsse. Über pubertäre oder sexuelle Probleme zu sprechen, war im Hause Bartsch verpönt, an Aufklärung nicht zu denken. Statt der bei Kindern üblichen Doktorspiele lebte der kleine Jürgen erotische Schlachthoffantasien aus: Seine Cousine war das Schweinchen, er der Metzger. Er versuchte, ihr die Unterwäsche herunterzureißen. Sie schrie.

Als die Adoptiveltern einen zweiten Laden eröffneten und deshalb gar keine Zeit mehr für den Jungen hatten, schoben sie ihn in ein Heim ab, und bald danach, weil es ihnen dort nicht streng genug zuging, in ein katholisches Knabeninternat. Dort herrschte eine Mischung aus tiefster Frömmigkeit und unfassbarer Brutalität. Die Kinder wurden gedrillt wie beim Militär. Wer nicht parierte, musste damit rechnen, ausgepeitscht oder mit Besenstielen verdroschen zu werden. Bekam einem Kind das Essen nicht, wurde es gezwungen, sein Erbrochenes herunterzuwürgen.

Jürgen Bartsch erlebte in dem Internat alle nur denkbaren Formen von Demütigungen und Erniedrigungen. Besonders übel spielte ihm der homosexuelle, sadistisch veranlagte Pater Georg Perz mit. Psychologen stuften ihn als »Schlüsselfigur« und »verhängnisvolles Leitbild« für Bartsch ein. Ein grobschlächtiger Mann mit feistem Gesicht, dem Schaum aus den Mundwinkeln lief, wenn er auf seine Zöglinge einprügelte oder sie bei makabren Geländespielen quälte. Der Journalist Friedhelm Werremeier nannte ihn »Pater Perz, die Pottsau«. Bartsch selbst titulierte ihn als »Schreckgespenst«. Mitschüler hielten ihn für den »Satan im geistlichen Gewand«.

Neben seinen Prügelanfällen tat sich der Geistliche dadurch hervor, dass er den Kindern vor dem Schlafengehen aus der

Lebensgeschichte des französischen Ritters Gilles de Rais vorlas. Gilles de Rais war im 14. Jahrhundert ein mächtiger Baron und Krieger, ging aber vor allem als Serienmörder in die Geschichte ein. Seine Opfer, Knaben im Kindes- und Jugendalter, suchte er auf Märkten und in dunklen Gassen. Er schnitt ihnen die Kehlen durch, hackte die Hände ab, riss Augen und Herzen heraus. Abgeschlagene Kinderköpfe ließ er aufspießen, die restlichen Leichenteile wurden verfeuert oder in Jauchelöchern versenkt. Mehrere Hundert Kinder sollen Gilles de Rais und seine Helfer getötet haben.

Man kann nur mutmaßen, was den Gottesmann getrieben hat, den ihm anvertrauten Kindern solche Szenen vorzulesen. Er schien es zu genießen, wenn die Knaben vor Angst wimmerten, und er wusste wohl, dass die detaillierten Beschreibungen der Gräuel den einen oder anderen auf fatale Weise faszinieren würden, was auf Jürgen Bartsch zutraf, dessen spätere Taten denen des Schlächters Gilles de Rais ähnelten.

Doch Georg Perz traumatisierte Jürgen Bartsch nicht nur mit Worten. Einmal holte der sadistische Pater ihn zu sich ins Bett und missbrauchte ihn sexuell. Mehrere Exschüler berichteten von ähnlichen Vorfällen. Während des Prozesses stellte ich Perz wegen der Übergriffe zur Rede. Sein Kopf wurde immer röter, ich dachte, gleich platzt ihm der Schädel. Der Pater stritt ab, sich an den Jungs vergangen zu haben, und gab sich stattdessen als liebevoller Betreuer aus. Jürgen Bartsch zum Beispiel habe er mit ins Bett genommen, weil der Junge angeblich unter Fieber und Schüttelfrost litt, eine Darstellung, die niemand im Gericht glaubte. Ich habe den Erzieher später bei der Staatsanwaltschaft Wiesbaden wegen Kindesmissbrauchs und Misshandlung von Schutzbefohlenen angezeigt. Die Ermittlungen wurden jedoch eingestellt. Nach Auffassung der damals zuständigen Generalstaatsanwaltschaft stand die katholische Kirche wohl noch über dem Gesetz. Heute, nachdem etliche Missbrauchsfälle innerhalb der Kirche amtlich bestätigt sind, würde das Verfahren sicher einen anderen Ausgang nehmen. Jürgen Bartsch indes blieb nur, aus der kirchlichen Kaserne zu fliehen.

Das unbarmherzige Internatsleben hatte Jürgen Bartsch seelisch und körperlich zugesetzt. Die Tatsache, dass er unter der Herrschaft empathieloser, autoritärer und oft auch gewalttätiger Adoptiveltern aufwuchs, trieb ihn in eine immer größere Verzweiflung. Er fühlte sich entwurzelt. Immer häufiger entwickelte er krankhafte sexuelle Fantasien, die in der Tötung eines Menschen gipfelten. Während der Flucht aus dem Internat versuchte er zum ersten Mal, seine Gedanken in die Tat umzusetzen: Er stieß einen Jungen, der mit ihm ausgerissen war, vor einen fahrenden Zug, weil er sich vorstellte, er könne sich dann an der Leiche vergehen. Im letzten Moment sprang das Opfer zur Seite und rettete sich.

Zurück bei seinen Adoptiveltern, hielt Jürgen Bartsch die Fassade des angepassten, harmlosen Jungen aufrecht. Er machte kaum Ärger, erntete vielmehr die Bewunderung seines Umfelds, weil er für sein Alter erstaunlich gut zauberte. Er trat einem Magischen Zirkel bei und führte seine Tricks – Kartenkunststücke, Billardtricks und vieles mehr – öffentlich vor. Eine Lokalzeitung war voll des Lobes: »Rasierklingen verschlingt er mit sichtlichem Genuss und zieht sie an einem Band sorgfältig gebunden wieder aus der Kehle.«

Klammheimlich baute sich der Magier eine Parallelwelt auf, in der Lügen und Manipulationen ebenfalls eine wichtige Rolle spielten. Er bezahlte Kinder dafür, dass er sie berühren durfte oder dass sie sich für ihn auf den Boden legten und so taten, als seien sie bewusstlos. Manchmal ging er durch die Nachbarschaft und fragte, ob jemand sein Fahrrad ausprobieren oder seinen neuen Plattenspieler ansehen wolle, oben in seinem Kinderzimmer. Immer wieder hatte er mit der Masche Erfolg.

Rückschläge und Missgeschicke spornten ihn eher noch an, es beim nächsten Mal besser zu machen. Es klingt kurios, aber als Metzgerlehrling im Betrieb der Eltern brachte es Jürgen Bartsch nicht übers Herz, Kälber zu schlachten, weil sie so einen traurigen Blick hatten. Bei kleinen Jungen überlagerte dagegen seine sexuelle Erregung jedes Mitgefühl und setzte Zweifel, Angst und die bei jedem Menschen vorhandene Tötungshemmung außer Kraft.

Am Ende des Revisionsverfahrens stuften neun von zwölf Hauptgutachtern (die drei anderen hatten bereits im ersten Prozess ausgesagt) den Angeklagten als psychisch krank ein. Sie erklärten, Bartschs Taten hingen ganz wesentlich mit seiner katastrophalen Entwicklung zusammen. Die sexuelle Triebhaftigkeit und der frühe Tod seiner Mutter, mangelnde Wärme in der Kindheit, die ständig wiederkehrende Abfolge von Zurückweisungen, Kränkungen und Bedrohungen – all das habe zu den pädosexuellen und sadistischen Neigungen des späteren Mörders geführt. »Im Leben dieses Kindes ist alles falsch gelaufen, was schiefgehen konnte«, befand der Jugendgerichtshelfer Dietrich Wilke.

Das Gericht verurteilte Jürgen Bartsch zu zehn Jahren Jugendstrafe, wobei ihm die knapp fünfjährige Untersuchungshaft angerechnet wurde. Als Gründe führte die Kammer an, dass er bei seiner letzten Tat 19 Jahre alt und damit im juristischen Sinn Heranwachsender gewesen war. Den ersten Mord hatte er mit 15 begangen. Gleichzeitig mit dem Hafturteil ordnete das Gericht die Unterbringung Bartschs in einem psychiatrischen Krankenhaus an.

Nach der Urteilsverkündung hatte der Vorsitzende Richter einen schweren Stand. In Briefen wurde er als »Schande für die deutsche Justiz« verunglimpft. »Ich bete zum Schicksal, dass doch endlich mal die Kinder von Ministern und Parlamentariern auf so grausame Art umkommen mögen«, schrieb man ihm. Aufgeklärte Justizreporter kommentierten anders. »Dem Mörder Bartsch ist auf eine Weise Gerechtigkeit widerfahren, die im Strafprozess neue Maßstäbe setzen wird«, meinte die *Frankfurter Rundschau*. Die *Süddeutsche Zeitung* schrieb von einem »Meilenstein in der Strafrechtspflege«.

Nach insgesamt sechseinhalb Jahren Haft wurde Jürgen Bartsch im November 1972 in die geschlossene Abteilung der forensischen Klinik nach Eickelborn gebracht. Das Haus glich einem Hochsicherheitstrakt, doch ausgerechnet an diesem deprimierenden Ort fand er sein Glück: Gisela, eine Krankenpflegerin aus Hannover, war 16, als Jürgen Bartsch verhaftet worden war, und seitdem interessierte sie sich für ihn. Drei Briefe schickte sie ins Krankenhaus, die Antwort fiel ernüchternd aus. Bartsch ließ »das geehrte Fräulein« wissen, er lege auf einen Briefaustausch mit ihr keinen Wert. Gisela, die durch die Spätfolgen einer Kinderlähmung leicht beeinträchtigt war, aber vor Selbstbewusstsein strotzte, ließ nicht locker. Tatsächlich gestattete ihr Bartsch einen Besuch. Anfangs nickten sie sich unbeholfen zu und tauschten Belanglosigkeiten aus. Beim dritten Treffen bat er sie, seine Frau zu werden. Als sie nach vier Wochen Bedenkzeit Ja sagte, nahm er sie in den Arm und seufzte, jetzt sei er glücklich.

Anfang Januar 1974 heirateten die beiden in der Abteilung für besonders gefährliche psychisch Kranke. Jürgen Bartsch, mit dem ich noch in regelmäßigem Briefaustausch stand, hatte mich gebeten, Trauzeuge zu sein. Diesen Wunsch wollte ich ihm nicht abschlagen. Ich landete bei dunkelgrauem Himmel in Düsseldorf und fuhr mit dem Auto zum Krankenhaus nach Eickelborn in Ostwestfalen. Es regnete in Strömen. Bei der Ankunft war ich geschockt. Nie zuvor hatte ich eine so riesige Nervenklinik – früher trug sie den bezeichnenden Namen »Irrensiechenanstalt« – gesehen. Etwa 1400 psychisch kranke Menschen wurden dort behandelt bzw. verwahrt. Einige dieser mitleiderregenden

Gestalten begegneten mir auf meinem langen Fußmarsch über das Klinikgelände. Irgendwann stand ich dann vor dem mit hohem Stacheldraht umzäunten Nebengebäude.

Die Ärzte hatten die Eheschließung befürwortet. Sie hielten es für möglich, dass sich die Heilungschancen des Patienten dadurch verbesserten. Gisela war eine warme, großherzige Frau, doch auch kleinere kosmetische Operationen hatten die Spuren der Kinderlähmung in ihrem Gesicht nicht beseitigen können, und wenn sie lachte, sah es mehr nach einer Fratze aus. Als Behinderte gehörte sie zu den Außenseitern, und wohl auch deshalb hatte sie sich an Jürgen Bartsch, den von allen Geächteten, gehängt. Auf mich wirkten die beiden wie zwei, die nicht schwimmen konnten, aber glaubten, wenn sie sich aneinanderklammerten, würden sie schon nicht untergehen.

Die nur wenige Minuten dauernde Hochzeit fand im Aufenthaltsraum der Patienten statt. Er war nicht größer als 30 Quadratmeter. Normalerweise lasen die Kranken hier Bücher oder spielten Tischtennis. Ich erinnere mich, dass die Tischtennisplatte in der Mitte des Raumes hochgeklappt wurde. Auf die Unterseite der Platte war ein Marienbild gezeichnet. Vor diesem Hintergrund hielt der Priester die Zeremonie ab, die ohne einen Ton Musik oder schmückende Dekoration auskam. Es war gespenstisch und unendlich trostlos.

Neben dem Hochzeitspaar und mir waren nur noch Bartschs Adoptiveltern und seine Tante anwesend, nach meinem Empfinden die einzige von Natur aus herzliche und liebevolle Person der Familie, außerdem zwei Pfleger als Aufsichtspersonen. Die Familie der Braut blieb der Feier fern, wohl aus Scham und Enttäuschung. Gisela trug ein schlichtes dunkelblaues Kleid, in der Hand hielt sie einen Blumenstrauß. Auch Jürgen Bartsch hatte etwas Dunkelblaues an. Der Priester wünschte den beiden alles Gute. Sie steckten sich Ringe an und küssten sich. Am Schluss stießen alle mit einem Glas Sekt an, nur der Bräutigam bekam nichts, da ihm, wie allen Patienten, untersagt war, Alkohol zu trinken.

Die Ärzte verabreichten Jürgen Bartsch täglich hohe Dosen triebdämpfender Medikamente. Aber ihn grundlegend zu therapieren und tatsächlich zu heilen, das traute sich niemand zu. Die Fachwelt sprach von einem aussichtslosen Fall. Als sich endlich doch ein Analytiker aus Hamburg bereitfand zu helfen, kam Hoffnung auf, aber die Verlegung aus Eickelborn scheiterte und damit das ganze Projekt. Er bete, eines Tages »wieder ganz gesund« zu werden, schrieb Bartsch seinen Eltern 1974. Eine vom Anstaltsleiter empfohlene Kastration lehnte er zunächst ab und spielte vielmehr mit dem Gedanken, sich einer Operation am Gehirn zu unterziehen.

Der sogenannte »weiße Schnitt« sollte bewirken, dass seine sexuellen Regungen erlöschen. Eingriffe dieser Art waren damals umstritten, aber in schwierigen Fällen nicht unüblich. Die Methode ging auf einen portugiesischen Psychiater und Gehirnchirurgen zurück, der 1949 dafür den Medizin-Nobelpreis erhalten hatte. Dabei wurden hinter der Stirn sitzende Nervenbahnen mit dem Skalpell durchtrennt und jene Gehirnteile lahmgelegt, die für seelische Störungen wie Depressionen, Schizophrenie oder sadistische Triebneigungen verantwortlich waren. In den USA machten sich Hirnoperateure an vielen Tausenden psychisch Kranken zu schaffen, in Deutschland waren es weitaus weniger. Im Fall Jürgen Bartsch prüfte eine Ärztekommission die Erfolgsaussichten einer solchen Operation. Am Ende scheuten die Spezialisten den Eingriff. Sie hielten es für unmöglich, den genauen Sitz von Bartschs Tötungsfantasien festzustellen. Um sicherzugehen, hätten sie größere Regionen des Hirns zerstören müssen, was einem Experiment mit ungewissem Ausgang gleichgekommen wäre.

In tiefer Verzweiflung und um endlich von seiner Triebstörung befreit zu werden, entschloss sich Bartsch nun doch zu einer Kastration – obwohl er große Angst davor hatte. Der chirurgische Eingriff, für Mediziner eigentlich Routine, erfolgte am 28. April 1976 in Eickelborn. 135 Minuten nach Beginn der Hodenentfernung brach Bartschs Kreislauf wegen eines falsch dosierten Narkosemittels zusammen, sein Herz hörte auf zu schlagen. Deutschlands damals bekanntester Psychiatrie-Insasse starb im Alter von 29 Jahren. In weißer Bettwäsche, mit einem Blumengebinde auf der Decke, wurde er aufgebahrt und anschließend anonym in Essen beerdigt.

Niemand wollte so recht glauben, dass Jürgen Bartsch Opfer eines ärztlichen Kunstfehlers geworden war. In der Bevölkerung hielt sich hartnäckig das Gerücht, er sei umgebracht worden, weil für viele Menschen die Vorstellung naheliegend (und wohl auch befriedigend) war, jemand habe Bartsch absichtlich mit einem Narkosemittel »vergast« und damit die Todesstrafe quasi nachträglich vollzogen. Aber das war definitiv nicht der Fall, denn die Ermittlungen ergaben, dass es sich um die grobe Nachlässigkeit eines alkoholsüchtigen und völlig überforderten Mediziners handelte, der den Verdampfer falsch bedient hatte. Als letzten Dienst für unseren verstorbenen Mandanten übernahmen Rolf Bossi und ich die Nebenklage gegen den Arzt. Er wurde zu einer Geld- und Bewährungsstrafe verurteilt.

Manchmal frage ich mich, was aus Jürgen Bartsch geworden wäre, wenn man bei der Operation nicht gepfuscht hätte. Gut möglich, dass er heute noch leben würde, vielleicht sogar als freier Mann. Jürgen Bartsch wäre nach der Kastration ein anderer Mensch gewesen, und nach Jahren intensiver psychologischer Beobachtung und Betreuung wären die Experten vielleicht zu der Einschätzung gekommen, dass er nicht mehr gefährlich sei. Aufgrund seiner schrecklichen Kindheit und Jugend hätte ich ihm trotz seiner furchtbaren Taten die Freiheit gegönnt und versucht, sie ihm zu erstreiten. 2016 wäre Jürgen Bartsch 70 Jahre alt geworden.

Einer der drei am ersten Urteil beteiligten Richter aus Wuppertal hat seine Entscheidung übrigens später bereut. 15 Jahre nach dem Prozess sagte der mittlerweile als Familien- und Vormundschaftsrichter tätige Jurist, er sei sich »nicht mehr so sicher«, ob er sein damaliges Urteil »heute noch in dem Maße mittragen könnte«. Er räumte ein, dass auch Richter dem gesellschaftlichen Wandel unterworfen seien: »Je mehr Lebenserfahrungen sie haben, um so kritischer und bedenklicher und zweifelnder und demütiger werden sie gegenüber dem Anspruch, dass man hier auf dieser Erde eine auch nur angenäherte Gerechtigkeit entfalten könnte.«

Affekt

Jeder Mensch, sei er von Natur aus noch so friedlich, kann zum Mörder werden. Es gibt Fälle, in denen völlig normale, gesunde Menschen in einen psychischen Ausnahmezustand geraten und für kurze Zeit jegliche Kontrolle über ihr Handeln verlieren – aus Zorn, Wut, Angst, Eifersucht, Rache, Panik. Man spricht dann von einer »Handlung im Affekt« oder einer »Affekttat«. In der Regel gehen solchen Verbrechen längere emotionale Konflikte voraus, die sich langsam aufbauen, ohne dass die Beteiligten die Tragweite erahnen. Am Ende reicht der berühmte Tropfen Wasser, der das Fass zum Überlaufen bringt, und es kommt zur Katastrophe.

Das Tragische an solchen Konstellationen ist, dass es nicht nur ein Opfer gibt, sondern mindestens zwei, denn oft ist auch der Täter für sein Leben gestraft. Meistens handelt es sich um zurückhaltende, introvertierte Menschen, die Kränkungen und Demütigungen lange Zeit über sich ergehen lassen. Klaglos fressen sie alles in sich hinein, widersprechen nicht, wehren sich nicht, vermeiden Streit. Mit ihrer Passivität und ihrer offensichtlichen Schwäche provozieren sie geradezu die nächste schwere Kränkung – bis sie förmlich explodieren. Scheinbar aus dem Nichts bäumen sie sich auf und lassen ihren lange unterdrückten Gefühlen freien Lauf. Affekttäter haben keinen Plan. Sie versuchen nicht, Spuren zu vermeiden oder zu verwischen. Nach ihrer Gewalttat brechen sie zusammen und bedauern ihre Handlung, oft fehlt ihnen die Erinnerung an entscheidende Momente. Sie sind zutiefst erschüttert über das, was sie angerichtet haben, auch wenn sie das Opfer zuvor bis aufs Blut gereizt hatte.

Einen solchen Fall erlebte ich Anfang der Siebzigerjahre. Damals waren die Arbeitsbedingungen für Verteidiger in München noch paradiesisch. Es gab 20, vielleicht 30 Rechtsanwälte, die sich mit Strafrecht befassten. Die Konkurrenz untereinander hielt sich in Grenzen, und das Verhältnis zur Justiz war nicht halb so angespannt wie heute. Es ging alles noch etwas lockerer und unkomplizierter zu. Wenn ich zum Beispiel einen Mandanten in der JVA Stadelheim besuchen wollte, musste ich keinen schriftlichen Antrag stellen oder zeitraubende Telefonate führen. Ich fuhr einfach hin, stieg die Treppen hoch und kam in einen Raum, in dem zwei nette Beamte saßen, denen man ihre Leidenschaft für deftiges bayerisches Essen deutlich ansah. Als Anwalt, der schon länger im Geschäft war, wurde ich von den Justizwachtmeistern geduzt, was ich als sehr angenehm empfand. Der freundliche Umgang miteinander schaffte eine ungezwungene Atmosphäre. Damals genügte es schon, wenn ein von mir betreuter Häftling dem JVA-Personal erklärte, ein anderer Gefangener wolle auch von mir vertreten werden. Dann konnte ich ohne große Formalitäten ungestört mit dem Mann sprechen. Die Mund-zu-Mund-Propaganda funktionierte hervorragend und bescherte uns viele interessante Mandate.

Josef, den alle nur Sepp nannten, saß seit wenigen Tagen in Untersuchungshaft. Man legte ihm die Tötung seiner Ehefrau zur Last. Weil er noch nie mit dem Gesetz in Konflikt geraten war, kannte er keinen Strafverteidiger. Ein Zellengenosse hatte ihm unsere Sozietät empfohlen.

Als ich den 40-Jährigen das erste Mal besuchte, warnte mich einer der beiden JVA-Beamten an der Pforte: »Du, auf den musst fei b'sonders aufpassen. Mir hob'n alle Angst, der tuat sich was an.« Sepp verweigerte jegliche Nahrung und murmelte ständig, er wolle sterben. Das hatte zur Folge, dass er quasi rund um die Uhr kontrolliert wurde. Auch nachts schaute ein Wachmann jede Stunde in die Zelle, um sich zu vergewissern, dass der Gefangene keinen Suizidversuch unternommen hatte. Die daraus resultierende Schlaflosigkeit, erklärte mir der Beamte, treibe manche Delinquenten erst recht in den Wahnsinn. Ich sollte also beruhigend auf Sepp einwirken und ihm klarmachen, dass er durch sein Verhalten noch mehr Probleme bekommen würde, als er ohnehin schon hatte. Dann öffnete er mir die Stahltür zum Gang mit den Besuchsräumen.

Selten habe ich einen so verzweifelten Mandanten erlebt wie Sepp: Körperlich ein Hüne, sicher 1,85 Meter groß und um die 100 Kilo schwer, war er dennoch hilflos und zerbrechlich wie ein Kind. Was mir sofort auffiel: Seine Hände waren vollständig bandagiert, nicht einmal die Fingerkuppen schauten heraus. Wie ich im Laufe unseres Gesprächs erfuhr, hatte sich Sepp bei seiner Tat schwer verletzt. Gemerkt hat er das allerdings erst, als ein Notarzt ihn behandelte. Stockend erzählte er mir, was passiert war.

Sepp und seine Frau waren seit 15 Jahren glücklich miteinander verheiratet, hatten zwei Kinder, einen Hund und ein eigenes Häuschen am Rand von München. Sepp war ein erfolgreicher Handwerksmeister. Seine Frau, die aus einer vermögenden Familie stammte, arbeitete in einem Steuerbüro. Alles in bester Ordnung, eine Bilderbuchehe, so schien es. Tatsächlich jedoch kriselte es seit mindestens einem Jahr in der Beziehung. Sepp spürte, dass sich seine Frau verändert hatte. Sie schien ihn zu meiden, verweigerte körperliche Nähe, kritisierte ihn wegen Nichtigkeiten. Sepp war ein ruhiger, gutmütiger Mensch, der Konflikten am liebsten aus dem Weg ging. So suchte er die Schuld für die abgekühlte Beziehung zuerst bei sich selbst, bis er irgendwann den Verdacht schöpfte, seine Frau könne ihn betrügen. Er begann, ihr nachzuspionieren.

Nachdem er einmal beobachtet hatte, wie sie zu einem jüngeren, sportlichen Mann ins Auto stieg, stellte er sie zur Rede, doch seine Frau stritt eine Affäre ab. In der Folge zermürbte sie ihren Mann mit Vorwürfen und Beleidigungen. Trotz der Attacken versuchte Sepp alles, um seine Ehe zu retten und sich mit seiner Frau zu versöhnen. Kurzfristig beruhigte sich die Lage, auch wenn es beiden schwerfiel, zu einem innigen, von Zuneigung, Rücksicht und Vertrauen geprägten Verhältnis zurückzufinden. Seine Frau hatte zwar versprochen, ihre (inzwischen eingestandene) Affäre zu beenden, doch Sepp plagte nach wie vor das Misstrauen, weswegen er wieder anfing, sie zu beschatten. Als er sie erneut mit ihrem Liebhaber beobachtete, brach für ihn die Welt zusammen. Er liebte seine Frau, doch ihr Betrug entfesselte in ihm eine unbändige Wut.

Um nicht verrückt zu werden, verließ Sepp das Haus und ging mit dem Hund spazieren. Als er zurückkam, fuhr gerade seine Frau vor. Sie wirkte auffallend fröhlich und entspannt. Sepp sagte:»Du bist ja so gut drauf. Wo kommst du denn her?« Sie habe ihre Mutter besucht und Einkäufe erledigt, antwortete sie. Die beiden gingen ins Haus. Im Flur baute sich Sepp vor seiner Frau auf. Mit bebender Stimme, in einer Mischung aus Erschütterung, Verzweiflung und Zorn, schrie er sie an:»Du Lügnerin!« Er habe sie heute überwacht und wieder mit ihrem Liebhaber erwischt. Seine Frau erwiderte in kaltem Ton:»Na und?« Sie unternahm nicht einmal den Versuch, die Sache abzustreiten. Stattdessen herrschte sie Sepp an, mit seinem einfältigen»Gefiesel im Bett« könne sie schon lange nichts mehr anfangen. Ihr»Neuer« sei nicht nur jünger als er, sondern auch viel potenter und einfallsreicher. Bei ihm fühle sie sich»endlich wieder befriedigt«.

Die Sätze trafen Sepp wie Keulen. Er konnte die Schläge förmlich spüren. Ihm wurde heiß, er rang nach Luft. Sein Blick irrte umher – und fiel auf die Flurgarderobe. Dort baumelte die Hundekette. Mit einer schnellen Handbewegung riss er sie vom Haken und warf sie seiner Frau, die ihm direkt gegenüberstand, um den Hals. Er spürte ihren Atem, sah in ihre überraschten, weit aufgerissenen Augen. Sepp zog die Kette mit ganzer Kraft zu. Immer tiefer schnitten sich die Metallglieder in den Hals, drückten die Adern ab, die das Gehirn mit Blut versorgten. Nach wenigen Minuten hörte die Frau auf zu zappeln. Sepp ließ locker. In seiner Rage spürte er nicht, dass die Hundekette bis auf die Knochen reichende Wunden in seine Hände gerissen hatte.

Als er wieder zu sich kam, wurde ihm klar, was geschehen war. In seiner Verzweiflung rief er den Notarzt und die Polizei. Ohne Umschweife erklärte er den Tatablauf.

Im Gefängnis zerfraßen ihn Trauer und Schuldgefühle, aus Gram über den Tod seiner Frau und das Schicksal seiner Kinder brachte er kaum ein Wort heraus. Er wollte am liebsten sterben. Es fiel mir schwer, ihn halbwegs aufzubauen. Seine Kinder, tröstete ich ihn, würden die Hintergründe der Verzweiflungstat eines Tages verstehen und ihm verzeihen. Weil es sich um eine Tat im Affekt gehandelt habe, erwarte ihn keine dramatisch hohe Strafe. Auf jeden Fall müsse er durchhalten und dürfe sich nicht zu unüberlegten Handlungen hinreißen lassen. Er versprach es mir unter Tränen.

Das Gericht verurteilte Sepp wegen Totschlags im Zustand verminderter Zurechnungsfähigkeit zu sieben Jahren Haft. Der von mir als Gutachter vorgeschlagene Psychiater hatte ihm aufgrund eines Langzeitaffekts eine tief greifende Bewusstseinsstörung attestiert. Wegen guter Führung und einer günstigen Sozialprognose kam er in den Genuss der Halbstrafenregelung. Nach dreieinhalb Jahren wurde er entlassen und begann ein neues Leben, in dem auch seine Kinder, die vom gewaltsamen Tod ihrer Mutter lange Zeit traumatisiert waren, eine wichtige Rolle spielten. Langsam näherten sie sich dem

Vater wieder an. Sicherlich konnten sie das Geschehene auch deshalb besser verarbeiten, weil der Vater ihnen die tragische Vorgeschichte und damit seine Motive für das Verbrechen erläuterte. Ich jedenfalls konnte Sepps Tat aus psychologischer Sicht gut nachvollziehen. Jeder Mensch ist zu *allem* fähig.

Aufschneider

In meinem Beruf begegne ich den unterschiedlichsten Menschentypen. Manche sind von einer unglaublichen Kälte, sie gehen sprichwörtlich über Leichen. Andere, charakterlich weiche und sensible Wesen, geraten nur durch Zufall mit dem Gesetz in Konflikt. Und dann gibt es noch die netten Berufsganoven, die sich mit kleinen und größeren Flunkereien über Wasser halten. Manche legen ein erstaunliches Talent an den Tag, wenn es darum geht, andere übers Ohr zu hauen. Mit Überzeugungskraft, Charme, Witz und einer Portion Kaltschnäuzigkeit gelingt es ihnen, Menschen für sich einzunehmen und sie zu täuschen. Ein Mandant von mir brachte es in dieser Beziehung zur wahren Meisterschaft. In der Kategorie »Mehr Schein als Sein« steht er bei mir ganz oben.

Heinz lebte auf großem Fuß, obwohl seine rechtmäßigen Einkünfte von sehr bescheidenem Ausmaß waren. Sein Geld stammte aus diversen Betrügereien, die ihm dauerhaften Ärger mit der Justiz einbrachten. Bei den Münchner Gerichten gehörte er quasi zur Stammkundschaft. Mehrfach saß er im Gefängnis – und offenbar war er sich nach jeder Entlassung sicher, dass er bald wieder dorthin zurückkehren würde. Damit sie ihn in guter Erinnerung behielten und auch künftig pfleglich behandelten, schickte er den verantwortlichen Wachleuten der JVA Bernau jedes Jahr Pakete mit Geschenken, womit er ganz richtig lag, denn nach diversen Betrugsstraftaten landete Heinz mal wieder auf der Anklagebank. Er bat mich, ihn zusammen mit einem weiteren Anwalt zu verteidigen.

Vor jedem Verhandlungstermin trafen wir uns zum Frühstück in der Justizcafeteria. Dort überraschte uns Heinz mit seiner Großzügigkeit, die fast schon an Prahlerei grenzte. So steckte er der netten Bedienung Luise jedes Mal 50 Mark Trinkgeld zu. Das war weit mehr, als ein Frühstück mit Butterbrezen für uns drei gekostet hatte. Der Mandant bat Luise immer: »Zünde eine Kerze an und bete für mich, denn auf mich wartet der schlimmste Richter im ganzen Haus.«

Tatsächlich musste sich Heinz vor einer Wirtschaftsstrafkammer verantworten, die für ihre rigorosen Schuldsprüche gefürchtet war. Doch wie so oft im Leben, hatte er auch diesmal Glück. Denn kurz vor Prozessbeginn verstarb Heinz' Mittäter, sodass er seinen Tatanteil herunterspielen konnte. Genüsslich schlüpfte er in die Rolle des unwichtigen Gehilfen, gestand das, was man ihm nachweisen konnte, und zeigte sogar ein Mindestmaß an Einsicht und Reue. Dem als beinhart bekannten Richter schien das zu imponieren. Nicht nur *was* der Angeklagte sagte, beeindruckte ihn, sondern *wie* er es sagte. Heinz plauderte im Stile eines Volksschauspielers über seine Taten. Die Schilderungen untermalte er mit pathetischen Gesten und grandioser Mimik.

Seine besten Geschäfte machte der Betrüger in Kaufhäusern, wo er immer einen kleinen Stand aufbaute und Dinge aller Art anpries – »vom superscharfen Küchenmesser bis zur Rose von Jericho«, wie Heinz im Prozess erläuterte. Ungläubig hakte der Richter nach, was es mit der »Rose von Jericho« auf sich habe. Bereitwillig klärte ihn unser Mandant auf. Das sei »eine Art Allheilmittel« gegen verschiedenste Krankheiten. Obwohl die Wirkung gleich null gewesen sein dürfte, habe er es den Menschen als »Wunderpflanze« gegen Schnupfen, Magenleiden und sogar Krebs verkauft. Wenn ihn eine ältere Dame skeptisch anschaute, ging er hin und sagte: »Mütterchen, mach mal deinen Mund auf und zeig mir die Zunge!« Nach einem kurzen Blick auf die Zunge erfand Heinz aus dem Stegreif eine schlimme Krankheit. Die Diagnose sei erschütternd, behauptete er, und wenn es überhaupt noch Heilungschancen gebe, dann nur durch die »Rose von Jericho«. Viele der geschockten Kundinnen hielten den eigentlich leicht zu durchschauenden Zirkus für echt. Sie bettelten regelrecht um das angeblich revolutionäre Medikament, das zwar keine Schmerzen lindern konnte, aber zum Glück auch keinen Schaden anrichtete.

Mit seinen Darbietungen versetzte Heinz viele gutgläubige, vor allem ältere Menschen in Angst und zog ihnen das Geld aus der Tasche. Möglich war dies aber nur, weil die Leute ihm die skurrile Show abnahmen. Er verkaufte Luft und sie griffen gierig zu. Das traf auch auf Anteilsscheine an einer Sargfabrik zu, die Heinz in großer Zahl unters Volk brachte. Die von ihm ausgegebene Binsenweisheit »Gestorben wird immer« lockte viele Geldgeber an. Dass die Investoren keine Gewinne sahen, hatte einen simplen Grund: Die Sargfabrik existierte nur auf dem Papier. Heinz hatte sie erfunden – so wie die Heilkraft der Jericho-Rose oder ein florierendes Unternehmen für Bergseilbahnen. Auch hierfür fanden sich genügend naive Leute, die Anteilsscheine erwarben und am Ende leer ausgingen.

Der normalerweise zynische und weitgehend humorfreie Richter verfolgte die Ausführungen des Angeklagten mit erstaunlicher Gelassenheit. Fast schien es, als hege er eine gewisse Sympathie für den Mann. Das änderte sich auch nicht, als Heinz um eine verlängerte Mittagspause bat. Als Grund nannte er eine angebliche Zuckererkrankung, die er sich »durch viel gutes Essen« zugezogen habe. Der Richter stimmte zu, wenngleich er wohl ahnte, dass es sich um eine der typischen Übertreibungen des Angeklagten handelte.

Die ausgedehnte Mittagspause gestaltete sich zu einem unvergesslichen Happening. Heinz ließ es sich nicht nehmen, uns Verteidiger zum Essen einzuladen. Mit seiner riesigen amerikanischen Limousine fuhren wir in die Maximilianstraße und stoppten direkt vor dem Luxushotel Vier Jahreszeiten. Unser Mandant machte keinerlei Anstalten, einen Parkplatz zu suchen, das war ihm schlichtweg zu banal. Er liebte das Spektakel, suchte immer die große Bühne. Also stellte er das Gefährt mitten auf dem Gehweg ab. Als sich zwei Polizisten näherten, stieg Heinz aus und drückte einem der beiden rotzfrech die Wagenschlüssel in die Hand. Freundlich bat er die verdutzten Beamten, gut auf sein Auto aufzupassen, die US-Regierung werde es ihnen danken. Tatsächlich hatte der Schlitten – warum auch immer – ein Diplomatenkennzeichen.

Während die Polizisten brav ihres Amtes walteten, ließen wir es uns im Hotelrestaurant schmecken. Nach einem Vier-Gänge-Menü und mindestens zwei Flaschen guten Rotweins verließen wir das Lokal und fuhren bestens gelaunt zurück zum Gericht. Leicht verspätet kamen wir zur Verhandlung, was sich auf das Urteil zum Glück nicht negativ auswirkte. Der »zuckerkranke« Heinz erhielt trotz seiner Vorstrafen nochmals eine Bewährungsstrafe, womit er sehr zufrieden war.

Mit seinem Amischlitten leistete sich Heinz übrigens noch so manche Eskapade. So legte er sich als einer der ersten in München ein mobiles Blaulicht zu, das er jederzeit auf sein Autodach setzen konnte. Dass der Hochstapler regen Gebrauch davon machte, dürfte niemanden überraschen. Schließlich trat er mit Vorliebe als hoher amerikanischer Militärbeamter auf, der gar nicht daran dachte, sich den hier gültigen Verkehrsregeln zu unterwerfen. Einmal lieferte sich Heinz ein Privatrennen mit einem neureichen Münchner Metzgermeister. Beide rasten den Giesinger Berg hoch. Am Stadion des TSV 1860 gelang es Heinz, seinen Konkurrenten auszubremsen. Mit aufgesetztem Blaulicht stoppte er den Metzger und stieg aus. Er stellte sich als Chef der amerikanischen Militärpolizei in München vor. Um nicht aufzufliegen – er trug nämlich keine

Uniform –, sprach er in gebrochenem Englisch und wählte einen barschen Befehlston. Heinz ließ sich Ausweis und Führerschein des perplexen Mannes zeigen und den Autoschlüssel geben. Die Papiere warf er mit einer verächtlichen Handbewegung auf die Straße, den Schlüssel schmiss er auf eine Wiese unterhalb des Stadions. »So einer wie Sie dürfte überhaupt kein Auto mehr fahren«, herrschte er den Metzger an und brauste davon.

Die Köpenickiade brachte Heinz wieder einmal eine Anzeige ein – und eine satte Geldstrafe wegen Amtsanmaßung. Der Richter fand den Fall aber so komisch, dass er den mehrfach vorbestraften Angeklagten nicht ins Gefängnis schickte. Auch für mich war Heinz kein skrupelloser Gesetzesbrecher. Ich sah in ihm eher einen höchst amüsanten Typen mit Hang zur Selbstdarstellung, einen genialen Entertainer, der es mit der Wahrheit nicht so genau nahm. Eigentlich müsste ich mich sogar bei ihm bedanken: Er bescherte mir einige der lustigsten Prozesstage meiner Karriere.

Ausgeliefert

Als Strafverteidiger habe ich es oft mit Polizeibehörden und Staatsanwaltschaften zu tun, die sich ihrer Sache absolut sicher sind. Und so, wie sich die Dinge in den Ermittlungsakten darstellen, haben sie meist auch allen Grund dazu. Sämtliche Indizien sprechen gegen die Beschuldigten, eine Verurteilung scheint reine Formsache, nur das Strafmaß steht noch aus. Aber manchmal steckt der Teufel (oder das Paragrafen-Glück für den Mandanten) im Detail.

Um ein solches Detail, das die Strafverfolger in ihrem Eifer übersehen hatten, ging es im Verfahren gegen einen hochkarätigen Drogenschmuggler. Der Perser sollte 35 Tonnen Haschisch im Wert von mehreren Millionen Mark nach Deutschland geschmuggelt haben. Ein Lkw-Fahrer, der an der Sache beteiligt war, hatte ihn belastet. Sieben Tonnen des Rauschgifts konnten die Fahnder sogar noch sicherstellen. Der Perser war den Ermittlern auf der Insel Zypern ins Netz gegangen und sollte nach Deutschland überstellt werden. Dort wartete die Justiz schon sehnsüchtig auf ihn.

Doch der Mann wehrte sich gegen seine Auslieferung. Es kam zum Verfahren am Obersten Gericht in der Hauptstadt Nikosia, wo ich ihn zusammen mit einem einheimischen Anwalt verteidigte. Zypern stand lange Zeit unter britischer Herrschaft, und viele Traditionen aus dieser Phase haben sich erhalten, auch im Bereich der Justiz. Die Richter sprachen perfekt Englisch und verhandelten mir zuliebe in der Sprache ihrer früheren Kolonialherren. Außerdem trugen sie während der

Verhandlung weißgelockte Perücken – ein Anblick, der dem Gericht zwar eine Aura von Würde verlieh, an den man sich aber erst gewöhnen musste. Doch der antiquierte Kopfschmuck interessierte mich nur am Rande. Unsere Aufgabe war es, den Mandanten vor einer langjährigen Haftstrafe in Deutschland zu bewahren. Mein Kollege und ich befassten uns deshalb eingehend mit den in Zypern geltenden Rechtsvorschriften, und die besagten, dass Auslieferungen – wie international üblich – nur dann zulässig sind, wenn das vorgeworfene Delikt in beiden Staaten strafrechtlich verfolgt werden kann. Für Deutschland traf das zu, für Zypern nicht. Denn dort verjährten Drogendelikte bereits nach sechs Monaten, die angeklagte Tat lag aber viel länger zurück. Als wir diese Konstellation entdeckt hatten, forderten wir das Gericht auf, unseren Mandanten sofort freizulassen und nicht nach Deutschland zu überstellen.

Nach intensiver Diskussion schlossen sich die Richter unserer Auffassung an. Der Staatsanwalt war verständlicherweise sauer, auch bei den deutschen Behörden hielt sich die Begeisterung in engen Grenzen. Doch bevor irgendjemand an der Entscheidung rütteln konnte, machte sich unser persischer Freund vom Acker. Eiligen Schrittes verließ er das Justizgebäude, bestieg ein Schnellboot, das seine Kumpel in weiser Voraussicht organisiert hatten, und verschwand freudestrahlend Richtung Beirut.

Ich kann mir gut vorstellen, dass viele Leser an dieser Stelle den Kopf schütteln: Wie kann sich ein seriöser Strafverteidiger dafür einsetzen, dass ein Drogendealer der Bestrafung entgeht? Die Antwort ist ganz einfach: Weil meine Rolle darin besteht, einen Mandanten bestmöglich zu vertreten und dafür zu sorgen, dass die geltenden Gesetze (hier die Verjährung von Drogendelikten) auch in seinem Fall Anwendung finden. Meine Aufgabe ist es nicht, über einen Mandanten zu richten und irgendwelche moralischen Wertungen zu treffen. Dem

Haschisch-Händler stehen die gleichen Rechte zu wie jedem anderen Menschen auch. Dieses rechtsstaatliche Prinzip zu missachten, wäre Willkür.

Nach dem Freispruch von Nikosia hätte mein Mandant eigentlich gewarnt sein müssen. Schon unmittelbar nach dem Urteil machte ich ihm klar, dass er nur durch äußerst glückliche Umstände verschont geblieben war. Wäre er in einem anderen Land geschnappt worden, hätte ihn eine harte Strafe erwartet. Wirklich ernst genommen hat er meine Worte offenbar nicht: Einige Zeit später wurde er in Österreich verhaftet und wegen Heroinschmuggels zu zwölf Jahren Haft verurteilt.

Mafiaboss

Die Vorwürfe gegen meinen italienischen Mandanten klangen ungeheuerlich: versuchter Auftragsmord in zwei Fällen, illegaler Waffenbesitz, Drogenhandel und Geldwäsche in großem Stil, Kopf einer kriminellen Vereinigung. Das BKA stufte ihn als obersten in Deutschland lebenden Mafiaboss ein.

Als er nach jahrelangen Ermittlungen im September 1997 verhaftet wurde, bejubelte die Presse einen »spektakulären Schlag gegen die organisierte Kriminalität in Deutschland«. Angesichts des riesigen Fahndungsaufwands und des massiven Polizeiaufgebots klang das gar nicht mal so abwegig. Zeitgleich mit der Festsetzung meines damals 58 Jahre alten Mandanten führten die Fahnder Razzien in Italien, der Schweiz und mehreren deutschen Städten durch. Aus Wohnungen und Firmen, alles Objekte in teuersten Lagen, schleppten sie säckeweise Beweismaterial.

Bei dem angeblichen Superverbrecher handelte es sich um Sabatino Ciccarelli, genannt »Tino«. Der stets elegant gekleidete und in besten Kreisen verkehrende Italiener, betrieb im mondänen Kurort Baden-Baden eine Kette exquisiter Modeläden. Die Ermittler hielten die Aktivitäten für Tarnung, eine glitzernde Kulisse, hinter der angeblich schmutzige Geschäfte liefen. Die Staatsanwaltschaft Karlsruhe, bei der die Ermittlungsfäden zusammenliefen, notierte über meinen Mandanten: »Sein Einflussbereich umfasst drei Viertel des Staatsgebietes. Er ist der Capo dei Capi« – der »Boss der Bosse«. So stand es in den Akten.

Seine Karriere startete Ciccarelli Mitte der Sechzigerjahre in Neapel. Schon bald hatte er überall seine Finger im Spiel, vor allem im lukrativen Rauschgifthandel. 1972 soll der Obermafioso zwei Drogenkuriere kaltblütig erschossen haben. Zudem sagte man ihm nach, er habe mehrere Menschen auf mafiatypische Weise liquidiert: durch Erdrosseln mit einem Seidenschlips. Anfang der Achtzigerjahre, nachdem die Polizei einen regelrechten Feldzug gegen die Mafia begonnen hatte und eine Razzia die nächste jagte, verließ er Italien. So ging er auch den immer blutiger werdenden Machtkämpfen zwischen rivalisierenden Clans aus dem Weg.

Ciccarelli verschlug es – angeblich mit einem Barvermögen von 250 Millionen Mark – nach Lahr, einem idyllischen Städtchen am Rande des Schwarzwalds. Dort zog er unter falschem Namen in die Villa einer wohlhabenden badischen Bauunternehmerin ein, die später seine Lebensgefährtin wurde. Sie half ihm, im noblen Baden-Baden, von jeher Treffpunkt der Schönen, Reichen und Prominenten, geschäftlich Fuß zu fassen. Doch seine Boutiquen der Kette »Moda classica« zogen nicht nur solvente Kundinnen und Kunden an, sie weckten auch das Interesse der Polizei. Ab 1995 überwachten BKA-Leute die Geschäfte per Video, außerdem hörten sie sein Telefon ab. Bei einem der belauschten Gespräche soll Ciccarelli in Italien eine Waffe bestellt haben (»Ein Ding, das keinen Krach macht, sehr speziell«). In einem weiteren Telefonat wurde die »Erledigung einer Arbeitssache« besprochen.

Für die Fahnder war die Sache klar: Ciccarelli hatte eine »Killerwaffe« geordert, mit der zwei in Deutschland lebende Italiener erschossen werden sollten. In der Folge gelang es den Ermittlern nicht nur, die über Belgien eingeschmuggelte Pistole nebst Schalldämpfer abzufangen. Sie schafften es sogar, einen Kronzeugen gegen den mutmaßlichen Paten aufzutreiben: Vincenzo Esposito, Ciccarellis Exleibwächter. Er belastete meinen Mandanten schwer. Ciccarelli sei »Statthalter« der Mafia in Deutschland, habe »tonnenweise Kokain« ins Land gebracht und über seine Modeläden gigantische Summen Mafiageld gewaschen.

Der Prozess vor dem Landgericht Baden-Baden begann im Herbst 1998. Er dauerte acht Tage und fand unter wahnwitzigen Sicherheitsbedingungen statt. Die Vertreter der Staatsmacht wurden, eskortiert von mehreren Polizeistaffeln, in gepanzerten Limousinen zum Gericht gebracht. Selbst meinen Mandanten steckte man in ein Auto mit abgedunkelten Scheiben. Vor dem Gerichtsgebäude patrouillierten schwer bewaffnete Polizisten, Sprengstoffspürhunde wuselten zwischen in der Nähe geparkten Autos herum. Auch innerhalb des festungsartig gesicherten Gebäudes wurde nichts dem Zufall überlassen. Am Eingang kontrollierten Beamte Prozessbeteiligte und Zuschauer mit Metalldetektoren, vor dem Saal musste sich jeder einer Leibesvisitation unterziehen. Hintergrund des Theaters waren mehrere Morddrohungen. So hatte der Staatsanwalt einen Brief mit der Ankündigung erhalten, man werde ihn »in die Luft jagen«. Dem fallführenden BKA-Beamten schrieben Unbekannte, sein Ermittlungsfleiß könnte für ihn »tödlich enden«. Beide Männer wurden unter Polizeischutz gestellt.

Ich persönlich habe die martialischen Schutzvorkehrungen immer für übertrieben gehalten, ja geradezu lächerlich, zumal im Laufe des Prozesses die Kernvorwürfe der Anklage wie ein Kartenhaus in sich zusammenfielen. Der Staatsanwalt stützte sich fast ausschließlich auf die Aussagen des Hauptbelastungszeugen Vincenzo Esposito. Dass dieser Mann ein notorischer Lügner war und ausschließlich eigene Interessen verfolgte, konnte ich dem Gericht schnell beibringen. Der Belastungseifer des Mannes kam nämlich nicht von ungefähr: Esposito saß wegen eigener Drogendelikte in deutscher Untersuchungshaft und versuchte nun, sich einen Strafrabatt zu erarbeiten – indem er frei erfundene Behauptungen über den Angeklagten verbreitete. Der Kronzeuge schreckte nicht einmal davor zurück, meinen Mandanten mitverantwortlich zu machen für die Ermordung des schleswig-holsteinischen Ministerpräsidenten Uwe Barschel (CDU), der am 11. Oktober 1987 im Genfer Hotel Beau-Rivage tot aufgefunden worden war.

Der Vorsitzende Richter hielt die Schilderungen des Exmafioso, der um des eigenen Vorteils willen bereits in früheren Verfahren gelogen hatte, ebenfalls für hanebüchen: »Er nimmt es möglicherweise nicht so genau mit der Wahrheit.« Wer seine Aussagen »im Stile eines Fortsetzungsromans« zu Protokoll gebe, sei definitiv kein verlässlicher Zeuge. Die Entlarvung von Esposito als Aufschneider war ein herber Schlag für den Staatsanwalt. Irgendwann rückte er gezwungenermaßen von seinem Hauptvorwurf ab, Ciccarelli habe die Ermordung zweier Landsleute vorbereitet.

Ich erklärte dem Gericht, dass mein Mandant früher tatsächlich der Camorra angehört habe. Mit seiner Flucht nach Deutschland 1982 sei der Kontakt zur Mafia jedoch abgebrochen. Auch den Grund für die Bestellung einer Schusswaffe konnte ich plausibel darlegen: Mafia-Aussteiger Ciccarelli fürchtete Repressalien seiner alten Kollegen, die ihn womöglich für einen Verräter hielten und ihm nach dem Leben trachteten. Für den Fall eines Anschlags wollte er gerüstet sein. Der klein gewachsene Italiener glaubte, mit einer Pistole könne er sich jederzeit Respekt bei seinen Gegnern verschaffen. Außerdem passte sie zu seinem extrovertierten Lebensstil. Ciccarelli legte ein fast schon lächerliches Imponiergehabe an den Tag, weswegen ich mich auch nicht scheute, ihn vor Gericht einen »eitlen Pfau« zu nennen, der von seinem kriminellen Ruf lebte und damit noch kokettierte.

Während meiner Ausführungen übte ich scharfe Kritik am BKA, das zwar einen irrsinnigen Aufwand betrieben, dabei aber die einfachsten handwerklichen Regeln missachtet hatte. So pflügten die vermeintlichen Elitefahnder den kompletten Garten meines Mandanten um, weil sie im Erdreich irgendwelche Beweismittel vermuteten. Seinen großkalibrigen Revolver aber, den er samt Munition im Nachtkästchen aufbewahrte, übersahen sie – einem einfachen Dorfpolizisten wäre das vermutlich nicht passiert. Die Panne kam erst im Prozess ans Licht, als die Lebensgefährtin des Angeklagten als Zeugin gehört wurde. Die Bauunternehmerin brachte die Waffe mit ins Gericht und sorgte so für allgemeine Heiterkeit, außer beim Staatsanwalt, der keine Miene verzog.

Am Ende wurde der angebliche Superverbrecher Sabatino Ciccarelli zu vier Jahren Haft verurteilt – wegen unerlaubten Waffenbesitzes und illegaler Einfuhr einer Waffe. Vom Vorwurf des versuchten Auftragsmordes sprach das Gericht ihn frei. In seiner Begründung sagte der Richter, nichts spreche dafür, dass Ciccarelli Statthalter der Mafia gewesen sei. Die Beweisaufnahme habe keine Anhaltspunkte dafür ergeben, dass er einer kriminellen Vereinigung angehöre oder gar deren Anführer sei. Mit dem Urteil blieb das Landgericht weit unter der Forderung des Staatsanwalts, der seine Anschuldigungen im Prozessverlauf deutlich reduziert und am Ende sechseinhalb Jahre Gefängnis gefordert hatte. Tatsächlich saß »Tino« nicht einmal vier Jahre. Im April 2000, nach Verbüßung von knapp zwei Dritteln der Haftzeit, wurde der mittlerweile 60-Jährige aus der JVA Bruchsal entlassen und nach Italien abgeschoben.

Heute, gut 18 Jahre nach Prozessende, kann ich ruhigen Gewissens ein amüsantes Geheimnis lüften. Es geht um eine Geste, von der außer mir und meinem Mitverteidiger niemand Notiz nahm: Unmittelbar nachdem der Kronzeuge den Gerichtssaal betreten hatte und an uns vorbeigeführt wurde, nahm mein Mandant gezielt Blickkontakt mit ihm auf. Dabei griff er sich kurz an den Hals und bewegte seine Hand so, als ziehe er sich eine Krawatte zu. Der Kronzeuge wurde daraufhin noch blasser, als er sowieso schon war, denn dabei handelte es sich um eine unmissverständliche Botschaft: Sabatino Ciccarelli bedeutete dem Kronzeugen, dass ihn für seine Falschbezichtigungen, die ja überhaupt erst zur Anklage geführt hatten, eine bei der Mafia gängige Form der Bestrafung erwarte: Erdrosseln mit einer Schlinge. Mein Mandant, der in Wahrheit nichts mehr mit der Mafia zu tun hatte, wollte seinem Widersacher damit Angst einjagen und sich für dessen aberwitzige Anschuldigungen revanchieren. Die pantomimische Darstellung zeigte Wirkung. Der bei der Polizei noch äußerst redselige Kronzeuge Vincenzo Esposito gab sich während der Anhörung äußerst einsilbig. Immer wieder plagten ihn Erinnerungslücken. Als Justizbeamte ihn aus dem Saal führten, sah es so aus, als schlotterten ihm die Knie.

Genugtuung

Kleine Gesten können vor Gericht große Wirkung entfalten. Manchmal reicht eine eindeutige Handbewegung, und der Angeklagte zieht sich den Missmut der anderen Prozessbeteiligten zu, riskiert im Zweifel sogar eine zusätzliche Bestrafung. Eine solch knifflige Situation erlebte ich während eines Prozesses in München – eigentlich eine Bagatelle, ein Streit unter Autofahrern.

Mein Mandant Hubert hatte eine Vorliebe für schnelle, extravagante Schlitten. Er selbst fuhr einen BMW mit allen Schikanen. Die sehr spezielle Optik stieß nicht bei allen Verkehrsteilnehmern auf Begeisterung, was der Elektromeister an einer Kreuzung im Münchner Zentrum zu spüren bekam.

Die Ampel war gerade auf Rot gesprungen, als neben ihm ein Auto stoppte, in dem zwei junge Burschen saßen, beide etwa 20 Jahre alt. Sie schauten ostentativ zu ihm herüber und belächelten seinen BMW so herablassend, dass Hubert sich provoziert fühlte und in Zorn geriet. Folgen hatte das nur deshalb, weil sich das Spiel an der nächsten roten Ampel wiederholte. Wieder grinsten die Jungs und brachten das Fass damit zum Überlaufen.

Hubert sprang wutentbrannt aus seinem BMW und stürzte sich auf die beiden Burschen, die ihrerseits schon kampfbereit aus dem Auto gestiegen waren. Obwohl seine Gegner in Überzahl waren, ging Hubert aufs Ganze. Schon als Jugendlicher hatte er gelernt, wie man sich gegen eine größere Gruppe von Kontrahenten durchsetzt: Man muss sich den Kräftigsten von allen raussuchen und ihm ordentlich eine reinhauen – dann sind alle anderen beeindruckt und halten sich zurück. Getreu diesem Motto verpasste er dem Größeren der beiden, es war der Beifahrer, eine saftige Ohrfeige und ließ dabei noch ein paar derbe Sprüche los. Tatsächlich verging den Provokateuren das Lachen, und sie traten kleinlaut den Rückzug an. Hubert fühlte sich besser und fuhr ebenfalls davon.

Die Auseinandersetzung hatte jedoch ein juristisches Nachspiel. Die halbstarken Provokateure waren zur Polizei gerannt und hatten Hubert wegen Körperverletzung angezeigt. Beim Prozess legte mein Mandant keine wirkliche Reue an den Tag, im Gegenteil. Schon während der Vorbereitung auf die Hauptverhandlung rechtfertigte er mir gegenüber seine Aktion mit dem Spruch »Was man hat, hat man« und meinte damit seine Genugtuung über die Ohrfeige. Niemand, auch kein Staatsanwalt oder Richter, konnte ihm dieses Gefühl nehmen. Damit hatte Hubert zweifelsohne recht, auch wenn die Strafverfolger alles daransetzten, ihm die Freude an seiner Vergeltungsaktion zu verderben: Das Gericht verdonnerte ihn per Strafbefehl zu einer satten Geldstrafe, außerdem wurde ihm der Führerschein entzogen. Für einen Handwerksmeister, der täglich auf sein Auto angewiesen ist, eine extrem unangenehme Strafe.

Gegen das seiner Meinung nach überzogene Urteil erhob er Einspruch. Im nächsten Prozess lief es besser. Auf Nachfrage des durchaus objektiven und vernünftigen Richters, räumten die beiden Geschädigten ein, Hubert mit abschätzigen Gesten und höhnischem Lachen provoziert zu haben. Insoweit trügen sie eine Mitschuld an dem Zwischenfall. Zusammen mit dem Richter konnte ich den forschen Staatsanwalt dazu bringen, der Einstellung des Verfahrens zuzustimmen – gegen eine Zahlung von 1000 Mark. Kurz bevor der Richter den gnädigen Beschluss verlesen wollte, schaute Hubert zu mir herüber und machte seinem Unmut über die beiden Buschen, die ihn verpfiffen hatten, noch einmal lautstark Luft. »Ich habe noch einen Tausender einstecken, den zahl ich gern, wenn ich dem anderen auch noch eine schmieren darf!« Dabei schwang er demonstrativ seine Hand mit einer ohrfeigenartigen Bewegung durch die Luft. Für einen Moment stockte mir der Atem, denn ich ahnte, dass insbesondere der Staatsanwalt nur wenig Verständnis für eine solch unverhohlene Drohung aufbringen würde. Tatsächlich wollte der Mann, der sein Entgegenkommen bereits zu bereuen schien, die Sache plötzlich weiterbetreiben. Mit einiger Mühe und dank des umsichtigen Richters gelang es mir, die Wogen zu glätten. Letztlich blieb es bei der Verfahrenseinstellung.

Hubert durfte den Führerschein behalten – und weiter mit seinem aufgemotzten BMW durch München rollen. Er versprach mir allerdings, in ähnlichen Situationen künftig im Auto sitzen zu bleiben. Offenbar hielt er sich daran. Ich musste ihn jedenfalls nie wieder in einer solchen Sache verteidigen.

Konfrontation

Im Gericht kommt es vor, dass sich Zeugen doch nicht mehr so genau an einen Vorfall erinnern, wie sie zunächst bei der Polizei angegeben haben. Sind sie am Anfang noch absolut sicher gewesen, dass der Täter blonde Haare hatte, verwaschene Jeans trug und einen bestimmten Akzent sprach, kommen sie bei intensiver Befragung ins Straucheln, insbesondere dann, wenn zwischen Tat und Prozess einige Monate verstrichen sind. Die Unsicherheit von Zeugen kann den Angeklagten durchaus vor einer Bestrafung bewahren, schließlich muss das Gericht überzeugt sein, dass er die Tat begangen hat. Bleiben Zweifel, ist er – in dubio pro reo – freizusprechen. Ich habe mehrere Verfahren erlebt, in denen Zeugen »umgekippt« sind und ihre ursprünglichen Aussagen revidieren mussten. Ein Fall ist mir in guter Erinnerung geblieben – vielleicht auch deshalb, weil ich den Zeugen mit meiner Taktik vor kleinere Probleme gestellt habe …

Es ging um drei Brüder, die ich immer mal wieder vertreten musste. Echte Kölsche Jungs, rheinische Frohnaturen, die ihr Geld im Rotlichtmilieu verdienten. Als es ihnen in der Heimat aufgrund diverser Meinungsverschiedenheiten mit den Justizbehörden zu ungemütlich geworden war, siedelten sie nach Bayern über und setzten hier ihre Zuhälterkarrieren fort. Dass ihr Herz weiter für Köln schlug, davon zeugten ihre spontanen Spritztouren. Wenn die Jungs genug Alkohol intus hatten und in wehmütige Stimmung verfielen, setzten sie sich ins Auto und bretterten los, »um mal kurz den Dom zu sehen«. Meist schafften sie es nur bis ins hessische Limburg, entweder weil die Polizei sie stoppte oder weil eine Leitplanke im Weg stand. Die Brüder schrotteten mehrere Autos, wobei glücklicherweise nie Dritte zu Schaden kamen. Vor Gericht musste ich all meine Kräfte aufbieten, damit ihnen die Führerscheine nicht auf Lebenszeit entzogen wurden.

Beruflich lief es für die Brüder gut. Sie betrieben mehrere Bordelle, unter anderem in Bamberg, Amberg und Regensburg. Ihre Mitarbeiterinnen behandelten sie stets korrekt. Ärger mit Behörden gab es eigentlich nur, wenn die partywütigen Kölner zusammen mit den Damen zu exzessiv feierten und ihren Nachbarn den Schlaf raubten. Auch Streitereien mit Puffgästen – zu den Stammkunden zählten in Bayern stationierte US-Soldaten – blieben die Ausnahme. Das lag nicht zuletzt an den tierischen Begleitern der Zuhälter: drei beeindruckende Rottweiler. Wenn Besucher über die Stränge schlugen oder die Liebesdamen um ihren Lohn prellen wollten, waren die drei schnell zur Stelle, und GIs, die eben noch Rabatz gemacht hatten, suchten aus Respekt vor den Hunden mit schlotternden Knien das Weite. Zugebissen haben die Rottweiler nie. Sie waren gut abgerichtet und gehorchten aufs Wort.

Horst, der älteste des Trios, hatte ein besonderes Händchen im Umgang mit Hunden. Eines Tages ging Hotti, so sein Spitzname, im Park spazieren und sah einen frei laufenden Schäferhund. Mit ein paar Pfiffen lockte er ihn an. Dem Besitzer missfiel, dass sich sein vermeintlich scharf abgerichteter Schäferhund von einem Fremden streicheln ließ, auf dessen Befehle reagierte und dabei noch Spaß zu haben schien, weswegen er meinen Mandanten warnte, er solle vorsichtig sein, denn der Hund sei äußerst bissig. Von der wichtigtuerischen Art des etwa 40-jährigen Mannes und seiner spießigen Kleidung fühlte Hotti sich herausgefordert zu überprüfen, ob der Hund tatsächlich so gefährlich war wie behauptet.

Er lief zu dem Hundebesitzer hinüber, baute sich vor ihm auf und verpasste ihm eine deftige Ohrfeige. Den Angriff auf sein Herrchen verfolgte der Schäferhund weitgehend desinteressiert – was Hotti zu dem spöttischen Kommentar veranlasste: »Sehen Sie, der beißt doch nicht!« Dem Mann verschlug es zwar die Sprache, doch er war geistesgegenwärtig genug, um Hotti in sicherem Abstand zu dessen Auto zu folgen und sich das Nummernschild zu merken. Bei der Polizei gab er eine exakte Beschreibung des Täters ab, und so kam man meinem Mandanten schnell auf die Spur.

Durch die Strafanzeige erfuhr Hotti die Personalien des Mannes: Er hatte einen höheren Beamten der Bamberger Justiz geohrfeigt! Diese Konstellation machte die Verteidigung nicht einfacher. Mir war klar, dass ein gewalttätiger Zuhälter vor Gericht nicht die besten Karten haben würde. Der verfahrenserprobte Hotti hatte sich von Anfang an nicht zu den Vorwürfen geäußert, und ich riet ihm, auch in der Verhandlung das Reden mir zu überlassen, bat ihn aber, seine Brüder zur Verhandlung mitzubringen.

Die Verlesung der Anklage ließ keinen Raum für Zweifel: Das Nummernschild, die Täterbeschreibung, alles war stimmig. Dennoch wirkte der Richter angesäuert. Dass ein Angeklagter konsequent von seinem Schweigerecht Gebrauch machte, war vor 20 Jahren noch nicht so üblich wie heute. Endgültig ungehalten wurde er, als ich eine Gegenüberstellung verlangte, bei dem das Opfer den Täter eindeutig identifizieren sollte. Zähneknirschend stimmte er zu.

Ich bat also Hottis Brüder nach vorn und postierte sie neben dem Angeklagten. Alle drei waren von ähnlich imposanter Statur, etwa 1,90 groß und muskulös, und trugen die gleichen Jeans und Lederjacken. Beim Anblick des Trios kam der Schäferhundbesitzer ins Schleudern. Nach eingehender Betrachtung musste er einräumen, dass jeder der Männer für die Tat infrage komme. Damit war mein Mandant zwar ein möglicher Schläger, aber für eine Verurteilung reichte das nicht aus, und er wurde freigesprochen. Die Polizei, drohte der Richter ihm allerdings, werde ihn künftig ganz genau im Auge behalten, und kleinste Vergehen würden bestraft. Für den Mann mit dem Schäferhund war dies ein schwacher Trost. Hängenden Kopfes, die Welt nicht mehr verstehend, verließ er den Gerichtssaal, während Hotti vor Freude außer sich war und sich überschwänglich bei mir bedankte, denn mit einem Freispruch hatte er nicht gerechnet. Ihm war durchaus bewusst, dass der Prozess ohne die Gegenüberstellung anders ausgegangen wäre.

Mir zeigte der Fall wieder einmal, dass eine Anklage, die sich auf keine oder nur wenige Sachbeweise stützt, von vornherein auf wackligen Füßen steht – selbst wenn alles so eindeutig scheint wie bei Hotti und dem Hundehalter. Viele Strafverfahren kommen ohne die Schilderungen von Augenzeugen nicht aus. Dennoch sind sie der denkbar schlechteste Beweis. Denn selbst wenn eine Aussage subjektiv stimmt, muss sie nicht den Tatsachen entsprechen. Der Mensch nimmt Dinge selektiv wahr, seine Erinnerungen sind oft bruchstückhaft oder gar falsch, und auch Polizei und Justiz können zu einer Verzerrung beitragen, indem sie Suggestivfragen stellen oder den Zeugen in eine bestimmte Richtung drängen.

Besonders fehleranfällig ist die Identifizierung eines Täters durch Lichtbildvorlagen oder bei Gegenüberstellungen. Letzteres wird gerade dann problematisch, wenn Zeugen das Foto einer (unschuldigen) Person bereits zuvor auf einer Lichtbildvorlage gesehen haben und meinen, die Übereinstimmung spreche wohl für eine Täterschaft. Eigentlich müsste die Polizei Zeugen immer darauf hinweisen, dass der Beschuldigte unter den Personen sein *kann*, aber nicht *muss*. Das unterbleibt jedoch meiner Erfahrung nach oft.

Sitzt ein Verdächtiger erst einmal auf der Anklagebank, glaubt nahezu jeder Zeuge, die Justiz werde schon den Richtigen gefasst haben, und bestätigt die Täterschaft, auch wenn er sich überhaupt nicht sicher ist. Solche Fehler ließen sich vermeiden, indem man zunächst eine unbescholtene Person auf die Anklagebank setzt und erst danach weitere Personen zur Gegenüberstellung in den Gerichtssaal holt, darunter den von der Justiz Verdächtigten. Man muss kein Prophet sein, um zu sagen: Fast immer werden die Zeugen denjenigen als Täter identifizieren, den sie als Angeklagten wahrnehmen. Zumindest aber werden sie dermaßen verunsichert sein, dass eine zweifelsfreie Wiedererkennung kaum möglich ist. Bei einem Experiment in den USA sollten Probanden während einer Gegenüberstellung angeben, ob sie eine Person wiedererkennen, die ihnen vorab in einem Videofilm gezeigt worden war. Der Haken: Der Gesuchte war in der Aufreihung gar nicht enthalten. Dennoch benannten fast 70 Prozent der Befragten einen Täter – also einen Unschuldigen.

Natural Born Killer

Strafverteidiger müssen sich mit ganzer Kraft für ihre Mandanten einsetzen und dabei alle Möglichkeiten ausschöpfen, die der Rechtsstaat bietet. Wenn es aufgrund der Faktenlage ausgeschlossen ist, den Beschuldigten vor Sanktionen zu bewahren, versucht der Anwalt zumindest, das günstigste Urteil für ihn herauszuholen. Dieses Ziel habe ich meistens erreicht. In einem außergewöhnlich erfolgreichen Jahr betreute ich fünf Fälle, in denen die Anklage jeweils lebenslange Haft beantragt hatte. Alle unter Mordverdacht stehenden Mandanten wurden freigesprochen. Gegen einen hatte das Gericht zunächst tatsächlich die Höchststrafe verhängt. Der Bundesgerichtshof hob das Urteil jedoch dank meines auf Revisionen spezialisierten Partners Professor Gunter Widmaier auf. Drei der Angeklagten erwiesen sich als unschuldig.

Nicht in jedem Verfahren ging es ausschließlich um die Frage, ob ein Mandant die ihm vorgeworfene Tat begangen hatte. Manchmal musste auch geprüft werden, ob der Angeklagte eine Gefahr für die Allgemeinheit darstellt und deshalb in eine psychiatrische Einrichtung eingewiesen werden muss. Wenn kompetente Gutachter zu einem solchen Schluss kommen, akzeptiere ich dies natürlich. Einmal jedoch gelang es mir, einen Verurteilten vor der Unterbringung in einer Klinik zu bewahren. Der Landwirt hatte in einem schizophrenen Schub seine Frau auf fürchterliche Weise ermordet. Bis zum Verfahrensbeginn wurde er im Bezirkskrankenhaus behandelt. Im Prozess erklärten mehrere Gutachter, von dem Mann seien keine weiteren Straftaten zu erwarten, vorausgesetzt, er nehme unter Aufsicht eines Betreuers weiterhin seine Medikamente. Er kam mit Bewährung davon.

Anders sah die Sache bei einem weiteren Mandanten aus. Nicht nur der Staatsanwalt und das Gericht hielten ihn für eine tickende Zeitbombe, auch ich war von seiner Gefährlichkeit überzeugt. Deshalb stimmte ich ohne Vorbehalte seiner von der Kammer angeordneten Unterbringung in einer psychiatrischen Klinik zu.

Der Fall aus dem Jahr 2002 ist bis heute in der Öffentlichkeit kaum bekannt. Ein 20-Jähriger aus dem Großraum München wurde verdächtigt, eine Frau bestialisch umgebracht und sich anschließend sexuell an ihr vergangen zu haben. Darüber hinaus gab es konkrete Hinweise darauf, dass er weitere gleichartige Taten geplant hatte. Die Mutter des jungen Mannes bat mich, ihren Sohn zu verteidigen. Sie hoffte, dass er im Fall einer Verurteilung maximal zehn Jahre Jugendhaft bekommen würde und anschließend ein neues Leben beginnen könnte. Dieser Wunsch sollte sich nicht erfüllen.

Was genau war geschehen?

Am Vormittag des 13. August betrat der Vater von Steffi P. die Wohnung seiner Tochter und fand die 38-Jährige tot in der Badewanne. Sie war lediglich mit einem über die Brüste geschobenen schwarzen BH bekleidet. Im Hals der Frau klaffte eine Stichwunde. Die noch am selben Tag durchgeführte Obduktion bestätigte, was der Vater mit bloßem Auge hatte erkennen können: Seine Tochter war ermordet worden. Experten der Münchner Rechtsmedizin stellten massive Gewalteinwirkungen auf Kopf und Oberkörper der Frau fest. Sie protokollierten mehrere Einstiche, die zu schwersten Verletzungen der Halsvene, des Rückenmarks und der Luftröhre geführt hatten, außerdem Würgemale, Rippenbrüche, Kehlkopf- und Nasenbeinbruch. Zwei Schuhsohlenabdrücke an der rechten

Schläfe sprachen dafür, dass der Mörder gegen den Kopf des Opfers getreten haben muss. Auffällig war ein scherengitterartiges Muster am Hals der Getöteten. Der Täter hatte es mit 20 Messerschnitten in die Haut geritzt. Sowohl in der Scheide als auch im After fanden sich Spermaspuren. Ob der Sex vor oder nach dem Tod des Opfers stattgefunden hatte, ließ sich nicht genau klären.

Steffis letztes Lebenszeichen stammte vom Abend des 10. August. Sie hatte ihren Vater, der in einer anderen Stadt wohnte, besucht und war gegen 22.20 Uhr nach Hause gekommen. Sie legte ihre Handtasche ab, hängte den Autoschlüssel ans Brett, zog ihre Jacke aus, schaltete zwei Nachttischlampen im Schlafzimmer ein und ging auf die Toilette. Zwischendurch informierte sie ihren Vater telefonisch, dass sie gut angekommen sei: Sie wählte seine Nummer, ließ es drei Mal klingeln und legte auf. Das war das verabredete Zeichen.

In den folgenden Stunden müssen sich in der Drei-Zimmer-Wohnung unglaubliche Szenen abgespielt haben. Der Sexualmord führte selbst hartgesottene Strafverfolger an die Grenzen ihrer Belastbarkeit. Ihre Hoffnungen, der Lebenswandel und das nähere Umfeld der Ermordeten könnten Hinweise auf den Täter liefern, zerschlugen sich schnell. Steffi galt als unauffällige, fast biedere Frau. Sie arbeitete in verantwortlicher Position bei einer Pharmafirma. Kollegen, Freunde und Familienangehörige beschrieben sie als diszipliniert und übervorsichtig. In vorherigen Partnerschaften sei sie sehr auf Zärtlichkeit bedacht gewesen, extreme Sexualpraktiken habe sie abgelehnt. Ein Bekannter erklärte der Polizei, Steffi sei »nicht der Typ für einen One-Night-Stand« gewesen, in Bars oder Diskotheken habe sie sich nie wohlgefühlt. Übereinstimmend berichteten mehrere Zeugen, Steffi habe vier Tagebücher geführt und »praktisch jeden Mist« eingetragen. Doch über einen neuen Bekannten, mit dem sie sich in den Tagen vor ihrem Tod getroffen hatte oder den sie am Tattag treffen wollte, stand darin kein Wort.

Führte Steffi also ein Doppelleben, das sie streng geheim hielt? Hatte sie sich auf ein riskantes Beziehungsabenteuer eingelassen, das im Desaster endete? Oder war sie zufällig Opfer eines Psychopathen geworden? Den Mordermittlern stellten sich Fragen über Fragen.

Durch die gesicherten Spermaspuren lag ihnen zwar die DNA des Täters vor. Allerdings befand sich das Genprofil in keiner polizeilichen Datenbank und konnte deshalb niemandem zugeordnet werden. Ähnlich verhielt es sich mit dem am Kopf der Leiche entdeckten Sohlenabdruck. Immerhin fanden Experten des LKA heraus, von welchem Fabrikat das Muster stammte: einem Sportschuh der Marke Nike, Modell Cortez, Größe 40 bis 40,5. Ein solches Sohlenmuster hatten Spurensicherer auch in der Tiefgarage des Tathauses festgestellt. Es lag nahe, dass der Mörder von dort aus in Steffis Wohnung gekommen war.

Mehr als ein Jahr tappten die Ermittler im Dunkeln, obwohl sie alles taten, um den Täter zu finden. Sie führten DNA-Massentests durch, setzten Profiler auf den Fall an, schalteten Medien ein. Mit jedem Tag verschlechterten sich die Chancen der Fahnder. Wird ein Mörder nicht in den ersten Wochen nach der Tat gefasst, hilft meist nur noch der Zufall – oder ein Wunder. Im Oktober 2003, etwa 14 Monate nach dem Mord, meldete sich eine 19-jährige Frau bei der Polizei, die ihren ein Jahr älteren Freund Peter der Tat bezichtigte. Die Geschichte, die sie erzählte, klang unfassbar.

Kurz vor Weihnachten 2002 habe sie in der gemeinsamen Wohnung zufällig eine kleine Videokassette entdeckt. Sie war in einer Zigarettenschachtel zwischen Wäschestücken versteckt. Eines Nachts, während Peter schlief, legte sie aus Neugier die Kassette in den Camcorder ein.

Was sie sah, war ein Gruselfilm übelster Sorte. Aber keiner mit geschminkten Darstellern, gespielten Szenen und Kunstblut. Es handelte sich um echte Aufnahmen mit echten Menschen – und einem echten Mord.

Tatort war ein Wohnzimmer. Auf dem Teppich lag eine blutende Frau. Im Hals steckte ein Messer. Plötzlich erschien ein Gesicht: Peter lächelte ins Bild. Er befestigte die Kamera auf einem Stativ, beugte sich über die leblose Frau, entkleidete und vergewaltigte sie. Dabei trug er weiße Latexhandschuhe. Immer wieder fuhr er mit der Kamera über den Körper des Opfers. Mehrfach stand er auf, um die Kameraposition und den Bildausschnitt zu korrigieren.

Nach fünf Minuten drückte die 19-Jährige angewidert die Stopptaste, warf die Kassette ihrem schlafenden Freund ins Gesicht und schrie:»Du Mörder!«. Peter versuchte, seine Freundin zu beschwichtigen. Er behauptete, die Frau im Video habe ihn zunächst zum Sex verführt und als er sich weigerte, eine feste Beziehung mit ihr einzugehen, sei er von ihr erpresst worden. Da habe er rotgesehen. Während der Aufnahmen sei er betrunken gewesen. Peter zerbrach die Kassette und verbrannte sie in einer Pfanne.

Die Freundin versuchte, den Horror zu verdrängen, weil sie sich um ihre Beziehung mit Peter und den gemeinsamen, erst drei Monate alten Sohn sorgte. Doch wenige Tage später holte sie die Realität wieder ein. In einem Supermarkt sahen sie und Peter ein Fahndungsplakat, mit dem die Polizei um Mithilfe bei der Aufklärung im Mordfall Steffi bat. Abgebildet war auch ein Paar Nike-Turnschuhe. Solche Schuhe müsse der Mörder getragen haben, hieß es in dem Text. Peters Freundin wusste, dass er zwei Paar dieses Modells besaß, grau, Größe 39 oder 40, und fragte:»Ist das die Frau, die du umgebracht hast?« – »Ja«, antwortete er. Zehn Monate lang war das Verbrechen zwischen den Verlobten kein Thema mehr. Erst dann ging die junge

Mutter zur Polizei. Sie könne es nicht länger mit ihrem Gewissen vereinbaren, einen Mörder zu schützen. Die beiden hatten sich mittlerweile im Streit getrennt und lebten in verschiedenen Städten.

Am 22. Oktober 2003, morgens um drei, stürmte ein Spezialeinsatzkommando Peters Wohnung und nahm ihn fest. Seine DNA – die Beamten hatten ihm sofort eine Speichelprobe entnommen – stimmte mit der vom Tatort überein. Das Amtsgericht München erließ daraufhin Haftbefehl wegen Tötung eines Menschen zur Befriedigung des Geschlechtstriebs, strafbar als Mord.

Peter wurde in die JVA Stadelheim gebracht, wo ich ihn kurz darauf kennenlernte. Der Mann war etwa 1,65 Meter groß und von kräftig-athletischer Statur. Er hatte ein Piercing an der linken Augenbraue und war am Unterarm tätowiert. Um den Hals trug er eine Rosenkranz-Kette aus silbrig glänzendem Metall. Peter roch stark nach Nikotin, da er pro Tag mindestens eine Schachtel rauchte, und seine Zähne waren nicht im besten Zustand. Er redete kaum.

Was die Ermittler im Lauf der nächsten Wochen über das Leben von Peter und den Mord an Steffi herausbekamen, stellte fast alles in den Schatten, was ich bis dahin als Strafverteidiger erlebt hatte. In der Wohnung des Beschuldigten fanden Polizisten nicht nur Kleidung und persönliche Gegenstände der getöteten Frau sowie die Turnschuhe des Täters, sondern auch eine Speicherdiskette mit 1,44 Megabyte Datenvolumen. Sie trug die Aufschrift »Prince«, darunter die Zahlenfolge »6635121«. Beim Auslesen stießen Kriminaltechniker auf eine Homepage, die Peter gebaut hatte und ins Internet stellen wollte. Für die Startseite hatte er einen Text verfasst, in dem er sich als Frauenkiller outete, dessen Ziel es sei, die Riege der weltweit schlimmsten Sexualmörder anzuführen. Er schrieb unter anderem:

»Ich habe mein Gebiet gefunden, auf dem ich für alle
Zeiten der Beste sein werde (…).
Ich ficke und töte meine Opfer, nehme alles mit meinem
Camcorder auf (…). An den Rekord von Hitler oder
anderen Menschen komm ich nicht ran.

Aber die haben ihre Opfer nicht gefickt (…).
Meine Taten werden in allen Zeitungen und TV-Kanälen
zu sehen sein.
Ich komme in die Geschichtsbücher und es werden Filme
über mich gedreht.
Es wird Fanclubs geben und Bücher werden geschrieben
(…). ICH BIN EIN NATURAL BORN KILLER.«

Dass der Verfasser der Zeilen kein Spinner war, konnte man
am linken Rand der Seite sehen. Dort tauchte ein Hinweis für
Besucher auf: »*Hier findet ihr von jedem Opfer ein animiertes
GIF-Picture.*« Beim Anklicken des Hinweises öffnete sich eine
Liste von »Opfer 1« bis »Opfer 8«. Unter den ersten drei Links
waren jeweils zehn Fotos der ermordeten Steffi gespeichert.
Hintereinander abgespielt, wirkten sie wie ein kurzer Film. Er
zeigte, wie die am Boden liegende Frau nach und nach ausge-
zogen und missbraucht wird. Peter hatte die Bilder aus dem
Tatvideo herausgeschnitten. Über der Sequenz stand: »*Gefickt
und getötet am 10.08.2002.*« Es war tatsächlich der Tag, an dem
Steffi ermordet wurde. Die weiteren »Opfer-Plätze« auf der Internetseite waren nicht belegt. Man muss sagen: Noch nicht.
Denn aus dem Eingangstext ging eindeutig hervor, dass der
Mord an Steffi nur der Auftakt einer ganzen Serie blutiger Verbrechen sein sollte.
    Daran, dass der »geborene Killer« es mit seinem Vorhaben
ernst gemeint und weitere Opfer im Visier hatte, gab es keine
Zweifel: In Peters Geheimversteck auf dem Dachboden seiner

Mutter fanden Polizisten einen Zettel mit 14 Frauennamen und deren Telefonnummern. Die Ermittlungen ergaben, dass es sich um Singles handelte, die alle in einer oberbayerischen Gemeinde wohnten, in der Peter aufgewachsen war. Sechs Frauen erzählten den Fahndern, dass sie bereits mysteriöse Anrufe erhalten hatten. Mal stöhnte ein Mann in den Hörer, mal schwieg er. Bei der Durchsuchung stellten Ermittler außerdem Fotos und Kleinbildfilme sicher, die Frauen aus Peters Nachbarschaft zeigten. Er hatte sie heimlich beobachtet: beim Aufhängen der Wäsche, beim Sonnen auf dem Balkon, während der Gartenarbeit. Zudem konfiszierten die Beamten jede Menge Damenslips, Büstenhalter, Seidenstrümpfe und Strapsgürtel, die der Täter von Wäscheplätzen und aus Kellern gestohlen hatte.

Die Funde bestärkten die Fahnder in der Annahme, dass der Mord an Steffi eine längere Vorgeschichte haben musste. Tatsächlich enthielt die Biografie des Täters Hinweise auf früheste psychische Störungen. Bereits in der 6. Klasse entwickelte Peter starke sexuelle Fantasien. Er verfasste »frivole Beiträge über Mitschülerinnen und weibliche Lehrkräfte«, darunter Zeichnungen mit »stark pornografisch angehauchten Inhalten«, heißt es in den Ermittlungsakten. Reale Kontakte zu Mädchen hatte der wegen seiner krummen Nase oft gehänselte und über keinerlei Selbstbewusstsein verfügende Junge aber auch in der Folgezeit nicht. Nach seiner Verhaftung gestand er: »Ich hatte immer Riesenangst, dass ich abgewiesen werde.«

Sicher und stark fühlte sich Peter nur, wenn er fernsah, was er schon als Kleinkind stundenlang ohne elterliche Aufsicht getan hatte. Selbst bei harmlosen Filmen wie »Raumschiff Enterprise« und »Bonanza« dachte der Jugendliche nur an Sex. In seiner Fantasie übernahm er die Rolle der Hauptdarsteller und ließ sich von Dominas befriedigen. Dabei vermischte er Fiktion und Realität, denn in seinem Kopfkino spielten immer auch Frauen aus der Nachbarschaft mit. »Das waren dann meine ganz persönlichen Filme, und ich war der Regisseur«, so Peter. Je älter er wurde, desto mehr Raum nahmen seine bizarren Fantasien ein. »Ich bin nicht mehr raus zum Spielen gegangen, habe eigentlich nie mehr die Sonne gesehen.« Seine einzigen Verbündeten waren der fast 24 Stunden am Tag laufende Fernseher und sein Computer. Um ungestört in seiner Traumwelt leben zu können, schwänzte Peter monatelang die Schule, was er seiner Mutter geschickt verheimlichte, indem er den Telefonstecker herauszog und Beschwerdebriefe der Schule abfing. Doch irgendwann flog der Schwindel auf. Widerwillig stellte er sich einer Schulpsychologin vor. Zwar erkannte sie die Nöte des 14-Jährigen, doch helfen konnte sie ihm nicht.

Mit 16 faszinieren Peter Filmfiguren wie Superman und James Bond. Er liebte die »Helden mit viel Macht« – und wollte selbst einer werden. Jeden zweiten Tag ging er ins Fitnessstudio und trainierte sich Muskeln an. »Ich hatte das Gefühl, dass ich mich dadurch langsam über meine Minderwertigkeitskomplexe hinwegsetzen konnte.« Doch der Optimismus hielt nicht lange an, Misserfolge und Frust stellten sich ein. Peter verlor seine Lehrstelle in einem Computerladen, weil der Chef ihn verdächtigte, Handys geklaut zu haben, und auch den nächsten Job war er bald wieder los.

Peter wurde immer unzufriedener. Mit 19 verfiel er in den alten Trott, kapselte sich ab und flüchtete sich in aggressive Computerspiele. Die Gewaltdarstellungen imponierten ihm. Er mochte die Außerirdischen, die »alles wegknallen«, und die eiskalten Killer in »Rambo« und »Pulp Fiction«. Den Ermittlern sagte Peter: »Vielleicht haben die Filmfiguren damals manches für mich erledigt, was ich mich selbst nicht getraut habe.« Neben blutrünstigen Streifen und PC-Spielen konsumierte Peter pornografisches Material aller Art. Für mehrere tausend Mark besorgte er sich Hardcorefilme, außerdem wählte er teure Sex-Telefonhotlines. »Das war genau etwas für mich. Ich konnte mich total raushalten und einfach meine Fantasie einschalten.« Auch im Internet, beim Herunterladen Tausender einschlägiger Fotos und Filme, genoss Peter die Anonymität.

An seinen suchtartigen Gewohnheiten änderte auch die Freundschaft zu einem echten Mädchen nichts. Er hatte die 16-Jährige im Frühjahr 2001 in der Münchner Bahnhofsgegend kennengelernt. Schnell zogen die Sozialhilfeempfänger zusammen und verlobten sich. Anfang 2002 wurde seine Freundin schwanger. Peter sprach bei seiner Vernehmung von einem »Wunschkind«. Er habe endlich »Ordnung« in sein Leben bringen wollen. Doch die Vorfreude auf eine heile Familie und eine bessere Zukunft währte nur kurz. Das Paar geriet immer öfter in Streit, vornehmlich wegen der hohen Schulden, aber auch Eifersucht spielte eine Rolle. Peter drohten die Probleme über den Kopf zu wachsen.

Aus Erfahrung wusste er, wie er sich den Schwierigkeiten am besten entziehen konnte: Er tauchte ab in sein virtuelles Reich. Dabei wurde sein Wunsch immer drängender, die harten Pornos, die er konsumierte, auch selbst zu produzieren. Schon als Kind hatte er sich ja als »Regisseur« gefühlt, später filmte er sich mit seiner Freundin bei Erotikspielen. »Ich wollte Sex von mir gern auf Bildern festhalten. Ich wollte das Erlebte nicht verlieren.« Peter fuhr seinen PC herunter, nahm seine Videokamera aus dem Regal, steckte sie in einen Rucksack und verließ die Wohnung. Es war der Nachmittag des 10. August 2002.

Mit der S-Bahn fuhr Peter in einen Vorort von München, wo er seine Kindheit und Jugend verbracht hatte. Vom Bahnhof lief er zu einer Wohnsiedlung und streifte auf der Suche nach attraktiven Frauen, die er heimlich filmen konnte, stundenlang zwischen den Häusern umher. Doch Videoaufnahmen waren ihm diesmal nicht genug. Er hatte auch ein Elektroschockgerät der Marke »Security Plus« sowie eine Flasche Lösungsmittel dabei, das man normalerweise zum Reinigen von Pinseln benutzt. Sein Plan sah vor, einer alleinstehenden Frau in die Wohnung zu folgen, sie dort zu betäuben und zu vergewaltigen. Den Missbrauch wollte er auf Video aufnehmen und im Internet veröffentlichen. Es sollte so aussehen, als habe er Sex mit einer Toten gehabt, wovon er sich in einer bestimmten Internetszene große Anerkennung erhoffte. Die Betäubung mit dem Pinselreiniger hatte er sich bei der US-amerikanischen Krimiserie »Columbo« abgeschaut, in der so der Tod einer Person vorgetäuscht wurde.

Den Ermittlungen zufolge beobachtete Peter sein späteres Opfer Steffi kurz nach 22 Uhr auf ihrem Heimweg. Über die Tiefgarage des Mehrfamilienhauses gelangte er unbemerkt in den Treppenaufgang, klingelte bei der arglosen Frau und brachte sie unter einem Vorwand dazu, die Tür zu öffnen. Kaum in der Wohnung, zog er seinen Elektroschocker heraus und versetzte ihr im Nacken einen Stromschlag. Die erwartete Wirkung blieb jedoch aus, die Frau fing an, sich zu wehren. Bei dem Kampf verpasste ihr Peter einen harten Schlag ins Gesicht. Nachdem sie im Wohnzimmer zusammengebrochen war, stürzte er sich auf sie, würgte sie und trat sie so heftig, dass sie ohnmächtig wurde. Dann nahm er ein Paar Latexhandschuhe aus seinem Rucksack, um am Tatort keine Fingerabdrücke zu hinterlassen.

Der Täter ging in die Küche und kehrte mit einem langen Messer zurück. Damit ritzte er der Frau ein aus 20 Schnitten bestehendes Muster in Form eines Scherengitters in den Hals. Offenbar wollte er sie mit einer individualisierten Narbe in der Art eines Brandzeichens als »sein« Opfer markieren. Noch bevor er die Frau vor laufender Kamera vergewaltigen konnte, begann sie zu röcheln. Peter sah sein Vorhaben in Gefahr, sich an einer scheinbar Toten zu vergehen. Erneut nahm er das zum Einritzen des Musters benutzte Küchenmesser, holte aus und stach vier Mal in den Hals von Steffi.

Nachdem er seine Tat gefilmt hatte, schleifte er die Tote auf einem Teppich ins Bad. Unter großer Kraftanstrengung hievte er sie in die Wanne. Er steckte den Stöpsel in den Abfluss und drehte den Hahn auf. Nachdem der leblose Körper unter der Wasseroberfläche verschwunden war, zog er das Messer aus dem Hals. In der Annahme, auf diese Weise seine Spuren verwischen zu können, schüttete er in der Schnelle alle auffindbaren Flüssigkeiten in die Wanne: Badezusätze, Waschmittel, Glasreiniger. Über der Toten bildete sich eine dicke Schaumschicht. Er zog den Duschvorhang zu. »Ich wollte nichts mehr sehen.« Den Wohnzimmerboden versuchte er mit Apfelsaft sauber zu schrubben. Alle Dinge, auf denen er verräterische Spuren vermutete, stopfte er in seinen Rucksack: die Kleidung des Opfers, das Messer, den Elektroschocker, die Videokamera. Weil seine Jeans voller Blut war, holte er sich aus dem Kleiderschrank des Opfers eine Hose.

Gegen ein Uhr nachts verließ Peter den Tatort und warf auf dem Weg zur S-Bahn Steffis Wohnungsschlüssel in einen Weiher. Da die letzte Bahn schon weg war, wartete er in einem Gebüsch bis zum nächsten Morgen und nahm den ersten Zug nach Hause. Dort musste er sich im Bad übergeben. Ständig spähte er durch die Schlitze seiner Jalousien. Er glaubte, die Polizei würde jeden Moment kommen und ihn holen.

Wenige Tage nach dem Mord baute Peter die Internetseite mit der Ankündigung, mindestens sieben weitere Frauen zu töten. Seine Exfreundin durchkreuzte die Pläne, indem sie die Polizei einschaltete.

Peter behauptete gegenüber den Ermittlern zunächst, er habe Steffi schon länger gekannt und einvernehmlichen Sex mit ihr gehabt, und als seine Freundin von der Affäre erfuhr, habe sie ihn zur Tötung angestiftet: »Regle die Sache! Zeige

mir, dass du mich mit dieser Frau nicht mehr betrügen kannst!«
Geschehe dies nicht, werde sie sich und den gemeinsamen
Sohn umbringen. Diese Darstellung musste Peter aufgrund
von Sachbeweisen und Zeugenaussagen ebenso zurücknehmen wie die Behauptung, nicht er habe den Internetauftritt des
»Natural Born Killers« erstellt, sondern seine Freundin. Falsch
war auch seine Aussage, er habe kurz vor dem Mord eine halbe
Flasche Wodka getrunken und sei deshalb unzurechnungsfähig gewesen. Rechtsmediziner bezeichneten das als »höchst
unwahrscheinlich«, das Gericht sprach von einer Schutzbehauptung. Auch dass er die Tat aufrichtig bereue, nahm ihm
niemand ab, da er im Gefängnis mit dem Mord prahlte und
stolz ein T-Shirt mit dem Aufdruck »Ladykiller« trug.

Zwei renommierte Sachverständige – ein Diplompsychologe
sowie ein Facharzt für Psychiatrie und Neurologie – befassten
sich intensiv mit dem Seelenleben des Sexualmörders, befragten ihn ausgiebig, unterzogen ihn psychologischen Tests, prüften seinen Schädel im Computertomografen, maßen die Aktivitäten seines Gehirns und studierten die Ermittlungsakten.
Am Ende kamen die Experten zu dem Schluss, dass der durchschnittlich intelligente Angeklagte (IQ 107) sowohl zur Tatzeit
als auch zum Zeitpunkt der Untersuchung an einer krankhaften und dringend therapiebedürftigen Persönlichkeitsstörung
litt, die als »schwere andere seelische Abartigkeit« zu klassifizieren sei. Sie bescheinigten ihm ein hohes Maß an Kontaktschwäche, Gefühlskälte und emotionaler Unreife. Außerdem
erkannten sie bei ihm »sexuelle Triebanomalien mit fetischistischen, sadistischen, voyeuristischen und nekrophilen Elementen«. Er verfüge über ein »unberechenbares Aggressionspotenzial« und neige sehr dazu, Dinge zu verdrängen, zu
verleugnen und bewusst zu verfälschen. Das alles sei eine
»hochbrisante Konstellation«. Die Gutachter warnten, der Täter könnte ein ähnliches Verbrechen jederzeit wieder begehen

und stelle deshalb eine Gefahr für die Allgemeinheit dar. Während des Mordes sei die Steuerungsfähigkeit des 20-Jährigen »erheblich vermindert« gewesen, so die Sachverständigen.

Der Prozess fand im Herbst 2004 vor dem Landgericht München II statt. Zuständig war die Jugendkammer, da der Angeklagte als Heranwachsender galt. Um ihn zu schützen, wurde unter Ausschluss der Öffentlichkeit verhandelt. Das Verfahren hätte aber auch aufgrund der extremen Straftat keine Zuschauer oder Journalisten vertragen, schließlich musste der Mord in allen Facetten beleuchtet und bewertet werden, was selbst erfahrene Prozessbeteiligte aus der Bahn warf. Ich erinnere mich gut an den Tag, als der Richter Fotos der Bluttat auf seinem Tisch ausbreitete. Sie stammten aus dem Video, das der Angeklagte gedreht hatte. Beim Anblick der Aufnahmen drohte der Staatsanwalt umzukippen. Ich stand zufällig neben ihm und war bereit, den groß gewachsenen Mann aufzufangen. Er war kreidebleich im Gesicht und brauchte ein paar Minuten frische Luft, ehe der Prozess fortgesetzt werden konnte.

In meinem Plädoyer ging ich nicht nur auf die Umstände der Tat und die Psyche meines Mandanten ein, sondern auch auf die problematische Rolle des Internets, in dem Perversionen jeglicher Art frei verfügbar wären und psychisch Kranken wie meinem Mandanten als Inspiration dienten. Mit meiner Empörung darüber, dass Rechtsextremisten, Terroristen und andere Straftäter im Internet bequem Kontakte zu Gleichgesinnten knüpfen und ihre Taten planen können, hielt ich nicht hinter dem Berg, und der Staatsanwalt und die Richter teilten meine Auffassung.

In seinem Urteil nannte das Gericht die Tat und die ihr zugrunde liegenden Motive »verachtenswert«. Man habe es mit einem Verbrechen »auf tiefster sittlicher und moralischer Stufe« zu tun. Die Kammer attestierte Peter ein äußerst brutales, kaltblütiges Vorgehen und verurteilte ihn zur höchstmöglichen

Strafe von zehn Jahren Jugendhaft. Außerdem ordnete sie seine Unterbringung in einem psychiatrischen Krankenhaus an. Das Gericht sah in dem Angeklagten einen schwer kranken Menschen, der extrem gefährliche Neigungen hat und deshalb ein unkalkulierbares Risiko darstellt. Keiner der Prozessbeteiligten, auch nicht der Angeklagte selbst und dessen Eltern, zweifelten an dieser Einschätzung.

Im Bezirkskrankenhaus wurden Peter wohl alle Illusionen genommen, dass er bald als geheilt entlassen werden könnte. Seine Tat war so grauenvoll und seine Fantasien nach wie vor so gewalttätig, dass selbst erfahrene Psychiater sich kaum in der Lage sahen, ihm zu helfen. Peter hätte sich mit einer dauerhaften Unterbringung in der geschlossenen Abteilung der Klinik abfinden müssen. Dieser Ausweglosigkeit entzog er sich nach einigen Jahren durch Selbstmord.

Kopfschuss

Gutachter spielen in unserem Rechtssystem eine wichtige Rolle, denn mit ihrem Spezialwissen tragen sie zur Aufklärung vieler Straftaten bei. Ihre Aufgabe ist es, bestimmte Sachverhalte fachlich einzuschätzen, etwa die Psyche von Angeklagten oder die Aussagekraft eines Beweismittels. Aufgrund ihrer Kenntnisse und Erfahrungen sind sie in der Lage, Spurenbilder zu interpretieren, Verletzungsmuster zu deuten oder Tatabläufe zu erklären, zum Beispiel durch ballistische Untersuchungen nach einem Schusswaffenverbrechen. Damit helfen sie den Gerichten, Dinge besser einordnen und bewerten zu können. Diese Rolle der Gutachter führt manchmal auch dazu, dass sie einen Prozess maßgeblich beeinflussen, ja mitentscheiden. Gutachter können Richter lenken – und somit über Wohl und Wehe von Angeklagten bestimmen. In manchen Fällen liegt es in ihrer Hand, ob jemand freigesprochen oder verurteilt wird.

Jedes Jahr fordern deutsche Gerichte Tausende forensische Gutachten in Strafverfahren an. In den allermeisten Fällen kann man sich auf die Expertisen verlassen, zumal, wenn sie von allgemein anerkannten, seriösen Experten stammen, die über große Berufserfahrung verfügen. Doch selbst sie sind nicht vor Fehleinschätzungen gefeit. Ich habe mehrfach erlebt, dass Mandanten eine harte Bestrafung drohte, weil ein zweifelhaftes Gutachten sie belastete. In dieser Hinsicht spektakulär war der von mir bereits geschilderte Fall Klaus Grossart. Der Musikmanager geriet aufgrund der falschen rechtsmedizinischen Berechnung der Todeszeit seiner Ehefrau unter Mordverdacht und sollte nach dem Willen der Staatsanwaltschaft für den Rest seines Lebens ins Gefängnis. Auch einem weiteren meiner Mandanten wurde der Patzer eines Rechtsmediziners beinahe zum Verhängnis.

Bei Siggi handelte es sich um einen erfolgreichen Immobilienkaufmann, dem man ansah, dass er auf der Sonnenseite des Lebens stand: immer elegant gekleidet, teures Auto, Villa mit Pool und Blick auf die Alpen, Luxusreisen. Seiner Frau, mit der er seit sieben Jahren verheiratet war, ermöglichte er Shoppingtouren ebenso wie regelmäßige Opern-, Theater- und Konzertbesuche, während er selbst viel arbeitete, oft zehn oder zwölf Stunden am Tag, und seine knapp bemessene Freizeit am liebsten mit Freunden im Wald verbrachte. Siggi war leidenschaftlicher Jäger.

Seine Ehe betrachtete Siggi als glücklich, nahezu perfekt. Er war überzeugt, dass seine Frau ihn aufrichtig liebte und ihn niemals verlassen würde, schon wegen der materiellen Annehmlichkeiten, die er ihr bieten konnte und die sie ganz bestimmt nicht missen wollte. Die üblichen Männerscherze über untreue Ehefrauen prallten an ihm ab. So unkten seine Jagdfreunde, Siggi müsse sich um seine Gattin ja keine Sorgen machen. Während er auf dem Hochstand sitze, werde sich einer der großen Opernsänger schon um sie kümmern … Siggi quittierte solche Sprüche mit einem Lächeln. Dass die Sticheleien womöglich mehr als ein Witz waren, realisierte er lange Zeit nicht. Er war sich seiner Sache sicher – bis zu einem Abend im August.

Siggi kehrte früher als geplant von einem mehrtägigen Jagdausflug zurück. Er hatte sich auf seine Frau gefreut, aber sie war nicht da. Er machte sich Sorgen. Es gab zu der Zeit noch keine Mobiltelefone, sonst hätte er sie anrufen können.

Stunde um Stunde verstrich. Die anfängliche Sorge um seine Frau war längst in Misstrauen und Wut umgeschlagen.

Eifersucht kam hoch. Siggi musste sich irgendwie beruhigen. Er nahm eine Flasche Whiskey aus der Hausbar und schenkte sich ein. Während er ein Glas nach dem anderen trank, malte er sich aus, wie seine Frau ihn betrog. Lagen seine Freunde mit ihren Frotzeleien doch richtig? Mittlerweile hatte er die Flasche geleert. Draußen dämmerte schon der Morgen.

Am späten Vormittag hörte Siggi Geräusche an der Haustür. Ein Schlüssel drehte sich im Schloss, und seine Frau kam herein. Sie war dezent geschminkt und trug einen leichten Mantel. In der Hand hielt sie ein Köfferchen. Sie erschrak, als sie Siggi sah. Er setzte, enthemmt vom Restalkohol, sofort zu einer Wutrede an. Sie habe seine Abwesenheit schamlos für einen Seitensprung ausgenutzt, rief er hitzig. Er warf ihr einen eklatanten Vertrauensbruch vor. Immer wieder schüttelte er den Kopf. Seine Ehefrau schaltete nun ebenfalls in den Angriffsmodus. Sie schimpfte Siggi einen »hemmungslosen Egoisten«, der immer nur das tue, was ihm passe. Seit Langem fühle sie sich von ihm vernachlässigt. Ständig treibe er sich im Büro oder auf der Jagd herum. Und, ja, es stimme: »Ich habe einen Liebhaber!« Sie schwärmte von einem jungen Musiker, der unendlich zärtlich sei und auf ihre Wünsche eingehe. In der Ehe sei sie sexuell verhungert, nun habe sie »die totale Erfüllung« gefunden.

Siggi traute seinen Ohren nicht. Er fand keine Widerworte und fing an zu weinen. Wie ein Häuflein Elend saß er da, geschockt und traurig. Seine Schwäche erkennend, prügelte die Ehefrau noch weiter verbal auf ihn ein. Er solle sich nicht so anstellen, schrie sie ihn an, zu einer »modernen Ehe« gehöre auch das Ausleben sexueller Fantasien mit anderen Partnern. Er könne ja weiter finanziell für sie sorgen, schlafen werde sie jedoch mit »richtigen Männern«. In diese Kategorie ordnete sie Siggi schon lange nicht mehr ein. Für sie war er bloß noch ein »Schlappschwanz«.

»Schlappschwanz« – das Wort empfand Siggi als größte denkbare Demütigung. Dass seine Ehe zerrüttet war, musste er wohl akzeptieren. Aber als Versager beleidigt zu werden, dass wollte und konnte er sich nicht bieten lassen. Wortlos stand er auf, griff nach seinem Jagdgewehr, das er nach seiner vorzeitigen Rückkehr in die Wohnzimmerecke gestellt hatte, und richtete es auf seine Frau. Sie rief noch: »Willst du mich jetzt einschüchtern?«, da drückte er ab. Die Kugel traf seine Frau in die Stirn. Siggi legte die Bockflinte beiseite, lief zum Telefon und rief die Polizei.

Bei seiner Vernehmung zu Hause und später auf dem Revier hielt er es nicht für erforderlich, einen Rechtsanwalt einzuschalten. Siggi wollte sein Gewissen erleichtern, er hatte das Bedürfnis, die Tat und ihre verhängnisvolle Vorgeschichte zu erklären und zu zeigen, wie sehr er das Ganze bereute. Er hoffte, die Ermittler würden dann ein wenig Verständnis für ihn aufbringen. Aufgrund seiner schlüssigen Aussagen lautete der Haftbefehl nicht auf Mord, sondern auf Totschlag. Siggi kam in ein Gefängnis nach München. Meine Einschätzung, dass er mit keiner allzu harten Strafe rechnen müsse, änderte natürlich nichts an seinen Schuldgefühlen.

Nach meinem Dafürhalten hätte der Prozess relativ schnell über die Bühne gehen müssen. Das glaubten vermutlich auch die Vertreter von Staatsanwaltschaft, Gericht und Nebenklage. Denn die Sachlage war klar und der Angeklagte geständig. Doch das Verfahren nahm einen grotesken, für meinen Mandanten äußerst bedrohlichen Verlauf. Schuld daran war ein Mitarbeiter des Münchner Instituts für Rechtsmedizin.

Bereits kurz nach Beginn der Verhandlung verblüffte der Gutachter alle Prozessbeteiligten mit der Aussage: »Der tödliche Schuss muss das Opfer von hinten in den Kopf getroffen haben.« Für einen Augenblick herrschte gespenstische Stille im Saal. Bevor ich fragen konnte, ob ich mich verhört hatte, setzte der Gutachter seinen Vortrag fort. Die Erkenntnis habe er bei der Analyse des Tatorts gewonnen. So seien an der Decke des Wohnzimmers Blutspritzer des Opfers gefunden worden, die für ihn nur den Schluss zuließen, dass der Angeklagte seine Frau von hinten erschossen habe – und nicht, wie von ihm behauptet, von vorn. Trotz kritischer Nachfragen blieb der Gutachter bei seiner Darstellung.

Die Einschätzung des Mannes stellte eine dramatische Wende dar. Hätte Siggi seine Frau tatsächlich von hinten erschossen, also heimtückisch, stünde er nicht mehr wegen Totschlags in minder schwerem Fall vor Gericht, sondern wegen Mordes! Aus der Höchststrafe von damals fünf Jahren (heute zehn Jahre) wäre plötzlich lebenslange Haft geworden. Der Staatsanwalt reagierte prompt und beantragte beim Gericht einen rechtlichen Hinweis, dass nunmehr auch eine Verurteilung wegen Mordes in Betracht komme. Nach eingehender Beratung gab die Kammer dem Antrag statt.

Es sah nicht gut aus für Siggi, der sich kaum besänftigen ließ. Er bestritt die von dem Gutachter ins Spiel gebrachte Tatversion heftig. Wegen der neuen Lage beantragte ich die Unterbrechung des Prozesses bis zum nächsten Tag. Das Gericht erklärte sich einverstanden. In der Kanzlei informierte ich sofort meinen Partner Rolf Bossi. Wir hielten die Einschätzung des Gutachters zwar für reine Spekulation, hatten aber dennoch die Aufgabe, sie zu widerlegen. Wir verabredeten, alle namhaften und uns aus vielen Verfahren persönlich bekannten Rechtsmediziner Deutschlands einzuschalten. Am Telefon schilderten wir ihnen kurz den Sachverhalt und baten sie, wenn irgend möglich, am nächsten Tag im Gericht zu erscheinen. Alle von uns angesprochenen Gutachter erklärten, uns in dieser Notlage beizustehen und sich rasch in den Fall einzuarbeiten. Natürlich konnte keiner versprechen, dass seine Beurteilung positiv für unseren Mandanten ausfallen würde. Dieses Risikos waren wir uns bewusst, aber es blieb keine andere Wahl.

Am nächsten Tag erschienen die Ordinarien aus Bonn, Tübingen und Freiburg im Gericht, ebenso Professor Spann, Leiter der Münchner Rechtsmedizin und damals auch Dekan der Medizinischen Fakultät. Der Staatsanwalt fiel fast vom Stuhl, als ich ihm die prominenten Gutachter vorstellte. Auch das Gericht schien überrascht, lobte aber meinen Einsatz, weil nur so eine umfassende Aufklärung des Verbrechens möglich schien. Interessanterweise wollte jeder Gutachter etwas anderes aus den Blutspuren herauslesen. Einer war der Ansicht, vieles spreche für einen Schuss von vorn, der andere meinte, es könne sowohl von vorn als auch von hinten geschossen worden sein. Der dritte schloss sich der Darstellung des ursprünglichen Gutachters aus München an: Schuss in den Hinterkopf. Eindeutig festlegen wollte sich jedoch keiner der drei. Damit war die Verwirrung perfekt.

Mit Spannung erwarteten daher alle den Auftritt des vierten von uns herangezogenen Gutachters. Professor Spann, der Chef der Münchner Rechtsmedizin, stellte zweierlei klar: Zum einen sei der von seinem Institut ins Verfahren geschickte Gutachter gar kein »echter« Rechtsmediziner, sondern Lebensmittelchemiker. Damit fehle ihm jegliche medizinische Vorbildung, er habe allerdings schon an vielen Obduktionen und Gerichtsverhandlungen teilgenommen und dadurch jede Menge Erfahrungen gesammelt. Wohl aus diesem Grund habe das Institut ihn zu allen möglichen Verfahren entsandt, ohne dass sich bislang jemand daran gestört hätte. Ein rechtsmedizinisches Gutachten im engeren Sinne dürfe der Mann allerdings überhaupt nicht vertreten. Abgesehen davon widersprach er dem überambitionierten Nahrungsexperten auch inhaltlich: Das Spurenbild sei viel zu diffus, als dass sich eine bestimmte Schussrichtung daraus ablesen lasse.

Insofern hatten uns alle herbeizitierten Gutachter enorm geholfen, denn die Widersprüche in ihren Aussagen belegten, dass sich aus dem Blutspurenbild kein Tatablauf zweifelsfrei ableiten ließ, auch nicht ein Schuss in die Stirn.

Wer geglaubt hatte, der Prozess könne von nun an keine Überraschungen mehr bieten, wurde am Nachmittag eines Besseren belehrt. Da meldete sich ein Schusswaffenexperte des bayerischen LKA zu Wort, der die bei der Tat benutzte Bockflinte auf ihre Funktionsfähigkeit untersucht hatte. Der Kriminaltechniker sagte, mit großem Interesse habe er die Ausführungen der Rechtsmediziner verfolgt. Da sich deren Meinungen zum Teil widersprochen hätten und am Ende kein klares Bild zu erkennen gewesen sei, habe er im Gerichtssaal spontan beschlossen, eigene Untersuchungen anzustellen.

In der Mittagspause war er deshalb zurück ins LKA gefahren, hatte rote Tinte in mehrere Luftballons gefüllt und mit der Tatwaffe aus unterschiedlichen Richtungen auf sie gefeuert. Dabei stand er stets genauso weit weg wie der Schütze am Tag der Tat, etwa drei Meter. Jedes Mal ergaben sich unterschiedliche Spurenbilder an der Zimmerdecke. Zum Beweis legte er dem Gericht Fotos vor, die er nach den Schussversuchen angefertigt hatte. Eines der Spurenbilder entsprach weitgehend der am realen Tatort vorgefundenen Verteilung der Blutspritzer. Als der Richter den LKA-Beamten fragte, aus welcher Richtung er bei diesem Bild geschossen habe, antwortete der: »Dieser Schuss kam von vorn.«

Ein Raunen ging durch den Saal. Meinem Mandanten Siggi stand die Erleichterung ins Gesicht geschrieben. Dank des Waffenexperten und seiner unorthodoxen Methoden erklärten sowohl der Staatsanwalt als auch der Vorsitzende Richter, sie würden nun wieder von Totschlag ausgehen. Da der Angeklagte offensichtlich nicht gelogen hatte, kippte die Stimmung im Gericht wieder zu Siggis Gunsten.

Mein Mandant wurde zu zwei Jahren Haft verurteilt. Das Gericht hatte bei seinem Urteil berücksichtigt, dass seine Frau ihn betrogen, beleidigt und gedemütigt hatte, was ihm sehr bei der Bewältigung der Geschehnisse half. Eine Aussetzung zur Bewährung war bei diesem Strafmaß damals nicht möglich, aber die neunmonatige Untersuchungshaft wurde Siggi angerechnet, schon bald erhielt er Vollzugslockerungen, und schließlich wurde er vorzeitig entlassen.

Der Fall zeigt, wie eingangs geschildert, welchen Einfluss nicht nur psychiatrische und psychologische Sachverständige, sondern auch Experten anderer Fachrichtungen auf einen Prozess nehmen können. Alle Verfahrensbeteiligten sind deshalb gut beraten, den Wahrheitsgehalt der oft mit großem Selbstbewusstsein vorgetragenen und mit unverständlichen Fachbegriffen gespickten Einschätzungen kritisch zu hinterfragen. Insbesondere Richter stehen da in der Pflicht. Machen sie sich die Meinung von inkompetenten Gutachtern vorschnell zu eigen, ist die Gefahr von Fehlurteilen groß.

Auf der Flucht

Helmut kenne ich seit fast 50 Jahren. Ich habe ihn in so vielen Gefängnissen besucht und vor so vielen Gerichten verteidigt, dass man ihn wohl als meinen treuesten Mandanten bezeichnen kann. Der aus Franken stammende Mann, der schon als Jugendlicher Einbrüche beging und später etliche Raubdelikte verübte, gehörte lange Zeit zu den meistgesuchten Straftätern Deutschlands. Polizisten, Staatsanwälte und Richter, aber auch Zielfahnder des BKA und private Kopfgeldjäger jagten ihn um die halbe Welt. Man legte ihn in Ketten, schoss auf ihn, stellte ihm Fallen. Mehr als 20 Jahre seines Lebens verbrachte Helmut hinter Gittern. Die restliche Zeit war er meistens auf der Flucht.

Man muss ihm zugutehalten, dass er sich stets an den im Milieu herrschenden Ehrenkodex hielt, und selbst wenn die Polizei ihn unter Druck setzte oder ihm irgendwelche Vorteile versprach, verriet Helmut niemals einen Mittäter. Auch mir gegenüber war er immer offen und ehrlich. Helmuts Lebensgeschichte gehört zweifelsohne zum Spannendsten, was mir als Strafverteidiger begegnet ist.

Alles begann im Sommer 1966, ich war damals 25 und erst wenige Wochen bei Rolf Bossi als Referendar beschäftigt. Ein Beamter aus dem Münchner Polizeipräsidium rief an, weil man einen gewissen Helmut verhaftet habe. Der polizeibekannte Einbrecher werde demnächst dem Ermittlungsrichter vorgeführt. Da das Präsidium nur 200 Meter von der Kanzlei entfernt lag, ging ich gleich hinüber. Zwei Sonderfahnder der Kripo, die aussahen, als kämen sie vom Dreh eines billigen

Westerns aus den Bavaria Filmstudios, bauten sich breitbeinig vor mir auf. »Herr Rechtsanwalt, sagen Sie Ihrem Mandanten, wenn er nur den geringsten Fluchtversuch macht, schießen wir!«, bemerkte einer der Männer. Dabei legte er seine rechte Hand demonstrativ auf die im Gürtel steckende Pistole. Die Pose und der Satz brachten mich in Rage. Ich machte den Polizisten klar, dass sie soeben damit gedroht hatten, meinen Mandanten »von hinten zu erschießen«. Ich sei zwar nur ein kleiner Referendar, aber wenn sie ihre Ankündigung wahr machen sollten, würde ich dafür sorgen, dass sie wegen Mordes vor dem Schwurgericht landen.

Dann ließ ich mir Helmut vorführen. Ein sportlicher Typ, elegant-lässig gekleidet, etwa in meinem Alter und offensichtlich irritiert, weil ein so junger Jurist wie ich ihn vertreten sollte. Als ich ein bisschen damit prahlte, dass ich die Beamten zurechtgestutzt hätte, gewann ich seine Sympathie, und er unterschrieb die Vollmacht.

Auf meine Frage, warum die Polizisten so heiß auf ihn seien, berichtete Helmut, dass er mehrfach aus der Polizeihaft und dem Gefängnis getürmt war. Auf seinem Vorführblatt stehe vermutlich »Vorsicht, besondere Fluchtgefahr!« Ich erfuhr, dass er in mehrere Landratsämter eingebrochen war. Jedes Mal hatte er die Fenster mit Decken und Teppichen verdunkelt, die Tresore mit einem Trennschleifer geöffnet und Geld, aber auch Blankoausweise gestohlen. Seine Festnahme am Vormittag in einem Schwabinger Café traf Helmut völlig unvorbereitet. Im Nachhinein stellte sich heraus, dass ihn ein vermeintlicher Kumpel verpfiffen hatte. Ich sicherte Helmut zu, mir die Ermittlungsakten anzuschauen und ihm zur Seite zu stehen, wenn er dem Haftrichter vorgeführt werde. Dann kehrte ich in die Kanzlei zurück, wo mir die Polizei kurz darauf mitteilte, dass die Vorführung nicht stattfinden könne. Grund: Helmut war abgehauen.

Ausgerechnet die beiden bissigen Sonderfahnder hatten sich von meinem Mandanten wie Schulbuben übertölpeln lassen. Sie waren mit ihm in zwei Wohnungen nach Schwabing gefahren. Laut dem Informanten, der Helmut angeschwärzt hatte, sollten sich dort Reisepässe, Stempel und Siegel befinden, die der Beschuldigte in einem Landratsamt erbeutet habe. Helmut war die ganze Zeit mit Handschellen an einen der beiden Polizisten gefesselt. Nach zwei erfolglosen Durchsuchungen liefen die drei zurück zum Streifenwagen. Während der eine Beamte zum Fahrersitz ging, löste der andere die Handfessel, die ihn mit Helmut verband, und drückte ihn auf die Rückbank. Plötzlich begann Helmut zu jammern, ihm sei furchtbar schlecht. Er täuschte vor, sich gleich übergeben zu müssen. Der Beamte schrie: »Nicht im Auto!«, und zerrte ihn aus dem Fond. Helmut beugte sich mit verkrampftem Gesicht nach unten, aber nur, um im nächsten Moment blitzartig hochzuspringen. Er riss sich von dem Beamten los und rannte weg.

Die Polizisten feuerten Warnschüsse ab und verfolgten den Flüchtenden bis in den Englischen Garten. Am Wirtshaus Aumeister verlor sich die Spur. Das Waldgebiet wurde großräumig abriegelt und von Dutzenden Polizisten durchkämmt. Helmut saß während der Aktion seelenruhig auf einem Baum. Fünf Stunden harrte er im Geäst aus. Irgendwann musste er dringend Wasser lassen, wollte aber nicht in die Hose pinkeln. Ein plätscherndes Rinnsal hätte ihn möglicherweise verraten. Also achtete er darauf, dass jeweils nur Tröpfen an den Ästen herunterliefen.

In der Abenddämmerung zogen die Fahnder ab. Weil Helmut ohne Geld und Ausweispapiere aufgeschmissen war, schlich er nun dorthin, wo ihn die Ermittler am wenigsten vermuteten: in seine Wohnung. Er brach die Tür auf, zog sich um und fuhr nach Nürnberg. Tatsächlich blieb er dort eine Zeit lang unbehelligt, doch nach einem weiteren missglückten

Einbruch wurde er geschnappt und kam in Haft. Die Staatsanwaltschaft stellte eine Liste mit Helmuts mutmaßlichen Straftaten zusammen und klagte ihn an. Zu den Delikten gehörte auch ein spektakulärer Kunstdiebstahl im fränkischen Volkach. Am 7. August 1962 gegen vier Uhr morgens hatten Diebe in der berühmten Wallfahrtskirche »Maria im Weingarten« ein Fenster aufgehebelt und sich ins Innere der Kapelle abgeseilt. Neben kleineren Preziosen stahlen sie das berühmte Riemenschneider-Werk »Maria im Rosenkranz«. Die Schnitzerei aus Lindenholz, etwa 3 Zentner schwer und 2,8 Meter hoch, hatte einen Liebhaberwert von einer Million Mark, galt aber wegen ihrer Einzigartigkeit als unverkäuflich. Der Verleger Henri Nannen, ein studierter Kunsthistoriker, forderte die Täter im *Stern* auf: »Gebt die Madonna von Volkach zurück!«, und sicherte ihnen ein Lösegeld von 100000 Mark zu. Der Deal kam tatsächlich zustande, ein Jahr nach dem Diebstahl kehrte die Madonna an ihren Platz zurück.

Dass Helmut wegen dieser Sache vor Gericht stand, »verdankte« er einem Mittäter. Der Mann saß wegen anderer Delikte ein und hatte einem Zellengenossen verraten, dass Helmut an dem Kircheneinbruch beteiligt war.

Der Prozess um die gestohlene Madonna fand im März 1968 vor dem Landgericht Bamberg statt. Die Sicherheitsmaßnahmen erinnerten mich an ein Terrorismusverfahren. Vor dem Saal patrouillierten Polizisten mit zähnefletschenden Hunden. Helmut wurde von mehreren Beamten mit Handschellen und Fußfesseln vorgeführt. Das Verhandlungsklima war eisig. Nach ein paar Stunden unterbrach der Richter die Verhandlung für die übliche Mittagspause, und alle Justizbeamten und Polizeikräfte dachten nur noch ans Essen. Der Angeklagte wurde derweil ins nahe gelegene Gerichtsgefängnis gebracht.

In seiner Zelle fragte Helmut einen älteren Beamten, der auf ihn aufpassen sollte, ob er sich ein bisschen die Füße vertreten dürfe. Der nette Justizmann hatte nichts dagegen und begleitete den Gefangenen beim Hofgang. Er bemerkte nicht, wie ihn Helmut immer weiter in Richtung Gefängnismauer lotste. Plötzlich rief Helmut: »He, Ihr Schuhbandel ist auf«, und zeigte auf den Schuh des Bewachers. Der brave Beamte bückte sich tatsächlich – und bot Helmut damit eine ideale Rampe. Er sprang auf den Rücken des Mannes und erreichte von dort aus die Krone der Mauer.

»Komm sofort runter!«, rief der Wärter, doch Helmut lachte nur höhnisch und hüpfte zur anderen Seite herunter. Mehrere Stunden versteckte er sich im Bamberger Dom. Am späten Abend stieg er in eine Schreinerei ein, aber nicht um zu stehlen, sondern zum Telefonieren. Helmut rief einen Kumpel an und bestellte ihn nach Bamberg. Gegen eine Belohnung von 5000 Mark fuhr ihn der Mann mit dem Auto nach Saarbrücken. Dort ließ sich Helmut am Hauptfriedhof direkt an der französischen Grenze absetzen. Es war bekannt, dass Terroristen den Gottesacker gern nutzten, um unbeobachtet nach Frankreich zu gelangen. Genau das war Helmuts Plan. Mit mehreren gefälschten Pässen in der Tasche spazierte er ins nahe gelegene lothringische Forbach. Nach seiner Flucht aus den Fängen der Bamberger Justiz hatten die deutschen Behörden den Fahndungsdruck erhöht und 13000 Mark Belohnung ausgesetzt – damals eine Rekordsumme für die Ergreifung eines Einbrechers.

Die nächsten zweieinhalb Jahre versteckte sich Helmut in Metz und Nizza, später in Lugano im Schweizer Kanton Tessin. Dort mietete er sich im Juli 1968 unter falschem Namen in eine Pension ein. Der Besitzer schöpfte Verdacht und rief die Polizei. Kurz darauf erschienen zwei bewaffnete Beamte in der Herberge. Helmut zog seine Waffe, worauf einer der Fahnder ihn überwältigen wollte. Im Handgemenge lösten sich mehrere Schüsse. Nun feuerte auch der zweite Polizist. Eine Kugel traf Helmut am Oberschenkel. Der Beamte, der sich zunächst auf Helmut gestürzt hatte, wurde bei der Schießerei ebenfalls am Bein getroffen. Ein Geschoss zerriss seine Aorta. Der Polizist verlor so viel Blut, dass er kurz darauf verstarb.

Helmut schleppte sich unterdessen schwer verletzt aufs Nachbargrundstück. Dort stand ein Pferdetransporter, der Zündschlüssel steckte im Schloss. Helmut stieg ein und gab Gas. Kurz vor der italienischen Grenze endete die Fahrt an einer Straßensperre. Helmut wurde festgenommen und ins Krankenhaus von Lugano gebracht. Auf der Fahrt schlugen ihn die aufgebrachten Tessiner Polizisten, weil sie glaubten, dass er ihren Kollegen erschossen hatte.

Zwei Jahre saß Helmut in Untersuchungshaft. Anfangs wurde er mit einer Eisenkette am Bett fixiert und musste zusätzlich Hand- und Fußfesseln tragen. Ein Schwurgericht in Lugano verdonnerte ihn schließlich zu 13 Jahren Gefängnis. Das Urteil bezog sich auf die Tötung des Polizisten und den Angriff auf dessen Kollegen, gewertet als Körperverletzung. Im Revisionsverfahren wurde das Strafmaß auf zehn Jahre reduziert. Kriminaltechnische Untersuchungen hatten nämlich ergeben, dass der Polizist nicht durch einen Schuss aus Helmuts Pistole gestorben war. Die Kugel stammte vielmehr aus der Waffe seines Kollegen und hätte Helmut treffen sollen.

Helmut wurde nach einiger Zeit ins Gefängnis Regensdorf bei Zürich überstellt. Von dort aus rief er mich an. Er fragte, was passieren würde, wenn er aus der Schweizer Haft fliehen und sich der Münchner Justiz stellen würde. Ich versprach, mit der Staatsanwaltschaft und dem Gericht zu verhandeln. Schließlich konnte ich ihm sagen, dass ihn hier eine deutlich mildere Strafe erwarten würde, selbst wenn man seine deutschen Vergehen und die Schweizer Tat zugrunde legte.

Die Aussicht, schneller freizukommen, und sei es auch erst nach Verbüßung einer gewissen Haftzeit in Deutschland, ließ

Helmut wieder aktiv werden. Generalstabsmäßig organisierte er seine Flucht. Aus dem Lattenrost seines Bettes zimmerte er eine Hühnerleiter, die ein Mitgefangener, der für die Müllentsorgung zuständig war, in der Abfallbaracke versteckte. Der aus Jugoslawien stammende Helfer stand kurz vor der Entlassung und trug deshalb eine spezielle Jacke, die alle als ungefährlich eingestuften Häftlinge bekamen. Damit durften sie sich auf dem Gefängnishof frei bewegen. Diese Jacke überließ er seinem Knastkumpel Helmut, der so getarnt mit einem Müllbeutel in der Hand an den Wachmännern vorbei zur Hütte marschierte, in der die Abfälle lagerten. Er zog die dort versteckte Leiter heraus und kletterte über die Gefängnismauer in die Freiheit. Draußen streifte er sich einen Frauenpullover über, den ihm ein Häftling aus der Wäscherei gegeben hatte. Zu Fuß und mit dem Bus schlug sich Helmut nach Deutschland durch und meldete sich sofort bei mir. Ich kündigte den Behörden sein freiwilliges Erscheinen in München an.

Vom Landgericht München I erhielt er, wie von mir ausgehandelt, acht Jahre Gefängnis. Das Urteil bezog sich auf 20 Tresoraufbrüche in Deutschland sowie seine Beteiligung an der Schießerei in Lugano. Die in der Schweiz verbüßte Haftzeit wurde Helmut angerechnet. Mit dieser Lösung wäre er gut bedient gewesen. Aber die Bamberger Justiz wollte das Verfahren wegen der gestohlenen Riemenschneider-Madonna auf keinen Fall einstellen. Helmut hatte sich damals ja durch Flucht einer Verurteilung entzogen. Das Bamberger Gericht stockte die Münchner Strafe nochmals auf, sodass Helmut nunmehr auf insgesamt zehn Jahre Gefängnis kam.

Nach seiner Entlassung hätte er ein Leben ohne Straftaten führen können, aber daran fand er keinen Gefallen – dafür an einer neuen, aus seiner Sicht risikoarmen und lukrativen Form des Banküberfalls. Gemeinsam mit einem Komplizen stieg er nachts in Kellerräume von Banken ein und wartete auf die am

Morgen erscheinenden Angestellten. Mit vorgehaltener Waffe ließ er sich, noch ehe die Bank für den Geschäftsverkehr öffnete, den Tresor aufsperren. Mit der Beute flüchtet er durch den Kellerausgang.

Die Masche war nicht immer erfolgreich. Nach einem missglückten Bankraub in Italien wurde Helmut verhaftet und zu mehreren Jahren Gefängnis verurteilt. Dass er es dort nicht lange aushielt, versteht sich von selbst. Helmut teilte sich eine Zelle mit drei Entführern und einem Mafioso. In einer Silvesternacht zersägten die Häftlinge das Fenstergitter und seilten sich filmreif an verknoteten Betttüchern ab. Aus Besenstielen hatten sie einen langen Stab gebaut. Damit wollten sie eine Eisenkralle auf der Mauer festhaken und an einem Seil hochklettern. Der Versuch endete im Desaster. Wachleute schossen mit Maschinenpistolen auf die Flüchtenden. Helmut blieb als Einziger unverletzt. Man sperrte ihn in eine spezielle Arrestzelle, wo sich unter besonders strengen Haftbedingungen jeder Gedanke an einen Ausbruch erübrigte.

Im Anschluss an seine Freilassung in Italien kehrte Helmut nach Deutschland zurück, aber nur, um 1986 erneut die Flucht anzutreten. Er war auf der Fahndungsliste wieder einmal ganz nach oben gerückt. Man verdächtigte ihn, bei einem Banküberfall in Karlsfeld, einer Gemeinde bei Dachau, mitgemacht zu haben, was er bestritt. Aus Angst, dennoch in die Mühlen der Strafverfolger zu geraten, setzte sich Helmut nach Brasilien ab, wo er mehrere Jahre unter falschem Namen lebte. Er heiratete – wie sein großes Vorbild, der englische Posträuber Ronny Biggs – eine Einheimische und wurde Vater eines Sohnes. Als Unterhaltspflichtiger war er vor einer Auslieferung nach Deutschland sicher.

Die hiesigen Ermittler ließen dennoch nicht locker und setzten einen in Brasilien lebenden V-Mann des BKA, der unter der Nummer VP 572 geführt wurde, auf Helmut an. Der

Großbetrüger spürte immer wieder gesuchte Personen auf, die nach Südamerika geflüchtet waren, und kassierte dafür eine Art Kopfgeld. Er arbeitete nicht nur für deutsche Behörden, sondern auch für die Amerikaner. Nach Absprache mit dem BKA lockte VP 572 Helmut unter einem Vorwand aus dem sicheren Brasilien nach Peru. Er bezahlte ihm sogar das Ticket. Nach der Landung warteten am Flughafen jede Menge Polizisten, darunter auch ein Kriminalhauptkommissar vom BKA. Helmut wurde festgenommen, doch die Auslieferung nach Deutschland scheiterte – ihm gelang wieder einmal die Flucht.

Als Helfer engagierte er dabei ausgerechnet jenen V-Mann, der ihn erst in die missliche Lage gebracht hatte, was Helmut zu diesem Zeitpunkt noch nicht wusste. Er versprach dem Polizeispitzel, der ihn regelmäßig im Gefängnis besuchte, eine hohe Prämie, wenn er ihn rausholen würde. Also investierte der V-Mann 20000 Dollar, um zwei Wächter zu bestechen, die Helmut den Weg in die Freiheit ebnen sollten. Unmittelbar vor der Verhandlung beim Obersten Gericht konnte er durch die Katakomben der Haftanstalt türmen. Kurioserweise begleitete ihn dabei einer der Gefängniswärter. Helmut hatte dem vom Staat karg entlohnten Justizmitarbeiter 5000 Dollar extra angeboten und ihm von den schönen Frauen an der Copacabana vorgeschwärmt. Mit gefälschten Pässen flogen die beiden nach Bolivien und von dort aus weiter nach Brasilien. Helmut hatte es wieder einmal geschafft. Vorläufig.

Er musste dem V-Mann ja noch die versprochene Belohnung für die Fluchthilfe bezahlen. Dummerweise waren die dafür vorgesehenen Travellerschecks, die er vor längerer Zeit aus einer Bank geraubt hatte, bei einem Mittäter in Südfrankreich versteckt. Der BKA-Informant überredete Helmut daraufhin, mit ihm von Brasilien aus nach Nizza zu fliegen und dort den Komplizen mit den Schecks zu treffen. Helmut ließ sich darauf ein – und tappte damit endgültig in die Falle. Am

Abend des 21. September 1989 berichtete die Tagesschau über den Polizeizugriff in Frankreich, Sprecher Jan Hofer, damals noch mit vollem Haupthaar und rotem Einstecktuch, vermeldete die Details der Aktion. Die gesamte Fernsehnation konnte ein Passbild von Helmut sehen, darunter seinen Name und die Schlagzeile »Ausbrecherkönig gefasst«.

Nach seiner Festnahme besuchte ich Helmut im berühmt-berüchtigten Gefängnis Les Baumettes in Marseille. Ich fragte ihn, wie er mit den unhaltbaren hygienischen Zuständen, dem miserablen Essen und der Überbelegung klarkomme. Er habe schon härtere Haftanstalten erlebt, antwortete er trocken. Helmut trieb täglich Sport und machte auf mich einen sehr fitten Eindruck. Auch geistig war er voll auf der Höhe. Durch seine langjährigen freiwilligen und unfreiwilligen Aufenthalte in verschiedenen Ländern sprach er inzwischen nicht nur Englisch, Spanisch, Italienisch und Portugiesisch, sondern auch Französisch. Er verstand es, sich im Knast Respekt zu verschaffen.

In Marseille versuchte ich, Helmuts umgehende Auslieferung nach Deutschland zu erreichen, doch dazu kam es nicht. Denn die in Frankreich beschlagnahmten Schecks, mit denen Helmut den BKA-Spitzel bezahlen wollte, stammten aus einem Banküberfall in Innsbruck. Wegen dieser Tat schickte ihn die österreichische Justiz mehrere Jahre hinter Gitter.

Zurück in Deutschland, musste sich Helmut ab Januar 1997 für den Sparkassenüberfall in Karlsfeld verantworten. Der Prozess vor dem Landgericht München II ist mir noch in lebhafter Erinnerung, denn es kam zu einem Eklat: Die Staatsanwaltschaft, die so gut wie keine stichhaltigen Beweise gegen meinen Mandanten vorbringen konnte, hörte illegal die Telefonanschlüsse mehrerer Zeugen und weiterer Prozessbeteiligter ab. Die Ermittler schnitten mehr als 1000 Gespräche mit. Laut offizieller Darstellung wollten sie herausfinden, wo sich ein angeblicher Mittäter von Helmut versteckte, der nach dem Karlsfelder Bankraub 1986 abgetaucht war. In Wahrheit versuchten sie jedoch, belastendes Material gegen meinen Mandanten zu sammeln. Gut 100 der protokollierten Gespräche landeten in einer streng geheimen Nebenakte zum Prozess gegen Helmut, den ich gemeinsam mit meinem Kollegen Hartmut Wächtler über viele Wochen verteidigte. Die Abschriften der Gespräche füllten 227 Seiten. Die Ermittler hatten auch ein Telefonat zwischen mir und einer Frau abgehört, die als Zeugin geladen war. Sogar der Vorsitzende Richter wurde bespitzelt. Als die Existenz dieser hochbrisanten Nebenakte aufflog, wurde der hauptverantwortliche Oberstaatsanwalt sofort ausgetauscht.

Medien in ganz Deutschland brandmarkten den illegalen Lauschangriff als Justizskandal ersten Ranges. Auch der bayerische Landtag befasste sich mit der Affäre. Sowohl mein Kollege Wächtler als auch ich bezeichneten das Verfahren nach dem unfassbaren Rechtsbruch durch die Justiz nunmehr als Farce. Wir vertraten die Ansicht, dass von einem fairen und rechtsstaatlichen Prozess keine Rede mehr sein konnte, doch das Gericht, obwohl selbst Opfer der Lauschattacke, wollte so weit nicht gehen und setzte das Verfahren fort.

Helmut war verbittert, was weniger an der Abhöraktion, als vielmehr an den beiden Kronzeugen lag, die der Staatsanwalt gegen ihn aufgeboten hatte und auf deren Aussagen sich die Anklage zu großen Teilen stützte. Einer der Kronzeugen war besagter V-Mann, ein x-fach wegen Betrugs vorbestrafter Mann, der sogar seine eigene Familie abgezockt hatte. Die ARD berichtete in einem 45-Minuten-Film über seine hochkriminellen Manöver. Während die Strafkammer zumindest ihn als unzuverlässig einstufte, hielt sie den zweiten Kronzeugen für glaubwürdig – obwohl es sich um einen vielfach vorbestraften und damals noch einsitzenden Kriminellen handelte, dessen Liste von Gesetzesbrüchen die von Helmut bei Weitem übertraf. Dieser Zeuge hatte Helmut in mindestens sieben Verfahren zu Unrecht beschuldigt, woran sich das Gericht nicht zu stören schien. Es traute Helmut den Karlsfelder Banküberfall zu und verurteilte ihn zu langjähriger Haft plus Sicherungsverwahrung.

Nach seiner Entlassung ging Helmut wieder nach Brasilien. Wenn wir uns ab und zu in München treffen, erzählt er mir immer voller Stolz von seiner Frau und dem mittlerweile 28 Jahre alten Sohn. Bei einer dieser Gelegenheiten schilderte er mir seine erste Flucht. Er war 18 und saß im Jugendgefängnis Laufen an der bayerisch-österreichischen Grenze ein. Die Anstalt liegt in einer Moorlandschaft. Als er es nicht mehr aushielt, schnappte sich Helmut im Hof ein langes Brett und hüpfte damit wie ein Stabhochspringer auf die Mauer. Auf der anderen Seite versank er bis fast zur Hüfte im Moor, konnte sich aber mühsam befreien – im Gegensatz zu den Justizbeamten, die ihm nachsetzten und, als der Häftling längst am Waldrand war, noch immer feststeckten. Darüber lacht Helmut sich noch heute tot.

Ich habe Helmut natürlich gefragt, warum er sich als offenkundig freiheitsliebender Mensch immer wieder dem Risiko einer mehrjährigen Haft ausgesetzt hat. Die Antwort verblüffte mich. Bei seinen Einbrüchen sei es ihm nie ums große Geld gegangen, vielmehr sei er »süchtig« nach dem besonderen Nervenkitzel, dem Adrenalinrausch gewesen. Das galt auch für seine oft waghalsigen Fluchtaktionen. Seine Einstellung fasste Helmut, der heute Anfang 70 ist, mal in dem schönen Satz zusammen: »Ich wollte nie ein Spießerleben führen.« Ich denke, das hat er geschafft.

Jagdfieber

Im Sommer 2014 habe ich einen Fall übernommen, der in ganz Deutschland hohe Wellen schlug und mich bis heute umtreibt. In Burghausen, einer Kleinstadt in Oberbayern, knapp 18000 Einwohner, direkt an der Grenze zu Österreich, kam am 25. Juli 2014 ein junger Mann ums Leben. Er wurde am helllichten Tag erschossen. Die Kugel traf den 33 Jahre alten Ronny in den Hinterkopf. Der Schütze war ein Polizeibeamter.

Nur wenige Stunden nach der Bluttat zogen etwa 50 Angehörige, Freunde und Bekannte des Opfers vor die Polizeiwache und machten ihrer Empörung Luft. Sie riefen: »Polizei – Mörder!« Über die Straße spannten sie ein Plakat »Nein zur Polizeigewalt!« Auf anderen Schildern stand »Mord ist Mord – keine Sonderrechte für den Staat« und »Sagt die Wahrheit!« Eine Woche später versammelten sich 200 Menschen zu einer Mahnwache auf dem Markt, bei der sie nicht nur des getöteten Ronny gedachten, sondern vor allem gegen den brutalen Polizeieinsatz protestierten.

Keiner konnte verstehen, warum ein Strafverfolger einen Menschen hinterrücks in den Kopf schießt, der unbewaffnet war und niemanden bedroht hatte, sondern lediglich wegen Handelns mit weichen Drogen zur Fahndung ausgeschrieben war. Ein Demonstrant fasste das Unverständnis der Bevölkerung in einer Frage zusammen: »Warum?« Das wollte auch die Mutter des Opfers wissen. Kurz nach der Tat betraute sie mich mit der Wahrnehmung ihrer Interessen.

Ronny war sicherlich kein Unschuldslamm. 1981 im russischen Krasnodar geboren, kam er als Kleinkind nach Deutschland. Er wuchs ohne seinen Vater auf, der die Familie verlassen hatte, als Ronny zwei Jahre alt war. Die Mutter, die zwischenzeitlich an Krebs erkrankte, zog ihn allein groß. In seiner neuen Heimat fand sich der Junge nur schwer zurecht. Seine Ausbildung zum Kfz-Mechaniker beendete er ohne Abschluss. Er ging zum Krafttraining, kam mit Dopingsubstanzen in Berührung, trieb sich in Diskotheken herum. Irgendwann rutschte er in die kleinkriminelle Szene ab. Er begann mit Drogen zu dealen, wurde erwischt und zu einer Gefängnisstrafe verurteilt. Nach mehr als vier Jahren kam er im Frühjahr 2013 unter Auflagen frei. Doch auch in der Bewährungszeit setzte er seine Drogengeschäfte fort.

Im März 2014 erließ das Amtsgericht Traunstein Haftbefehl gegen Ronny. Zusammen mit einem Komplizen soll er drei Kilogramm Marihuana für 18000 Euro verkauft haben. Im Haftbefehl hieß es, bei einer Verurteilung drohe ihm eine »empfindliche Freiheitsstrafe«. Über seinen damaligen Anwalt erfuhr Ronny, dass nach ihm gefahndet wurde, doch statt sich zu verstecken, ging er ins Schwimmbad, schlief bei Freunden und jobbte bei einer Zeitarbeitsfirma. Regelmäßig besuchte er seine 20-jährige Freundin, die noch bei ihrer Mutter in Burghausen lebte. So auch am 25. Juli 2014.

Am späten Nachmittag kam Ronny auf dem Parkplatz an, stieg aus seinem silbernen Ford und lief Richtung Hauseingang. Dabei telefonierte er mit dem Handy. Er bemerkte nicht, dass zwei Zivilfahnder ihn beobachteten. Sie saßen im Auto und rollten langsam die Straße entlang. Die Beamten hatten vermutet, dass Ronny irgendwann bei seiner Freundin aufkreuzen würde. Einer der beiden, Polizeihauptmeister Christoph Z., erkannte ihn zweifelsfrei wieder. Knapp 1,80 Meter groß, kurze schwarze Haare, sonnengebräunt, extrem muskulös. Er trug ein

olivenfarbenes T-Shirt, blau-beige karierte Bermudashorts und
weiße Turnschuhe.

Ronny lief in den für solche Wohnkomplexe typischen Hinterhof: Metallwäschestangen auf einer von Bäumen und
Büschen eingefassten Wiese, eine Sitzecke mit Plastikstühlen,
abgestellte Fahrräder, am Rand des Fußwegs ein Bobby-Car.
Zwischen den vierstöckigen Häusern spielten Kinder Fußball.

Nur noch wenige Schritte trennten Ronny vom Eingang, als
die Polizisten um die Ecke bogen. Christoph Z., der seine Pistole in der Hand hatte, rief: »Polizei, stehen bleiben!« Der zweite Beamte hielt seinen Dienstausweis hoch und brüllte: »Halt,
Polizei!«

Ronny geriet in Panik und rannte weg, die Zivilfahnder setzten ihm nach. Christoph Z. gab einen Warnschuss in die Luft
ab. Unmittelbar danach schoss er auf den Weglaufenden. Ronny stürzte und blieb regungslos auf dem Gehweg liegen. Seine
Sonnenbrille und das Handy fielen ihm aus den Händen. Die
Polizisten beugten sich über ihn, konnten keinen Puls mehr
fühlen. Christoph Z. forderte den Notarzt an und informierte
die Einsatzzentrale.

Ronnys Freundin Silvia war gerade im Bad, als sie Schüsse
hörte. Sie schaute aus dem Fenster im zweiten Stock. Ein kleiner Junge rief: »Sie haben ihn erschossen!« Silvia sah von dem
am Boden liegenden Mann nur ein Stück der Beine und Turnschuhe, wusste aber, dass es ihr Freund war. Sie rannte die
Treppen hinunter, um ihm zu helfen, wurde jedoch von einem
Polizisten, vermutlich dem Schützen, daran gehindert, sich
ihm zu nähern, genau wie die Mutter von Ronny. Die unter
Schock stehende Frau empfand das Verhalten der Beamten als
arrogant und unverschämt.

Immer mehr Polizisten trafen auf dem Hinterhof ein und
sperrten den Tatort ab. Sie legten eine von Anwohnern gebrachte
Decke mit Pferdemotiv über den Leichnam, kennzeichneten ihn

mit der Spurentafel »Nummer 4« und bauten ein Zelt als Sicht-
schutz auf. Um die Schusswunde zu konservieren, stülpten sie
einen Müllsack über Kopf und Hals des Getöteten. Mitarbeiter
eines Bestattungsinstituts brachten das Opfer zunächst in ein
nahe gelegenes Leichenhaus, später zum Institut für Rechtsmedizin in München. Dort wurde Ronny am 26. Juli obduziert. Diagnose: Tod durch zentrale Lähmung.

Die Polizeikugel hatte ihn in der Nackenmitte getroffen, in
1,61 Meter Höhe. Sie durchschlug die Halswirbelsäule im Bereich des 1. Halswirbelkörpers. Der Schusskanal reichte bis in
den Nasen-Rachen-Raum. Obwohl es kein Ausschussloch gab,
konnten die Obduzenten das Projektil nicht finden. Vermutlich war es dem Opfer beim Sturz auf den Asphalt aus der
Mundhöhle gefallen. Trotz intensiver Suche am Tatort konnte
es nie sichergestellt werden.

Noch am Abend nahmen die Ermittler ihre Arbeit auf und
versuchten, Ablauf und Hintergründe des Dramas aufzu-
klären. Wie »neutral« die Staatsanwaltschaft Traunstein dabei
zunächst vorging, zeigte sich daran, dass sie Christoph Z.,
der gerade einen Menschen erschossen hatte, zuerst nur als
Zeugen vernahm. Das hatte der Behördenleiter persönlich
festgelegt. Erst drei Tage später leitete man ein Ermittlungsverfahren wegen fahrlässiger Tötung ein. Der Polizeihauptmeister galt nun als Beschuldigter und wurde vorüberge-
hend suspendiert. Die für die Beamtenversorgung zuständige
Stelle stufte ihn freilich als Opfer eines Dienstunfalls ein. Er
habe ein »Schadensereignis« erlitten, heißt es in den Akten.
Aus Sicht der Angehörigen des erschossenen Ronny Zynismus
pur.

Christoph Z. versuchte von Anfang an, nicht als Täter, sondern als Opfer aufzutreten. So erklärte er gegenüber der Staatsanwaltschaft, der Gesuchte habe kurz vor der geplanten Festnahme »einen außergewöhnlichen Sprint« hingelegt und wäre

für die Polizisten kaum noch zu erreichen gewesen. Um ihn zu stoppen, habe er seine Waffe, Nummer 40128, in beide Hände genommen und abgedrückt. Dabei habe er einen »gezielten Schuss auf die Beine« abgefeuert. In ähnlicher Form hatte er das noch am Tatort behauptet, als er neben der Leiche stand und zu seinem Kollegen sagte: »Ich habe doch auf die Beine gezielt.« Diese Darstellung überrascht nicht. Denn natürlich wusste er genau, dass Polizisten einem Flüchtenden laut Gesetz allenfalls auf die Beine schießen dürfen.

Getroffen hat der Beamte sein Opfer aber in den Hinterkopf. Die Kugel schlug also mindestens einen Meter höher ein als angeblich beabsichtigt. Und das, obwohl Christoph Z. durch regelmäßiges Schießtraining ein geübter Schütze war. Die naheliegende Schlussfolgerung, dass der Polizist nicht auf die Beine gezielt hatte, sondern – verbotenerweise – auf den Oberkörper des Flüchtenden, wollte die Staatsanwaltschaft nicht gelten lassen. Zwar bewies ein Gutachten des LKA Bayern, dass der verhängnisvolle Schuss aus einer Entfernung von gerade mal 6,5 bis 10,2 Metern fiel. Doch selbst auf diese Distanz reiche ein geringfügiges Verreißen der Pistole, um das anvisierte Ziel deutlich zu verfehlen, meinten die Ballistiker. Im Extremfall hätten bereits ein um vier Grad abweichender Schusswinkel oder eine um fünf Zentimeter zu hoch angesetzte Schusslinie zur Katastrophe geführt. Zugute hielten die Fahnder dem Schützen auch die Eigenstreuung seiner Pistole, eine Heckler & Koch, Modell P7. Bei einem Testschuss aus acht Metern mit aufgelegter Hand schlug die Kugel zwei Zentimeter höher und einen Zentimeter weiter links ein als vom Schützen beabsichtigt. Diese Ungenauigkeit, so die Experten, liege »im üblichen Bereich« für die Standardpistole der bayerischen Polizei.

Die ballistischen Untersuchungen mögen geholfen haben, das Geschehen besser zu rekonstruieren, ebenso die 3-D-Laservermessung des Tatorts. Doch aus meiner Sicht kam es auf eine ganz andere, eine grundsätzliche Frage an: Durfte der Beamte in der konkreten Situation überhaupt schießen?

Die klare Antwort: Nein!

Laut Gesetz ist Polizisten der Schusswaffengebrauch gegen Menschen grundsätzlich erlaubt – aber nur, wenn er dazu dient, einen Flüchtenden zu stoppen, der eines Verbrechens dringend verdächtigt ist. Der im Haftbefehl gegen Ronny aufgeführte Tatbestand des Handels mit drei Kilo Marihuana stellt laut Betäubungsmittelgesetz zwar tatsächlich einen Verbrechenstatbestand dar. Vor dem Hintergrund, dass es sich um eine weiche Droge handelt, die in vielen Ländern der Welt bereits legalisiert ist und in Deutschland verstärkt zu medizinischen Zwecken eingesetzt wird, kann man sich über diese juristische Einordnung jedoch trefflich streiten.

Selbst wenn die formellen Voraussetzungen für eine Schussabgabe vorlagen, so war sie dennoch von vornherein unzulässig. Denn sie verstieß gegen den rechtsstaatlichen Grundsatz der Verhältnismäßigkeit, wie er im Bayerischen Polizeiaufgabengesetz eindeutig geregelt ist. Demnach muss der Polizist »von mehreren möglichen und geeigneten Maßnahmen« diejenige wählen, bei der die verfolgte Person und die Allgemeinheit »am wenigsten beeinträchtigt« werden. Der Polizist Christoph Z. hätte also zwingend abwägen müssen, ob er den Flüchtenden zunächst entkommen lässt und bei einer späteren Gelegenheit festnimmt – oder ob er das Risiko eingeht, ihn schwer oder sogar tödlich zu verletzen. Hätte der Fahnder die gesetzlich vorgeschriebene Abwägung vorgenommen, wäre er zur Erkenntnis gelangt, dass er auf den Wegrennenden nicht schießen dürfe. Der Schusswaffengebrauch stellt die Ultima Ratio dar. Er ist das letzte und äußerste Mittel polizeilichen Zwangs und darf erst angewandt werden, wenn alle anderen Maßnahmen erfolglos waren.

Christoph Z. hatte mehrere Möglichkeiten, Ronny festzusetzen. Zunächst hätte er versuchen müssen, ihn einzuholen, ähnlich wie es sein Kollege getan hatte. Die Polizisten und den Flüchtigen trennten nämlich nur wenige Meter. Ein Zeuge sagte aus, die Beamten seien schneller gelaufen als Ronny und hätten sich ihm immer mehr angenähert. Der Kollege von Christoph Z. gab bei seiner Vernehmung an, er wisse nicht, ob er den Gesuchten nicht noch hätte einholen können. Im Umkehrschluss heißt das, die Chance hätte durchaus bestanden. Aber Christoph Z. wollte es nicht auf einen Versuch ankommen lassen – und schoss.

Für mich ist es nicht nachvollziehbar, warum die Beamten Ronny nicht zu seiner Freundin gehen ließen. Sie hätten ihn observieren und weitere Polizisten, auch Spezialeinsatzkräfte, anfordern können. Die hätten den Gesuchten in der Wohnung oder beim Verlassen des Hauses festgenommen.

Einen gravierenden Fehler beging der Polizist auch unmittelbar vor der Schussabgabe. Diese muss er laut Gesetz zunächst androhen. Damit soll dem Flüchtenden eine letzte Chance eingeräumt werden, dem polizeilichen Befehl zu folgen. Er muss noch Zeit haben, sein Verhalten zu ändern und sich den Beamten zu stellen. Dafür braucht es ausdrückliche Aufforderungen wie »Halt! Polizei!« bzw. »Keine Bewegung oder ich schieße!« Verhallt diese Drohung ungehört, erfolgt ein Warnschuss, danach ist ein zweiter abzugeben. Christoph Z. beließ es bei einem einzigen Warnschuss. Selbst wenn man der Meinung sein sollte, dass nur ein Warnschuss genügen müsse, um jemanden zur Aufgabe zu bewegen, ist doch klar, dass der »echte« Schuss in einem größeren zeitlichen Abstand erfolgen muss. Christoph Z. feuerte unterdessen nur wenige Sekunden oder sogar Sekundenbruchteile später gezielt auf Ronny. Damit nahm er ihm jede Chance, seine Fluchtbemühungen abzubrechen. Der Gejagte hatte keine Zeit zu reagieren.

Ein weiterer Aspekt: Der Schusswaffengebrauch zur Ergreifung eines flüchtigen Rechtsbrechers ist nur dann erlaubt, wenn von diesem »eine nicht unerhebliche Gefahr für die Allgemeinheit« ausgeht. Das war bei Ronny nicht der Fall. Er war kein gefährlicher Schwerverbrecher, sondern ein unbedeutender und unbewaffneter Marihuana-Dealer! Zu keiner Zeit hat er die beiden Fahnder oder andere Menschen bedroht.

Den Polizisten ging es nur darum, den staatlichen Strafanspruch durchzusetzen, und dafür nahm Christoph Z. nicht nur den Tod des Flüchtenden in Kauf, er brachte auch Unbeteiligte in Lebensgefahr. Das betraf zunächst seinen Kollegen. Der Polizist lief ein paar Schritte vor Christoph Z. Als der den tödlichen Schuss abgab, hörte der Kollege ein lautes Pfeifen im rechten Ohr und tastete seinen Oberkörper ab, da er davon ausging, selbst getroffen worden zu sein. Außerdem hielten sich in unmittelbarer Nähe des Tatorts 5 Kinder im Alter zwischen 3 und 15 Jahren auf. Sie spielten auf der Wiese Fußball. Christoph Z. nahm von den herumtobenden Kindern Notiz, und mit Sicherheit wusste er, dass sie unvermittelt in seine Schussbahn rennen oder von einem Querschläger getroffen werden könnten. Ebenso hätte die Kugel in das Fenster einer Parterrewohnung einschlagen und dort jemanden schwer oder sogar tödlich verletzen können. Ein Polizist, der diese Risiken außer Acht lässt, handelt unverantwortlich – und rechtswidrig. Denn laut Gesetz dürfen Beamte nicht schießen, wenn sie erkennen, dass »Unbeteiligte mit hoher Wahrscheinlichkeit gefährdet werden«.

All das wusste Christoph Z. Er kannte die gesetzlichen Regelungen zum Einsatz der Waffe und auch die damit verbundenen Risiken, aber er hat sie ausgeblendet, weil er aus meiner Sicht von einem viel zu starken Jagdeifer gepackt war. Er setzte alles daran, den Dealer zur Strecke zu bringen, egal wie.

Eigentlich war er am Tattag für einen anderen Einsatz eingeteilt. Gemeinsam mit seinem Kollegen sollte er das Regionalligaspiel zwischen Wacker Burghausen und der zweiten

Mannschaft des 1. FC Nürnberg absichern. Während der Besprechung am Nachmittag baten die beiden den Einsatzleiter, von dieser Aufgabe entbunden zu werden. Stattdessen wollten sie den gesuchten Ronny aufspüren. Der Einsatzleiter lehnte dies ab. Außerdem sprach er sich auf Nachfrage von Christoph Z. gegen eine »kräfteintensive Observation« aus. Obwohl die Polizeiverantwortlichen die Fahndung nach dem Drogendealer nicht als dringlich ansahen, machten sich Christoph Z. und dessen Kollege noch während ihres Fußballeinsatzes auf die Suche nach dem Flüchtigen. Warum?

Nach Abschluss der Ermittlungen stand für mich zweifelsfrei fest: Bei dem tödlichen Zugriff handelte es sich nicht um das gesetzeskonforme Vorgehen eines bayerischen Zivilfahnders, sondern um einen Fall von erschreckender Polizeigewalt. Der vom Täter abgefeuerte Schuss wich in einem Maß vom angeblich beabsichtigten Verlauf ab, der sich nicht mit Fahrlässigkeit erklären ließ. Er deutete vielmehr darauf hin, dass Christoph Z. gezielt in den höheren Oberkörperbereich geschossen und die Verletzung lebenswichtiger Organe einkalkuliert hat. Deshalb ging ich von einem bedingten Tötungsvorsatz aus. Auf die ebenfalls denkbare Möglichkeit, dass der Beamte gezielt in den Nackenbereich des Flüchtenden geschossen haben könnte, will ich an dieser Stelle nicht eingehen. Erwähnen möchte ich aber, dass selbst ein Schuss auf die Beine tödlich sein kann. Eine Durchtrennung der Oberschenkelarterie führt in der Regel bereits nach wenigen Sekunden zu einem tödlich wirkenden Blutverlust. Auch ein Treffer in den Gesäßbereich, wo wichtige Arterien verlaufen, kann zum Tod führen.

Aus meiner Sicht war der Polizeizugriff in Wildwestmanier völlig unverhältnismäßig und rechtswidrig. Er zeichnete sich durch ein selten erreichtes Maß an Rohheit und Rücksichtslosigkeit aus und spricht für die menschenverachtende Einstellung des Todesschützen. Ich bin überzeugt, dass der Fall eine enorme Bedeutung hat, die weit über das Schicksal des getöteten Ronny hinausgeht.

Ein bayerischer Polizeisprecher stufte die Bluttat öffentlich als »absoluten Einzelfall« ein, und das ist schlicht falsch. Ich erinnere nur an das Drama um den Regensburger Musikstudenten Tennessee Eisenberg. 2009 durchlöcherten ihn Polizisten mit mindestens zwölf Kugeln – er hatte sie angeblich mit einem Messer bedroht. Die Staatsanwaltschaft meinte, die Beamten hätten aus Notwehr geschossen und verzichtete auf eine Anklage. So etwas hielt ich beim Desaster von Burghausen für ausgeschlossen. Ich war sicher, dass sich der Täter wegen Totschlags vor Gericht würde verantworten müssen, zumindest aber wegen Körperverletzung mit Todesfolge. Die Staatsanwaltschaft Traunstein sah das anders. Im Februar 2016 stellte sie die Ermittlungen gegen Christoph Z. ein. Nach Auffassung der Strafverfolger hatte der Todesschütze alles richtig gemacht. Ihrer Meinung nach hatte sich in Burghausen das typische Risiko, das mit dem Einsatz von Schusswaffen verbunden ist, verwirklicht. Mit anderen Worten: Das Opfer hatte Pech.

Ich verstehe diese Entscheidung bis heute nicht und kann sie ebenso wenig wie die Mutter des Opfers und große Teile der Bevölkerung akzeptieren. Meiner Meinung nach diente das gesamte Verfahren nicht der Aufklärung des Tötungsverbrechens, sondern der Rechtfertigung der illegalen Polizeiaktion. Ich glaube, die Staatsanwaltschaft hat von Anfang an versucht, einen Prozess gegen den Beamten zu vermeiden. Von den Ermittlern in Auftrag gegebene Gutachten gingen wie selbstverständlich davon aus, dass die Schussabgabe rechtmäßig war. Zudem wurde ein Sachverständiger eingeschaltet, dem es an der nötigen Sachkunde und forensischer Erfahrung mangelte: Ein Junior-Professor vom Institut für Sportwissenschaften (!) an der Goethe-Universität Frankfurt am Main durfte ein Gutachten zur Schussabgabe erstellen. Er sollte die überaus wichtige Frage beantworten, mit welcher Wahrscheinlichkeit Christoph Z. damit rechnen musste, den Flüchtenden tödlich zu treffen. Der »Experte« hatte keine Ausbildung als Ballistiker und lediglich einzelne Aufsätze zu Schüssen aus Polizeiwaffen geschrieben. Hätte ich jemals gewagt, einen Gutachter mit so wenig Fachkompetenz vorzuschlagen, die Staatsanwälte hätten mich ausgelacht.

Doch selbst die nicht qualifizierten Ergebnisse des Gutachtens waren in bestimmten Punkten richtungsweisend. So wurde auf eine Untersuchung der Schusswaffeneinsätze bei der New Yorker Polizei verwiesen. Demnach liegt die Wahrscheinlichkeit, einen Flüchtenden in Oberkörper und Kopf zu treffen, bei 10 bis 15 Prozent. Es ist davon auszugehen, dass Christoph Z. im Rahmen seiner Ausbildung von dieser Studie gehört hat und wusste, mit welch hohen Risiken ein Waffeneinsatz verbunden ist. Sein Streifenpartner war sich jedenfalls über die möglicherweise verheerenden Konsequenzen im Klaren. Er vermied es, auf den Delinquenten zu schießen, und versuchte stattdessen, ihn zu fangen. Er handelte damit pflichtgemäß, im Vergleich zu seinem unbarmherzigen Kollegen sogar vorbildlich.

Lange vor Abschluss der Ermittlungen trat Ronnys Mutter in der Sendung *Stern TV* auf und beschrieb einem Millionenpublikum ihre Gefühle. »Das war eine Hinrichtung«, sagte sie. »Ich wünsche mir, dass der Polizist einfach seine gerechte Strafe bekommt. So, wie wir Bürger das auch bekommen würden, wenn wir jemanden erschossen hätten.« Dass der Tod von Ronny ungesühnt bleiben soll, ist eine große Ungerechtigkeit, die hoffentlich keinen Bestand hat. Gegen die Einstellung des Verfahrens habe ich selbstverständlich Beschwerde eingelegt. Bis zur Drucklegung dieses Buches lag noch keine Entscheidung der Münchner Generalstaatsanwaltschaft vor. Sollte sie die bisherige Blockadehaltung der Traunsteiner Strafverfolger bestätigen, werde ich notfalls bis vor das Oberlandesgericht ziehen, um doch noch eine Anklage gegen den Polizisten zu erzwingen.

Der perfekte Mord

Ein Gespräch über falsche Geständnisse, gottergebene Richter und berühmte Mandanten – von Dieter Zlof über Peter Graf bis Otti Fischer

Man kennt Sie als den »Promi-Anwalt« aus München. Dabei stammen Sie aus Sachsen.
Ich wurde 1940 in Chemnitz geboren und verbrachte dort meine ersten Kindheitsjahre. 1945 flüchteten wir nach München. Ein Teil der Familie meines Vaters stammte aus Oberbayern. Dass es uns an die Isar verschlug, war ein Glücksfall, auch wenn wir in sehr einfachen Verhältnissen lebten. Wir mussten uns eine Wohnung mit einer anderen Familie teilen, Baden war nur einmal pro Woche möglich. In Chemnitz habe ich noch heute Verwandtschaft, die ich ab und zu besuche. Einmal war ich sogar zu DDR-Zeiten dort, das muss 1987 gewesen sein. Die Kommunisten hatten Chemnitz ja in Karl-Marx-Stadt umgetauft. Der politische Mief, die zum Teil grauenhafte Architektur, die frustriert wirkenden Menschen – ich habe mich sehr unwohl gefühlt.

Was hat Sie damals in die DDR verschlagen?
Ich habe einen Mann verteidigt, der in Halle an der Saale wegen Mordes vor Gericht stand. Der Maurermeister stammte aus Ludwigshafen. In Bulgarien hatte er eine junge Frau aus der DDR kennengelernt und war zu ihr in den Osten gezogen. Als er herausfand, dass sie ihn nach Strich und Faden betrog,

verlor er die Nerven und zertrümmerte ihr mit der Faust den Schädel. Seine im Westen lebende Schwester bat mich, ihn zu vertreten. Ich habe den DDR-Anwalt des Beschuldigten kontaktiert. Dann verteidigten wir ihn gemeinsam.

Das lief alles problemlos?
Im Prinzip ja. Ich bin in meinem Porsche rübergefahren, was in Halle einigen Wirbel verursacht hat. Mein Auto war ständig von jungen Leuten umlagert, darunter eine beachtliche Zahl junger Frauen. Der DDR-Anwaltskollege wollte sich von seiner besten Seite zeigen und führte mich stolz durch seine Neubauwohnung in einer Plattensiedlung. Ich fand das rührend.

Wie ging der Prozess aus?
Gleich am Anfang hat es richtig geknallt. Der Richter blaffte meinen Mandanten in einem Kasernenton an. Ich erklärte ihm daraufhin, dass ich die DDR zwar für eine Diktatur halte, aber die Zeiten des Dritten Reichs wohl auch hier vorbei seien. Daraufhin mäßigte sich der Richter. In der Sache stritt ich mich mit dem Oberstaatsanwalt und dem Gutachter, denen die psychologischen Aspekte der Tat völlig egal waren, von einer Affekthandlung hatten sie offenbar noch nie gehört. Dennoch gelang es uns, eine lebenslange Haft zu verhindern. Stattdessen kam der Beschuldigte mit der Mindeststrafe von zehn Jahren Gefängnis davon.

Ein anderer Mandant von Ihnen, der Erpresser Dieter Zlof, erhielt mit 15 Jahren Haft die höchstmögliche Strafe. Sie hatten in dem aufsehenerregenden Prozess Freispruch gefordert. Was lief aus Ihrer Sicht schief?
Dieter Zlof hätte niemals verurteilt werden dürfen. Er war angeklagt, 1976 den Unternehmersohn Richard Oetker entführt und 21 Millionen D-Mark erpresst zu haben, die bis dahin

höchste Lösegeldsumme in Deutschland. Ich habe Zlof gemeinsam mit Rolf Bossi verteidigt. Wir waren sicher, dass die Indizien nicht für eine Verurteilung reichen würden. Dennoch bekam unser Mandant 1980 die Höchststrafe. Niemals werde ich den Spruch des Richters zu Beginn der Urteilsbegründung vergessen: »Wir hatten Zweifel, wir haben sie mannhaft überwunden, Gott helfe uns!«

Mit einem Richter, der bei seiner Urteilsfindung auf Gottes Hilfe setzt, können Sie nichts anfangen?
So etwas ist absurd. Ein Gericht kann keine Zweifel überwinden, es muss sie *ausräumen*, und zwar vollständig. Bleiben Zweifel bestehen, muss der Angeklagte – in dubio pro reo – freigesprochen werden. Das gesamte Zlof-Verfahren war von schlampigen Ermittlungen und Unsicherheiten geprägt, zentrale Fragen wurden nicht beantwortet.

Welche?
Die Polizei konnte weder die Pistole präsentieren, mit der Oetker in den VW-Bus des Entführers gezwungen wurde, noch die Kiste, in der er eingesperrt war. Auch nicht die Schreibmaschine, auf der die Erpresserbriefe getippt wurden. Völlig ungeklärt blieb, ob es wirklich Dieter Zlof war, der die Tatmittel gekauft hatte, etwa den Opel, in dem Oetker zum Aussetzungsort gebracht wurde. Auch die Frage, ob Zlof fünf Scheine des Lösegeldes in Kufstein eingewechselt hatte, konnten die Ermittler nicht beantworten. Die von der Staatsanwaltschaft aufgebotenen Wiedererkennungszeugen eierten fürchterlich herum und passten ihre Aussagen an die Fotos von Zlof an, die sie vor Prozessbeginn in der Zeitung gesehen hatten. Als ich dem Geldwechsler aus Kufstein seine völlig abweichende Täterbeschreibung vorlas, die er ursprünglich bei der Polizei abgegeben hatte, wurde er ganz kleinlaut. Dieter Zlof sprang erregt

auf und fragte den Zeugen: »Und, stimmt Ihre Beschreibung mit mir überein?« Er antwortete: »Nein. Aber Sie waren es trotzdem!«

So ähnlich sah es wohl auch das Gericht.
Es konnte aber keine harten Beweise gegen unseren Mandanten vorlegen. Die Polizei wusste nicht, wer den Lösegeldkoffer im Untergeschoss des Münchner Stachus an sich gerissen hatte. Die Gutachter waren uneins, ob die Erpresserbriefe wirklich von Zlof stammten und ob die auf Tonband mitgeschnittene Erpresserstimme seine war. Die Indizienlage erwies sich als extrem dünn.

Aber Zlof war alles andere als unschuldig.
Das stellte sich jedoch erst sehr viel später heraus. In seiner 1997 erschienenen Biografie gestand er seine Täterschaft. An meiner Meinung, dass Zlof den Gerichtssaal 1980 als freier Mann hätte verlassen müssen, ändert das nichts. Denn in einem Rechtsstaat darf nur der verurteilt werden, dessen Schuld *zweifelsfrei* erwiesen ist. Und wir alle müssen damit leben, dass von diesem Grundsatz, der Unschuldige schützen soll, mitunter auch Schuldige profitieren. Im Oetker-Fall haben die Strafverfolger nicht professionell genug gearbeitet, um Zlof der Tat eindeutig überführen zu können. Dennoch wurde er bestraft.

Wenn Sie in München ein Wirtshaus betreten und sich umschauen, dann sehen Sie dort »mehrere 100 Jahre Zuchthaus« versammelt, hat eine Journalistin über Sie geschrieben. Stimmt das?
Auf einige ausgewählte Lokale traf das zu. Da saßen meine Weiße-Kragen-Täter bei Bier und Wein zusammen und haben sich zugeprostet. Wenn ich reinkam, wurde ich von allen Seiten begrüßt und eingeladen. Es gibt auch einen Golfclub in

Südbayern, der mehr für seine gesellschaftlichen Events bekannt ist als für seine sportlichen Aktivitäten. Wer dort einen Platz an der Bar haben will, muss nur schreien: »Raustreten zum Hofgang!« Dann springt jeder zweite vom Hocker, weil er das Kommando aus dem Gefängnis kennt.

War Rechtsanwalt Ihr Traumberuf?
Als kleiner Junge wollte ich Feuerwehrmann werden wie mein Großvater. Das änderte sich, als er Ende des Zweiten Weltkriegs bei einem Löscheinsatz ums Leben kam. In der Volksschule fand ich den Beruf Lokomotivführer toll. Das lag auch an meinem Banknachbarn, dem späteren Modeschöpfer Rudolph Moshammer. Der hatte in seinem Kinderzimmer eine sensationelle Modelleisenbahn, die uns Buben schwer beeindruckte. Auf dem Gymnasium war ich, wie viele meiner Freunde, unentschlossen. Ein Studienberater meinte: »Wenn Sie sich für Politik und das Weltgeschehen interessieren, begeistert diskutieren und obendrein einen Sinn für Gerechtigkeit haben, können Sie mit Jura nichts falsch machen.« Ich habe es einfach probiert, wobei ich den strafrechtlichen Teil am spannendsten fand. Insofern war mir klar, dass ich keinesfalls juristischer Beamter werden wollte, sondern Rechtsanwalt, am liebsten Strafverteidiger.

Sie haben immer als Anwalt gearbeitet?
Vor und während des Studiums habe ich ungefähr 20 Jobs gemacht. Meine Eltern – mein Vater war Kaufmann, meine Mutter Sachbearbeiterin – konnten mich finanziell nicht unterstützen. Deshalb musste ich mein eigenes Geld verdienen. Ich habe als Fremdenführer, Zeitungsausträger, Übersetzer, Taxifahrer und Kellner gearbeitet, auch als Helfer im Hoch- und Tiefbau. Dort habe ich das wirkliche Leben kennengelernt, was mir später im Beruf sehr geholfen hat. Heutzutage sammeln

viele Staatsanwälte und Richter ihre Erfahrungen ausschließlich in Universitäten, Bibliotheken und Behörden. Und dann maßen sie sich an, über Menschen zu urteilen, von deren Lebenswelt sie keine Ahnung haben. Mir war immer wichtig, die Wurzeln einer Tat, die meist eng mit der Biografie des Täters zusammenhängen, zu verstehen. Ich wollte herausfinden: Warum hat jemand etwas getan?

Was zeichnet einen guten Strafverteidiger aus?
Neben großem juristischen Sachverstand sollte er ein gutes Gespür für Menschen haben und sich in deren Lage hineinfühlen können. Er muss wissen, wie man mit Richtern, Staatsanwälten, Gutachtern und Zeugen umgeht. Ein guter Strafverteidiger ist authentisch, unverstellt und durchsetzungsstark. Er darf sich nicht ständig zu emotionalen Ausbrüchen hinreißen lassen, wenn er und vor allem seine Mandanten angegriffen werden. Ich selbst versuche, vor Gericht nicht wie ein Polterer aufzutreten, sondern gehe eher behutsam, dafür aber sehr bestimmt vor. Ein Strafverteidiger darf sich niemals für seine Fragen und Anträge entschuldigen.

Schauen Sie sonntags immer »Tatort«?
Nie. Ich bin der Meinung, das echte Leben ist sehr viel spannender. Was ich fast täglich in unserer Kanzlei, in Gefängnissen oder Gerichtssälen erlebe, übertrifft die klischeehaften Darstellungen in Fernsehkrimis bei Weitem. Solche Fälle kann sich kein Drehbuchschreiber ausdenken.

Wollen Sie eine Kostprobe geben?
Spontan fällt mir das Schicksal eines Diplom-Ingenieurs ein, der in gehobener Position bei einem Luftfahrtkonzern arbeitete. Er saß wegen versuchten Mordes sechs Monate in U-Haft. Vorausgegangen war eine aus dem Ruder gelaufene

Beziehungsgeschichte. Der Mann hatte eine Affäre mit einer verheirateten Frau. Nachdem sie von ihm schwanger wurde, wollte mein Mandant sie heiraten. Doch die Frau dachte nicht daran, die Ehe mit ihrem wesentlich älteren Mann, Direktor einer großen Münchner Elektronikfirma, aufzugeben, wohl aus finanziellen Gründen. Mein Mandant akzeptierte das und erklärte die Liebesbeziehung für beendet. Er ahnte nicht, dass dieser Schritt sein gesellschaftliches Todesurteil war.

Die Ehefrau machte ihrem Geliebten das Leben schwer?
Sie machte es ihm zur Hölle! Eines Tages, das gemeinsame Kind war bereits geboren, rammte sie sich ein Messer in ihren Bauch. Insgesamt 60 Stich- und Schnittwunden fügte sie sich zu. Anschließend rief sie den Notarzt und die Polizei. Sie behauptete, ihr Exgeliebter habe sie und das Kind ermorden wollen. Zwar sei der Täter maskiert gewesen, dennoch habe sie ihn eindeutig erkannt. Der Mann wurde festgenommen und kam in die JVA Stadelheim. Sein damaliger Verteidiger ging die Sache nicht sehr engagiert an. Er nahm die Ermittlungsergebnisse zur Kenntnis, hinterfragte sie aber nicht.

Dann landete der Fall bei Ihnen?
Ich habe mir die Akten angeschaut und bin stutzig geworden. 60 Messerstiche, aber trotzdem keine lebensgefährlichen Verletzungen, das passte nicht zusammen. Mit den Fotos, die nach der Tat von der Frau gemacht worden waren, bin ich zum Münchner Institut für Rechtsmedizin gegangen. Ich bat den Leiter, Professor Wolfgang Eisenmenger, sich die Sache näher anzusehen. Seine Einschätzung, die Frau habe sich die Verletzungen »mit hoher Wahrscheinlichkeit« selbst beigebracht, überraschte mich nicht. Ich veranlasste bei Gericht, dass Eisenmenger ein offizielles Gutachten erstellt.

Ihr Mandant war damit aus dem Schneider?

Nein, denn der Staatsanwalt stimmte einer Entlassung aus der U-Haft nicht zu. Nach einer Intervention beim Oberlandesgericht erreichte ich, dass mein Mandant zumindest für einige Wochen freikam. Dann musste er wieder in Haft, denn der Staatsanwalt hatte ihn trotz des entlastenden Gutachtens wegen versuchten Mordes angeklagt. Das zuständige Landgericht wollte jedoch allenfalls eine Körperverletzung erkennen und gab die Sache ans Amtsgericht ab. Dort wurde das Verfahren wegen Geringfügigkeit eingestellt. Eigentlich wäre ein Freispruch zwingend gewesen, aber der Staatsanwalt sträubte sich vehement dagegen.

Das angebliche Opfer wurde nicht belangt?

Natürlich hätte die Frau wegen falscher Anschuldigungen und Freiheitsberaubung bestraft werden müssen, aber mein Mandant hatte kein Interesse an einer Verfolgung. Er wollte die Mutter seines Kindes nicht ins Verderben stürzen, auch wenn sie es war, die sein berufliches und soziales Leben zerstört hatte. Er verlor den Job, sein Umfeld, stand vor dem Nichts. Dabei war er von Anfang an unschuldig.

Stimmt das Sprichwort »Vor Gericht und auf hoher See ist man in Gottes Hand«?

Ja. Niemand kann mit Sicherheit vorhersagen, wie ein Prozess ausgehen wird. Nach meinen Erfahrungen können alle möglichen Dinge passieren. Vor Überraschungen ist man nie gefeit. Das fängt bei den Zeugen an. Manche verkaufen dem Gericht eine Lüge als Tatsache. Andere sagen die Wahrheit, wirken aber nicht hundertprozentig sicher und damit unglaubwürdig. Und auch Richter sind nur Menschen. Sie entscheiden zu einem gewissen Prozentsatz aus dem Bauch heraus. Bei der Beurteilung von Angeklagten spielen immer auch Gefühle eine

Rolle. Sympathie oder Antipathie gegenüber einem Beschuldigten können den Verlauf eines Verfahrens und sogar das Urteil entscheidend beeinflussen ...

... so wie im Fall des Steuersünders Peter Graf, Vater von Tennislegende Steffi Graf?
Peter Graf war nicht nur Opfer schlechter Steuerberater, er war auch Opfer seines miserablen Images. Er galt als Prototyp des überehrgeizigen Tennis-Vaters, launisch, misstrauisch, dominant. Der Ex-Gebrauchtwagenhändler betrog seine Ehefrau mit einem Nacktmodell, gab sich dem Alkohol hin, wurde wegen Steuerhinterziehung zu knapp vier Jahren Haft verurteilt. Kurzum: Er war für die meisten Deutschen eine Negativfigur. Befeuert wurde das Ganze dadurch, dass er Journalisten gegenüber unglaublich arrogant auftrat. Er behandelte sie herablassend, hasste sie regelrecht. Umso lustvoller stürzten sich Zeitungen und Fernsehsender auf ihn, als er private Schwächen offenbarte und kriminelle Machenschaften ruchbar wurden. Dass er sich selbst zum Lieblingsfeind der Medien gemacht hatte, fiel Graf nun auf die Füße. Ich bin überzeugt, dass ihn der Richter viel früher aus der Haft entlassen hätte. Aber die öffentliche Meinung sprach dagegen.

Hat sich mal ein Mandant einer Straftat bezichtigt, die er gar nicht begangen hat?
Der Schauspieler Günther Kaufmann, den man aus Krimiserien wie *Derrick* und *Der Alte* kannte, gestand ein Tötungsverbrechen, an dem er nachweislich nicht beteiligt war. Er wurde verurteilt und saß fast drei Jahre im Gefängnis – unschuldig! Die wahren Täter wurden erst viel später gefasst. Eine absurde, eigentlich unglaubliche Geschichte.

Hatten Sie nie das Gefühl, Kaufmann könnte flunkern?
Absolut nicht. Er hat alle getäuscht, selbst die erfahrenen Münchner Mordermittler. Als die Meldung kam, dass er sein Geständnis frei erfunden hatte, bin ich fast vom Stuhl gefallen.

Was genau war passiert?
1992 erkrankte Kaufmanns 16 Jahre jüngere Frau Alexandra an Krebs. Die Behandlung in den USA war sehr teuer. Um an neues Geld zu kommen, tischte sie ihrem Mann eine irre Geschichte auf: Rocksänger Billy Idol habe sich ihr gegenüber zur Zahlung von 70 Millionen Dollar verpflichtet, um in eine geplante Hotelanlage auf dem Anwesen der Kaufmanns in Portugal zu investieren, sei dann aber kurzfristig abgesprungen. Die Summe wolle sie nun in Amerika einklagen. Um den Prozess finanzieren zu können, brauche sie rund 850000 D-Mark. Günther Kaufmann gab später im Prozess an, dass er die Story geglaubt habe, was das Gericht ihm jedoch nicht abnahm. Jedenfalls wandten sich die Eheleute nun an ihren befreundeten Steuerberater. Der lieh ihnen das Geld gegen Zinsen. Zudem wollte er an der Millionensumme beteiligt werden, die sich die Kaufmanns angeblich vor Gericht erstreiten wollten. Doch statt in den USA zu prozessieren, vergnügte sich Alexandra mit ihrem Geliebten in Berlin.

Im Februar 2001 fand man den Steuerberater tot in seiner Villa.
Er war, offenbar nach heftigem Kampf, qualvoll erstickt. Rechtsmediziner diagnostizierten eine enorme »Druckbelastung des Brustkorbs«. Gemeldet hatte den Leichenfund Günther Kaufmann. Er machte auf die Kripobeamten einen nervösen Eindruck und geriet schnell unter Verdacht. Schließlich gestand er, seinen Steuerberater im Streit getötet zu haben. Angeblich hatte der Mann plötzlich Angst um sein Geld, das er

dem Ehepaar geborgt hatte, und forderte neue Sicherheiten. Dann sei es zu einer Rauferei gekommen. Der 117 Kilo schwere Kaufmann gab an, er habe sich auf den Steuerberater geworfen und ihn so lange zu Boden gedrückt, bis er sich nicht mehr regte. Diese Szene spielte er später sogar mit einem Polizeibeamten als Opfer nach. Weil sich am Tatort tatsächlich Fingerabdrücke von Kaufmann fanden, hielten die Fahnder dessen Version für plausibel.

Auch die Justizbehörden hegten keine Zweifel?
So ganz geheuer war den Prozessbeteiligten die Sache nicht. Letztlich verurteilte ihn das Münchner Landgericht 2002 wegen räuberischer Erpressung mit Todesfolge zu 15 Jahren Haft. Kaufmann bedankte sich auch noch für den »fairen« Richterspruch, denn die Staatsanwaltschaft hatte auf Mord plädiert. Drei Jahre später sprach man ihn wieder frei, weil die Polizei inzwischen drei Männer aus Berlin unter dringendem Tatverdacht verhaftet hatte, die später auch rechtskräftig verurteilt wurden. Einer von ihnen war der Geliebte von Alexandra Kaufmann. Ihr Mann wusste von der Beziehung nichts.

Warum legte Günther Kaufmann ein falsches Geständnis ab?
Ich kann es mir bis heute nicht richtig erklären. Sicher ist, dass er seine krebskranke Frau sehr geliebt hat und sie vor den Strafverfolgern schützen wollte. Er wusste, zumindest grob, von dem geplanten Überfall auf den Steuerberater. Alexandra Kaufmann hatte ja die drei Männer beauftragt, aus der Münchner Villa alle Dokumente mitzunehmen, die das betrügerische Finanzgeschäft mit den Kaufmanns belegen könnten. Die Täter, die Einweganzüge, Masken und Latexhandschuhe trugen, fesselten ihr Opfer mit Klebeband und drückten es auf den Fußboden. Dabei kam der Steuerberater zu Tode. Günther

Kaufmann wusste, dass er wegen des Finanzbetrugs zum Kreis der Verdächtigen zählen würde, schließlich hatte er ein Motiv. Warum er sich aber als Täter ausgab, bleibt auch für mich ein Rätsel.

Ahnten die Ermittler nicht, dass mehrere Täter in der Villa gewesen sein mussten?
Doch. Es wurde auch mit Hochdruck ermittelt, aber ohne Erfolg. Hinzu kam, dass Günther Kaufmann bei seinem Geständnis die Namen von zwei Unterweltgrößen angab, die ihm angeblich bei der Tötung geholfen hatten. Einer der vermeintlichen Komplizen kam daraufhin für drei Wochen in U-Haft. Das Münchner Amtsgericht verurteilte Günther Kaufmann 2006 wegen falscher Verdächtigung und Freiheitsberaubung zu einer Bewährungsstrafe. Außerdem musste er seinen beiden Kumpeln Schadenersatz zahlen. Günther Kaufmanns Frau erlag im Mai 2002 mit nur 39 Jahren ihrer schweren Erkrankung. Der Schauspieler selbst starb 2012 in Berlin.

Unter Ihren Mandanten sind auffällig viele Leute aus dem Rotlichtmilieu. Warum kamen die alle zu Ihnen?
Ich habe schon immer viele Leute aus der Gastronomie vertreten, Wirte, Besitzer von Restaurants, Diskotheken, Bars. Das hat sich bis ins Rotlichtmilieu rumgesprochen. Wer von Berufs wegen häufig Ärger mit der Strafjustiz hat, findet schnell heraus, wer ihm am besten helfen kann. Mein Partner Rolf Bossi griff einem Münchner Nachtclub-Besitzer sogar mal privat unter die Arme. Der Chef des Edel-Cabarets »Eve« am Karolinenplatz hatte für ein paar Monate seine Konzession verloren, weil er einen Gast verprügelt hatte. Bossi sprang ein und hielt den Laden als Geschäftsführer am Laufen.

Sie haben den Münchner Nachtlokal-König Abraham Berger verteidigt. Erinnern Sie sich?

Er betrieb mehrere Nachtclubs und arbeitete oft bis zum Morgengrauen. Tagsüber war er müde und völlig erschöpft. Wenn er länger als zehn Minuten im Wartezimmer unserer Kanzlei saß, kippte er zur Seite und schlief ein. Aus seiner Hosentasche ragte immer ein dickes Geldbündel, in der anderen steckte ein Revolver.

Klingt bizarr. Warum nahm der Mann Ihre Dienste in Anspruch?

Abraham Berger war eine schillernde Figur mit einer bewegenden Lebensgeschichte. Er wurde 1927 in der Tschechoslowakei geboren. Ein Großteil seiner jüdischen Familie war von den Nazis ermordet worden. Er selbst überlebte die Zeit im Arbeits- und Konzentrationslager. Nach dem Krieg wanderte er nach Israel aus, 1959 kam er nach Deutschland. Weil er in bitterer Armut aufgewachsen war und nie wieder Hunger leiden wollte, arbeitete er wie ein Wilder. In München eröffnete er eine Animierbar nach der anderen, überall tummelten sich besonders hübsche junge Damen. Natürlich verkehrten in den Etablissements auch zwielichtige Gestalten, was ihm irgendwann zum Verhängnis wurde.

Hatte er Streit mit den Herren?

Nicht direkt. Er machte Geschäfte mit ihnen. Abraham Berger war dafür bekannt, dass er Diamanten, Uhren und Pelze aufkaufte, ohne großartig nach der Herkunft zu fragen. Die Münchner Polizei hatte ihn deshalb wegen gewerblicher Hehlerei im Visier. Irgendwann klagte ein Staatsanwalt Herrn Berger deswegen an und forderte vier Jahre Haft. Das Verfahren endete mit Freispruch.

Was will man mehr?
Rückblickend frage ich mich, ob ich meinem Mandanten mit
dem erkämpften Freispruch einen Gefallen getan habe. Wäre
er verurteilt worden und hätte einige Zeit im Gefängnis geses-
sen, wären die Dinge vermutlich anders gelaufen. Vielleicht
würde er heute noch leben.

Abraham Berger wurde ermordet. Wie kam es dazu?
Am 16. Mai 1970 holte er die Nachteinnahmen aus dem »Tilbu-
ry« in der Nähe vom Hofbräuhaus ab, Münchens erste Promi-
Diskothek, vergleichbar mit dem heutigen P1. Gegen 5.30 Uhr
wurde er dort zum letzten Mal gesehen. Danach verschwand er
spurlos. Die Boulevardzeitungen spekulierten in alle Richtungen: War er auf der Flucht vor der Steuerfahndung oder konkur-
rierenden Rotlicht-Unternehmern? Hatte sich der misstrauische
und als schwierig geltende Barbesitzer mit seinen Mitarbeitern
überworfen? Hatte er sich in die USA oder nach Israel abge-
setzt? Auch ominöse Geheimdienste und die Mafia spielten in
den Theorien eine Rolle.

Nach ein paar Wochen fand man Bergers Leiche.
Ein Fischer zog sie vom Grund des Chiemsees hoch, aus 60 Metern Tiefe. Sie war in eine aufgeschlitzte Luftmatratze eingewi-
ckelt und mit Gewichten beschwert. Berger war erschossen
worden. Von wem, konnte die Polizei nie aufklären.

An Verdächtigen mangelte es nicht, oder?
Die Fahnder hatten nach Bergers Verschwinden winzige
Blutspuren in dessen Büro gefunden. Die Mordkommission
verdächtigte daraufhin den Geschäftspartner und den Geschäftsführer. Sie wurden monatelang in U-Haft gesteckt. Letzten Endes konnte man ihnen aber nichts nachweisen. Verteidigt wurden die beiden übrigens von Rolf Bossi und mir.

Wie konnten Sie jemanden vertreten, der im Verdacht stand, Ihren langjährigen Mandanten getötet zu haben?
Natürlich haben wir kurz überlegt, ob wir das Mandat übernehmen sollten. Aber aus unserer Sicht sprach nichts für die Schuld der Männer. Außerdem galt für uns immer das Motto: Im Zweifel verteidigen wir den Überlebenden. Anwälte werden ja im Spaß oft gefragt, wen sie vertreten würden, wenn bei einem befreundeten Ehepaar der eine den anderen umbringt. Ich antworte dann immer emotionslos: den Überlebenden. Alles andere ergibt doch keinen Sinn.

Ihr Engagement für Uli Hoeneß lässt darauf schließen, dass Sie dem FC Bayern München eng verbunden sind. Stimmt das?
Solange ich denken kann, bin ich Fan des FC Bayern, und seit ewigen Zeiten Mitglied. Gemeinsam mit meinem Sohn Florian und Freunden habe ich acht Jahreskarten gebucht. Zu großen Spielen fliege ich auch mal mit ins Ausland. Mein schönstes Erlebnis war das Champions-League-Finale 2013 in London. 2:1 gegen Dortmund. Grandios. Ich stand mit 30000 Fans im Bayern-Block. Nach dem Siegtor von Robben brachen alle Dämme. Die Spieler jubelten direkt vor uns. Ribéry, der die unfassbare Vorlage gab, war zum Greifen nahe. Ich bekomme noch heute Gänsehaut, wenn ich daran denke.

Durch Ihre Nähe zum Club kam auch der Kontakt zu Breno zustande, dem brasilianischen Abwehrspieler des FC Bayern, der 2011 seine Villa angezündet hatte und wegen schwerer Brandstiftung zu knapp vier Jahren Haft verurteilt wurde. Konnten Sie ihn nicht rausboxen?
Ich habe den Jungen erst nach seiner Verurteilung vertreten, als es um die Revision ging. Aber zu diesem Zeitpunkt war, wie man in Bayern sagt, »der Kas bissen«. Breno hatte sich meiner

Meinung nach mit einer mehr als unglückseligen Strategie in den Prozess begeben, er und vor allen Dingen seine Frau waren in dieser Hinsicht leider beratungsresistent. Er hätte von Anfang an reinen Tisch machen und Schadenswiedergutmachung leisten sollen. Der Junge war zur Tatzeit absolut fertig, stand unter enormem psychischen Druck. Leider hat er es nicht verstanden, dem Gericht seine Lage verständlich zu machen. Im Revisionsverfahren war der Fehler nicht mehr zu korrigieren.

Offenbar schlägt Ihr Herz auch für die »Löwen«, schließlich verteidigten Sie den damaligen Clubpräsidenten des TSV 1860 München, Karl-Heinz Wildmoser.

Das war eine ganz üble Nummer. Die Münchner Justiz hat meinen Freund Karl-Heinz Wildmoser öffentlich als Täter vorgeführt, obwohl sie zu diesem Zeitpunkt längst wusste, dass es viele entlastende Indizien gab. Eine gigantische Vorverurteilung, wie ich sie selten erlebt habe.

Es ging um Korruption beim Bau der Allianz-Arena …

Karl-Heinz Wildmoser wurde der Beihilfe zur Untreue und Bestechlichkeit bezichtigt. Er und sein Sohn, so der Vorwurf des übereifrigen Staatsanwalts, sollten im Zusammenhang mit der Stadion-Errichtung 2,8 Millionen Euro Schmiergeld von der Baufirma Alpine kassiert haben. Wildmoser junior hatte die Geldflüsse gestanden, seinen Vater jedoch in Schutz genommen. Er sei in die Sache nicht eingeweiht gewesen. Das bestätigten zwei weitere Beschuldigte. Wildmoser senior selbst erklärte, er habe »nullkommanull« von den illegalen Geschäften gewusst. Die Staatsanwaltschaft interessierte das nicht. Nachdem ihn die Polizei im März 2004 in seinem Haus am Starnberger See verhaftet hatte, brachte man ihn in die JVA Stadelheim. Drei Tage saß er in U-Haft. Erst nachdem er eine

Bankbürgschaft über 200000 Euro hinterlegt und seinen Pass abgegeben hatte, wurde der Haftbefehl außer Vollzug gesetzt. Später stellte man die Ermittlungen gegen Karl-Heinz Wildmoser ein.

Sie sind ja heute noch ganz aufgebracht, wenn Sie über den Fall reden. Warum?
Weil die Staatsanwaltschaft von Anfang an auf dem Holzweg war und dies auch beizeiten wusste. Dennoch wollte sie ihren Irrtum nicht einräumen und schadete Karl-Heinz Wildmoser in unverantwortlicher Weise. Statt sauber zu ermitteln, stellte man ihn an den Pranger. Jeder, auch seine Gegner, respektierten ihn. Nur die Staatsanwaltschaft nicht. Wildmoser war für mich eines der letzten Münchner Originale, ein Urbayer mit großem Herz, ein Macher, manchmal auch ein Schlitzohr und genialer Grantler. Er war ja nicht nur fußballvernarrt, er war in erster Linie Großgastronom. Ich kannte ihn als leidenschaftlichen Wirt und sehr unterhaltsamen, witzigen, schlagfertigen Gesprächspartner. Trotz seiner Unschuld leitete die Stadionaffäre seinen Abstieg bei den Löwen ein. Er zog sich aus dem Fußballgeschäft zurück. 2010 verstarb er im Alter von 71 Jahren. Ich war sehr traurig, Gott hab ihn selig!

Sie haben den Kabarettisten Ottfried Fischer vertreten, nachdem ihn Prostituierte heimlich beim Sex gefilmt und das Video an Journalisten verkauft hatten. War es, mal abgesehen von der schmutzigen Geschichte, lustig mit Otti?
Es gab sehr witzige Momente, und da Otti mein Freund ist, kann ich darüber reden. Beim Prozess herrschte ein gewaltiger Medienauftrieb, aber Otti hatte keine Lust, sich von Fotografen »abschießen« zu lassen. Wir wollten deshalb direkt von der Kanzlei ins Gericht fahren. Aber schon das Einsteigen in meinen 7er-BMW gestaltete sich schwierig. Ich schob den

Beifahrersitz ganz zurück und klappte die Lehne vollständig nach hinten. Zwar passte Otti nun mit Ach und Krach rein, aber aufgrund seiner Statur ließ sich der Gurt nicht mehr schließen. Wir mussten also unangeschnallt losfahren, was zur Folge hatte, dass ein nervtötender Warnton erklang, der bis zum Gerichtsgebäude nicht verstummte. Dort durften wir durch einen speziellen Eingang in die Tiefgarage fahren. Vom Keller ging es mit dem Aufzug nach oben. Der Fahrstuhl war für sechs Personen ausgelegt. Wir waren zu dritt. In einem Zwischengeschoss stieg ein schmächtiger Justizbeamter zu. In dem Moment streikte der Aufzug, er meldete Übergewicht. Otti sagte trocken zu dem Hänfling: »Sie müssen dringend abnehmen!« Der Mann nahm's mit Humor und stieg lachend aus. Dann passte das Gewicht wieder, wir fuhren los.

Der eigentliche Rechtsstreit ist mittlerweile beigelegt?
Im Juni 2016 wurde das von Otti Fischer angestrengte Verfahren gegen eine Geldbuße eingestellt. Der wegen Verletzung des höchstpersönlichen Lebensbereichs angeklagte *Bild*-Redakteur musste 3500 Euro an eine Organisation zahlen, die sich für Parkinson-Patienten einsetzt. Otti Fischer ist ja selbst an Parkinson erkrankt. Der Fall ging durch mehrere Instanzen und zog sich über sechs Jahre hin. Eine Vielzahl von Richtern vertrat jeweils unterschiedliche Rechtsauffassungen. Wir haben der Einstellung des Verfahrens zugestimmt, um das leidige Kapitel endlich abzuschließen. Einen Seitenhieb konnte ich mir dennoch nicht verkneifen. Gegenüber Journalisten erklärte ich, dass wir dem Angeklagten sogar dankbar sein müssten. *Bild* habe das Sexvideo nur vom Markt gekauft, um eine unkontrollierte Weiterverbreitung zu verhindern. Im Grunde habe man meinen Mandanten auf diese Weise nur schützen wollen. Über diese satirische Sichtweise musste am Ende sogar Otti lachen.

Zu Ihren Mandanten zählte auch Raoul Wüthrich, dessen Geschichte weltweit Schlagzeilen machte.
Ein ungeheuerlicher Fall. Der Elfjährige, Sohn eines schweizerisch-amerikanischen Ehepaars, wurde im US-Bundesstaat Colorado des schweren Inzests und der sexuellen Nötigung beschuldigt. Ins Rollen gebracht hatte die Sache eine Nachbarin, die als kinderunfreundlich galt, sich ständig über Lärm beschwerte und gegenüber Jungs auch handgreiflich geworden sein soll. Diese Frau wollte aus 25 Metern Entfernung beobachtet haben, wie der Junge seine fünfjährige Halbschwester belästigte. Ihren Angaben zufolge soll der Bub ihre Unterhose heruntergezogen und sie unsittlich berührt haben. In den meisten Ländern würde man so etwas als harmlose Doktorspiele unter Kindern belächeln. In Deutschland wäre das nicht ansatzweise ein Fall für die Justiz.

In den USA schon?
Die waren völlig von Sinnen! Sozialarbeiter leiteten eine Untersuchung ein, die drei Monate dauerte. An einem Augustabend 1999 zerrten sechs Polizisten und zwei Staatsanwälte den Jungen aus seinem Bett, an das er sich verzweifelt klammerte. Obwohl kein Haftbefehl vorlag, wurde Raoul wie ein Schwerverbrecher abgeführt – mit Handschellen, barfuß, nur in eine Decke gewickelt. An andere Jugendliche gekettet, brachte man ihn vom Büro des Sheriffs zur Anwaltschaft und danach ins Gefängnis. Ohne zu wissen, was ihm geschah, saß Raoul zusammen mit einem anderen Jungen in einer Zelle, bewacht von bewaffneten Männern.

Wie ging es weiter?
Ich telefonierte mit Raouls Eltern und klärte sie über die Tücken des Justizsystems in den USA auf. In diesem Zusammenhang empfahl ich ihnen, das Land zusammen mit ihren drei

Töchtern zu verlassen. Es war nämlich zu befürchten, dass die US-Behörden die Eltern als erziehungsunfähig einstufen und ihnen die anderen Kinder wegnehmen würden. Die Wüthrichs flohen dann in die Schweiz. Wie hart die Justiz gegen den armen Raoul vorging, zeigte sich auch daran, dass es die Richterin konsequent ablehnte, ihn auf Kaution freizulassen. Bei einer Anhörung des Minderjährigen funktionierte das Tonband nicht – und das im High-Tech-Land USA! Deshalb musste er sich ein zweites Mal zu den quälenden Vorwürfen befragen lassen. Nach sieben Wochen Haft wurde Raoul in eine Pflegefamilie abgeschoben.

Am Ende kam der Junge frei?
Das Verfahren wurde nach zweieinhalb Monaten aus formalen Gründen eingestellt. Raoul konnte zu seinen Eltern und Geschwistern in die Schweiz ausreisen. Er brauchte lange, um die traumatischen Erlebnisse halbwegs zu verarbeiten.

Wie empfanden Sie das Vorgehen der US-Justiz?
In diesem Fall wurde das Recht mit Füßen getreten. Aus meiner Sicht grenzte es an Wahnsinn, so mit einem Kind umzugehen. Die Richterin war eine frustrierte, kalte Person, die von normaler kindlicher Neugier nicht den blassesten Schimmer hatte. Stattdessen stilisierte sie den kleinen Raoul zum gefährlichen Sexmonster hoch. Wie bizarr das Verfahren war, zeigte sich auch an den Umständen im Gericht. Dort kritzelte der angebliche Schwerverbrecher mit Buntstiften herum. Man hatte ihm ein Malset gegeben, wie es Kinder in Restaurants bekommen, wenn sie sich beschäftigen sollen.

Nicht nur im Fall Raoul übten Sie scharfe Kritik an der US-Justiz, auch die Verurteilung und Hinrichtung der Brüder LaGrand bezeichneten Sie als skandalös. Haben Sie keine

Angst, die USA könnten Sie zur unerwünschten Person erklären?

Ich glaube nicht, dass es so weit kommt. Meinungsfreiheit ist ein hohes Gut, auch und gerade in den USA. Bislang wurde mir die Einreise nicht verwehrt, auch wenn ich am Flughafen auffällig oft aussortiert werde. Ich muss dann ewig in einem fensterlosen, sterilen Raum warten, ich nenne es immer mein persönliches Guantanamo. Die uniformierten Beamten sagen nicht, was los ist, außer, dass etwas mit meinen Fingerabdrücken nicht stimme. Am Ende lassen sie mich doch ins Land. Meine Frau wird komischerweise nie aufgehalten. Sie wartet immer in einem Flughafen-Coffee-Shop auf mich.

Eigentlich sind Sie ja großer USA-Fan.

Mit 16 war ich für ein Jahr als Austauschschüler dort, eine traumhafte Zeit. Im Sommer 1957 ging es mit dem Schiff, es hieß »Johan van Oldenbarnevelt«, von Rotterdam nach New York. Die Überfahrt dauerte zwölf Tage. An Bord waren etwa 1000 Passagiere, die meisten von ihnen Auswanderer aus ganz Europa. Ich habe damals schon ganz gut Schach gespielt, und ein älterer Mann wollte unbedingt Geld gegen mich setzen. Anfangs zierte ich mich, aber dann hab ich mich getraut und innerhalb von zwei, drei Tagen 200 Dollar gewonnen. Das war für mich ein Vermögen. Nie werde ich das Gefühl vergessen, als wir an der Freiheitsstatue vorbeischipperten. Von New York aus fuhren wir im Greyhound-Bus 25 oder 30 Stunden in den Mittleren Westen, nach Grinnell im US-Bundesstaat Iowa.

Dort verbrachten Sie ein Jahr als Gast bei einer Familie. Wie hat Sie die Zeit geprägt?

Die Amis waren für Jungs in meinem Alter Vorbilder, Helden. Nicht zuletzt, weil sie uns vor den Kommunisten beschützten. Mein Vater war jahrelang im Krieg. Als er heimkam, sagte er:

»Nur weg von den Russen, so schnell und so weit wie möglich.« Amerika war mein Traumland. Ich kam in eine überaus
herzliche Gastfamilie, mit der ich bis heute in Kontakt bin. Sie
ermöglichte mir damals ein Jahr mit unendlich vielen Freihei-
ten und unvergesslichen Erlebnissen. In Iowa habe ich meinen
Führerschein gemacht – für 2 Dollar! Der relaxte Sheriff ließ
mich einmal um den Block fahren und sagte: »Okay, du kannst
es!« Ich spielte im Football-Team, ging mit den einheimischen
Jungs reiten, durfte mit Gewehren schießen. Wildwest-Ro-
mantik pur. Als Austauschschüler habe ich auch zum ersten
Mal in meinem Leben Golf gespielt …

**… was später zu Ihrer großen Leidenschaft wurde. Wann
haben Sie richtig damit angefangen?**
Leider erst mit 50. Vorher habe ich mich beim Tennis, Fußball
oder Eishockey ausgepowert. Mein absoluter Lieblingssport
war jedoch lange Zeit das Skifahren, besonders im Tiefschnee.
Gern habe ich mich per Helikopter auf einen unberührten
Berg bringen lassen, ob in den USA, in Kanada oder den Alpen. Später entdeckte ich das Golfspielen für mich, technisch
mit der anspruchsvollste Sport überhaupt. Wann immer es
geht, fliegen meine Frau und ich zum Golfen nach Arizona.
Dort gibt es meiner Meinung nach die schönsten Plätze der
Welt. Mein Favorit ist der Troon North Golf Club. Mitten in
der Wüste, umgeben von spektakulären, rot schimmernden
Bergen, dazu riesige Kakteen, die auf den Fairways stehen und
wie Monumente wirken.

Ihr Handicap?
Zu meinen besten Zeiten 11,5, mittlerweile 16,5. Das ist ganz
okay.

Wie wichtig sind Ihnen Kontakte zu Journalisten?

Wenn die Justiz oder andere interessierte Kreise einen Mandanten von mir öffentlich vorverurteilen und verunglimpfen, sehe ich es als meine Pflicht an, das Bild geradezurücken. Dafür braucht man gute Kontakte zu Redakteuren überregionaler Blätter, von Magazinen und Fernsehsendern, aber auch zu Regional- und Lokalzeitungen. Der kurze Draht zu Journalisten war mir immer sehr wichtig.

Haben Sie die Medien manchmal benutzt?

Was heißt benutzt? Ich habe sie eingeschaltet, wenn ich das Gefühl hatte, dass es im Sinne meiner Mandanten war und dass wir nur auf diesem Weg etwas erreichen konnten. Mir war immer klar, dass jeder Richter und jeder Schöffe Zeitungen liest und fernsieht. Natürlich werden sie dadurch in ihrer Meinungsbildung beeinflusst. Im besten Fall übernehmen sie meine über die Medien verbreitete Sichtweise. In diesem Buch schildere ich ja das Schicksal des Arztopfers Theo Mauser. Das war zunächst keine publicityträchtige Affäre. Aber ich habe eine daraus gemacht. Ohne Hilfe der Medien hätte die Öffentlichkeit nie von den skandalösen Vorgängen erfahren. Natürlich wollten wir Druck auf den Professor, die Klinik und den Freistaat Bayern ausüben, aber nur, weil sie Theo Mauser über Jahre hinweg absolut unwürdig behandelt hatten.

Manche Rechtsanwälte versuchen, sich mit Hilfe der Medien zu profilieren.

Verteidiger, die sich ständig vor Kameras drängen und mit jedem C-Promi-Fall zu Boulevardzeitungen rennen, waren mir immer suspekt. Solch ein Verhalten ist unseriös, peinlich und schadet den Mandanten. Natürlich bin ich auch mal ins Rampenlicht geraten, wurde von den Medien gefeiert oder hart angegriffen. Aber das gehört zum Job eines Strafverteidigers. Bei all dem Medienrummel darf man nicht abheben und sich selbst als Prominenter fühlen. Bei der gezielten Öffentlichkeitsarbeit ging es mir nie darum, mich selbst darzustellen. Es ging immer um die Sache, um meine Mandanten.

Haben Sie schon einmal ein Mandat niedergelegt, weil Sie sich im Angeklagten getäuscht hatten?
Ja, so einen Fall gab es, wobei ich den serbischen Kriegsverbrecher Duško Tadić nicht vor Gericht verteidigt habe. Ich war beratend tätig, als er vor das UN-Kriegsverbrechertribunal gestellt und nach Den Haag ausgeliefert werden sollte. Damals wollte ich beweisen, dass der Völkermord-Vorwurf gegen Tadić unzutreffend war. Als sich abzeichnete, dass er die Gräueltaten wohl doch begangen hatte, bin ich ausgestiegen. Das Verfahren hätte mich zu sehr belastet. Tadić wurde später wegen Verbrechen gegen die Menschlichkeit zu 20 Jahren Gefängnis verurteilt.

Für einen anderen Mann, der als Kriegsverbrecher angeklagt war, haben Sie einen Freispruch erstritten. Wie kam es dazu?
Die Staatsanwaltschaft München warf dem Slowaken Ladislav Niznansky vor, im Zweiten Weltkrieg als führendes Mitglied der Partisanenabwehrgruppe »Edelweiß« für den Tod von 164 Zivilisten verantwortlich gewesen zu sein. Er selbst soll Anfang 1945 mindestens 20 Menschen eigenhändig erschossen haben. Seit den Fünfzigerjahren lebte Niznansky in München und war ab 1996 deutscher Staatsbürger. Nach seiner Festnahme 2004 und einer entsprechenden Anklage beantragte die Staatsanwaltschaft lebenslange Haft. Der Hauptbelastungszeuge verstrickte sich jedoch in Widersprüche. Ebenfalls unbrauchbar war das Urteil eines tschechoslowakischen Gerichts. Es hatte Niznansky 1962 für schuldig erklärt und in Abwesenheit zum

Tode verurteilt – wegen »Militärverrats« und »Mordes in Mittäterschaft«. Ich konnte dem Gericht bis dahin unbekannte Akten präsentieren, die belegten, dass der Prozess von oberster Stelle dirigiert worden war.

Was waren das für Dokumente?
Ein als »streng geheim« eingestufter Bericht des Zentralkomitees der Kommunistischen Partei vom Oktober 1962. In dem Papier, das mir slowakische Freiheitskämpfer zugespielt hatten, wurde der Ablauf des Verfahrens gegen die »Edelweiß«-Mitglieder wie in einem Drehbuch detailliert festgelegt. Alle Richter und Staatsanwälte waren KP-Mitglieder, auch die meisten der bestellten Verteidiger. Ich konnte dem Münchner Gericht klarmachen, dass es sich um einen kommunistischen Schauprozess gehandelt hatte, der zu Propagandazwecken ausgeschlachtet wurde. Die »Geständnisse« der Angeklagten waren unter Folter erpresst worden.

Und auf dieses Urteil wollte sich die deutsche Justiz stützen?
Es spielte in der Argumentation der Staatsanwaltschaft eine entscheidende Rolle. Das meinem Mandanten zur Last gelegte Massaker war jedoch eindeutig von Deutschen verübt worden. Zeugen hatten von Tätern berichtet, die Deutsch sprachen und deutsche Uniformen trugen. Dieses Ergebnis der Beweisaufnahme nahm der Staatsanwalt nicht zur Kenntnis. Stattdessen berief er sich hartnäckig auf das kommunistische Fehlurteil und einen Kronzeugen, den ein Münchner Gerichtspsychologe als unglaubwürdig einstufte. Ich warf dem Staatsanwalt daraufhin vor, einseitig ermittelt zu haben. Das Gericht schloss sich meiner Argumentation fast vollständig an. Nach rund neun Monaten U-Haft hob es den Haftbefehl gegen Niznansky auf. Am Ende wurde der 88-Jährige freigesprochen.

Ist Ihnen ein Mandantenschicksal sprichwörtlich an die Nieren gegangen?
Der Fall der Brüder LaGrand. Seitdem habe ich Asthma. Erst dachte ich, es sei nur eine Erkältung, ausgelöst durch die Klimaanlage. Aber die Hustenanfälle wurden immer schlimmer. In Deutschland stellten Ärzte fest, dass die ungeheure Aufregung und Belastung rund um den Prozess und insbesondere die Gnadenanhörung meine Atemwege angegriffen hatten. Außerdem leide ich seit vielen Jahren unter Schlafstörungen, komme nur noch mit Medikamenten zur Ruhe. Ich habe immer vieles mit nach Hause genommen, Ärger, Wut, Enttäuschung. Jahrzehntelang kannte ich kein Wochenende, darunter hat auch meine Familie gelitten. Vielleicht wäre es besser gewesen, die Dinge nicht so nah an mich ranzulassen. Aber ich konnte nicht anders, habe mich immer mit Leib und Seele für meine Mandanten engagiert. Für mich ist Strafverteidiger kein Job. Es ist mein Leben.

Wie oft haben Sie den Spruch »Im Namen des Volkes« schon gehört?
Ich habe nicht mitgezählt. Aber bei 200 bis 300 Verfahren im Jahr kommen da weit mehr 10000 Urteilsverkündungen zusammen. Einmal wurde der Täter allerdings nicht »Im Namen des Volkes« bestraft, sondern »Im Namen des Vaters«. Der Richter hatte auf dem Urteilsentwurf handschriftlich »i.N.d.V.« vermerkt. Der Protokollführer interpretierte das Kürzel auf göttliche Weise um.

Gehören Sie einer politischen Partei an?
Nein. Aber ich würde mich als liberal bezeichnen. Geistige und unternehmerische Freiheit, keine staatliche Bevormundung und Gängelei, Recht auf Selbstverwirklichung – das sind Dinge, die ich schätze. Mit politischer Korrektheit kann ich

dagegen wenig anfangen. Ich bin kein Mensch, der für alles Verständnis aufbringt und jeden Unsinn toleriert, nur weil es gerade dem Zeitgeist entspricht.

Was halten Sie vom neuen Sexualstrafrecht?

Aus meiner Sicht als Strafverteidiger sind die Änderungen unnötig und zum Teil hochproblematisch. In der Praxis werden sie zu riesigen Beweisproblemen führen, weil sich in vielen Streitfällen unter (Ehe-)Partnern nur sehr schwer oder gar nicht nachweisen lässt, ob die Frau wirklich ein deutliches »Nein« zum Ausdruck gebracht hat. Deshalb fürchte ich, dass künftig noch mehr Männer zu Unrecht an den Pranger gestellt werden, ins Gefängnis müssen und ihre Existenz verlieren.

Übertreiben Sie jetzt nicht?

Wer von Berufs wegen regelmäßig mit Falschverdächtigungen zu tun hat, weiß: Frauen, die Männer wider besseres Wissen einer Sexualstraftat bezichtigen, sind keine Seltenheit. Allein in unserer Kanzlei gehen jeden Monat zwei bis drei solcher Fälle ein. Selbst wenn ein Mann am Ende freigesprochen wird, bleibt dauerhaft ein Makel an ihm haften. Der Fall des Moderators Jörg Kachelmann – eines der schlimmsten Kapitel deutscher Justizgeschichte – belegt dies auf erschreckende Weise. Solche Beispiele gibt es viele.

Was ist für Sie Gerechtigkeit?

Nach jedem Urteil – ob Freispruch oder lebenslang – diskutieren Experten und Laien, ob der Richterspruch gerecht war oder nicht. Ich glaube: Absolute Gerechtigkeit gibt es nicht. Man kann sich ihr nur annähern. Ich empfinde es als gerecht, wenn sich Staatsanwälte und Richter bemühen, ein faires, angemessenes Ergebnis zu erzielen. Dazu gehört auch einmal das Eingeständnis, dass die Beweise nicht ausreichen und der

Angeklagte deshalb freigesprochen oder milde bestraft wird. Gerechtigkeit bedeutet auch, Fehler zuzugeben und sich beim Angeklagten zu entschuldigen. Das wäre eigentlich die Pflicht von Anklägern und Richtern. Leider wird sie oft verletzt. Ein anderer mir wichtiger Punkt ist vielleicht in den geschilderten Fällen deutlich geworden: Rechtsstaatliche Prinzipien entsprechen nicht immer unserem Gerechtigkeitsempfinden. Doch wenn wir wieder einmal empört sind, weil ein mutmaßlicher Täter aus Mangel an Beweisen oder wegen eines Verfahrensfehlers freikommt, müssen wir uns vor Augen halten, dass diese Prinzipien letztlich dem *Schutz Unschuldiger* dienen und deshalb enorm wichtig sind.

Arbeiten Sie viel am Computer?
Ich bin ein Anwalt der alten Schule. Meine Gedanken und auch die Plädoyers spreche ich auf Tonband. Ich habe immer ein Diktiergerät dabei, im Büro, im Auto, sogar zu Hause. Meine Assistentin tippt die Kassetten ab. E-Mails und digitalisierte lasse ich mir ausdrucken. In Papierform gewinnt man ein viel präziseres Bild von einer Akte, man kann Notizen machen, Passagen unterstreichen, sich sprichwörtlich darin eingraben. Auf dem Bildschirm flimmern die Dinge mehr oder weniger vorbei. Den jüngeren Kollegen macht das nichts aus. Ich könnte so nicht arbeiten.

Wurden Sie von Mandanten schon mal übers Ohr gehauen?
Wahrscheinlich gibt es keinen Rechtsanwalt, der nicht schon mal auf einer Honorarforderung sitzen geblieben ist. Wenn ein Mandant am Schluss nicht zahlen kann oder partout nicht zahlen will, nützt einem die schönste Vereinbarung nichts. Früher kam es häufiger vor, dass Mandanten in Raten zahlen wollten, worauf ich mich oft einließ. Ich habe den Leuten vertraut. Waren sie dann pleite, konnte ich die Verträge an die

Wand nageln. In solchen Momenten kam mir immer ein uralter Anwaltsspruch in den Sinn: Der größte Feind des Anwalts ist der eigene Mandant.

Sie geben zu, rote Ampeln missachtet und mehrfach zu schnell gefahren zu sein. Haben Sie sonst nie gegen Gesetze verstoßen?
Nein. Aber ich erinnere mich an einen Fall, in dem ich unfreiwillig zum Drogen-Transporteur wurde. Ein Mandant von mir, ein Libanese, saß in Haft. Die Polizei hatte sein Auto im Zuge der Ermittlungen beschlagnahmt, oberflächlich durchsucht und anschließend zurückgegeben. Um der Familie die Honorarzahlungen zu erleichtern, kaufte ich ihr den VW Käfer ab. Kurze Zeit später wurde er mir aus einer großen Garage geklaut. Im späteren Prozess erfuhr ich, dass hinter dem Aschenbecher des Autos ein Paket Rauschgift versteckt war, auf das es die Diebe offenbar abgesehen hatten. Ich bin also wochenlang mit einer Ladung Drogen durch München gefahren.

Gibt es einen Fall, den Sie gern übernommen hätten?
Im Großen und Ganzen bin ich mit den Strafsachen, die ich betreuen durfte, sehr zufrieden. Aber es gibt tatsächlich eine Geschichte, die mich bis heute auf amüsante Weise fasziniert. In einem französischen Film kommt ein Mandant zum Anwalt und erzählt, er habe gerade seine Ehefrau umgebracht. Er wirkt völlig verzweifelt. Der Anwalt will ihm natürlich helfen und beruhigt ihn: »Sie haben Ihre Frau nicht umgebracht. Und wenn doch, dann kann es nur so und so passiert sein.« Bei dem geschilderten Ablauf hätte der Täter juristisch nicht oder allenfalls geringfügig belangt werden können. Der Mandant bedankt sich, geht nach Hause und bringt seine Frau um, exakt so, wie der Anwalt es in seinem Beispiel konstruiert hatte – der perfekte Mord.

Quellen

Im Kapitel »Kokain« wurde zitiert aus:
Konstantin Wecker: Uferlos, Köln (Kiepenheuer & Witsch)
1992
Konstantin Wecker: Die Kunst des Scheiterns. Tausend unmögliche Wege, das Glück zu finden, München (Piper) 2009

Im Kapitel »Hurenmord« wurde zitiert aus:
Josef Wilfling: Verderben, München (Heyne) 2015

Im Kapitel »Kinderfänger« wurde zitiert aus:
Nicolette Bohn: Anwalt des Teufels, Leipzig (Militzke) 2004

Die Polizei- und Ermittlungsberichte, Urteile und sonstigen offiziellen Dokumente, aus denen zitiert wurde, liegen den Autoren vor.

Mordfälle, die das echte Leben schrieb

978-3-453-60287-8

Wann werden Menschen zu Mördern? Eine Frau tötet ihre Mutter, weil diese sie nicht vor den Übergriffen des Vaters geschützt hat. Ein Mann erschlägt seine Frau, weil sie droht, ihm die gemeinsame Tochter zu entziehen. Ein Baggerfahrer begräbt einen cholerischen Kollegen. Für uns unfassbar, für Josef Wilfling der Normalfall: Der Mordkommissar schildert seine Begegnungen mit den Tätern, erläutert ihre Motive und führt uns vor Augen, dass jeder zum Mörder werden kann. Ein Blick in die menschliche Seele und ihre Abgründe – ungeheuerlich und ergreifend!

Leseprobe unter **www.heyne.de**   **HEYNE**